个人理财

GEREN LICAI

李淑芳◎编著

理财是一门复杂的学问，需要理财者具有经济、金融、财务会计、税务、保险、投资等综合知识。
你想改善个人的财务状况吗？你想提高个人理财的技能吗？你想解决自己的财务问题，实现财务自由吗？
本书就是要建立一个系统、综合的理财基本原理框架，抛弃复杂的概念、公式，大量地引入实际案例，为那些具有一定文化基础，但不具有理财专业知识的人们自学个人理财知识、提高个人理财能力提供有用的帮助。

中国物资出版社

图书在版编目（CIP）数据

个人理财/李淑芳编著．—北京：中国物资出版社，2007．1（2013.1 重印）

ISBN 978－7－5047－2583－7

Ⅰ．个…　Ⅱ．李…　Ⅲ．私人投资—基本知识　Ⅳ．F830．59

中国版本图书馆 CIP 数据核字（2006）第 154301 号

责任编辑　钱　瑛

责任印制　何崇杭

责任校对　孙会香

中国物资出版社出版发行

网址：http://www.clph.cn

社址：北京市西城区月坛北街 25 号

电话：（010）68589540　邮编：100834

全国新华书店经销

西华印务有限公司印刷

开本：787×1092mm　1/16　印张：18．5　字数：370 千字

2007 年 1 月第 1 版　2013 年 1 月第 4 次印刷

书号：ISBN 978－7－5047－2583－7/F・1058

印数：10001—12000 册

定价：29．80 元

前　言

随着中国住房、医疗、教育改革的深入，物价上涨引起的生活成本不断上升，人口老龄化和计划生育引发的养老问题，失业的存在带来的收入不稳定等，使节俭为主的理财模式已经不能适应新形势下的理财需要。虽然个人理财可以获得一些理财顾问的咨询，但理财顾问一方面不能完全了解个人的情况；另一方面，不是每个人（尤其是普通人）都能获得理财顾问的帮助。因此，每个人都需要学习一些必要的投资理财知识，来解决自身各种与财务有关的问题。

在长期的教学和理财的实践中作者发现，很多人尤其是年轻人有强烈的理财愿望，但是却深感无从下手。其原因在于：第一，理财是一门复杂的学问，需要理财者具有经济、金融、财务会计、税务、保险、投资等复合知识结构，对于普通的非专业人士来说，要一门一门地去学习这些知识是不现实的，即使学了也很难融会贯通。第二，市场上的投资理财产品层出不穷，让人眼花缭乱，掌握这些投资理财产品，对于非专业人士是非常吃力的。

可喜的是，现在出现了很多理财方面的书籍来帮助想学习的人们。目前书店里的理财书籍主要有两类：一类是针对专业人士的理财规划书籍，它们往往非常专业，需要看书的人有较好的专业基础；另一类是大众化的通俗书籍，主要针对某一方面的具体理财问题，如银行存款等，这种大众化信息的不足在于比较支离破碎并且孤立地针对某一类理财产品。本书是要建立一个系统、综合的理财基本原理框架，为那些具有一定文化基础，但不具有理财专业知识的人们自学个人理财知识，提高个人理财能力提供有用的帮助，同时可以作为大专院校各类专业《个人理财》课程的教材。

本书首先从个人理财所需要的各种基本理论入手，抛弃了复杂的概念、公式，大量地引入实际案例，使读者在较为轻松的状态下学习各种枯燥的但又必备的理论，既不会太过专业，也不会过于简单。本书从操作的层面介绍了各种投资理财的知识，尤其是证券投资工具。万事开头难，当一个人对某种投资工具完全不懂又希望很快熟悉它的时候，最快捷的方式是投入一点钱，运用该工具进行一些交易，在盈亏的变动中培养出浓厚的兴趣和强烈的学习欲望，兴趣和学习欲望就会驱动人们更深入地学习，这也正是本书的目的之一。没有人能精通所有的投资工具，但是至少可以知道它们是如何操作的，当遇到合适的机会时，这些点滴的积累就会带来丰厚的回报。绝对不能让自己远离那些现在还不熟悉的领域，尤其是年轻人，因为离开一个领域就意味着在其中失去任何机会，而多一分机会就多一分成功的可能性。最后本书针对人生的三项主要支出项目——子女教育、住房和退休做了具体的规划方法，并进而简单分析了一般的理财目标如何规划。

最后，借此机会，衷心地祝愿所有想要改善个人财务状况，提高个人理财技能的人们都能从本书中获得一些有用的信息，帮助解决自己的财务问题，实现财务自由。也借此机会感谢在书稿写作中提供专业帮助的邹冬英同志。

个人理财还是一个新兴的课题，由于作者水平所限，书中难免有不足或错误，恳请各位读者提出宝贵意见，并及时反馈给作者(联系电子邮箱 lishufang77@163. com)。

李淑芳
浙江商业职业技术学院
2006 年 12 月

目　录

第一篇　个人理财入门

第二篇　个人投资理财

第三篇　个人理财规划

第一篇

个人理财入门

本篇首先明确为什么要理财？然后介绍个人理财需要的基本理论知识，包括树立正确的理财观念、个人财务会计管理、个人现金及信贷管理、个人风险管理和保险运用、个人税务筹划。

导论 为什么要学习个人理财

随着经济的迅速发展，人们的生活水平日益提高，但我们并没有因此觉得安全、幸福和自由。因为，虽然我们在物质方面不断地得到了满足，但同时也面临着比以往任何时代的人们都更为复杂的财务问题，如高昂的教育、医疗、住房的支出；不断上升的生活成本、难以解决的养老问题；就业的不稳定……这些问题的存在使得我们的生活存在着过多的不确定性。

第一节 我们面临的财务问题

现代人面临着可能超出想象的财务问题，这些财务问题的存在，直接改变了个人和家庭财富的分配，削弱了个人和家庭财务状况的稳定，减少了个人和家庭的财富积累。

一、高昂的教育、住房和医疗支出

在中国进行医疗改革、教育改革和住房改革后，中国的老百姓们要为子女教育、住房和医疗付出极其高昂的支出，甚至是沉重的负担，见表0－1。

表0－1 2001年至2005年城镇居民人均三大支出情况 （单位：元）

年份	居民消费支出	比上年增长（%）	医疗保健支出	比上年增长（%）	娱乐教育文化服务	比上年增长（%）	居住支出	比上年增长（%）
2000	4998	5.4	318	9.1	670	8.7	565	3.9
2001	5309	6.2	343	7.9	737	10.0	611	8.1
2002	6030	13.6	430	25.4	902	22.4	624	2.1
2003	6511	8.0	476	10.7	934	3.5	699	12.0
2004	7182	10.3	528	10.9	1033	10.6	734	5.0
2005	7943	10.6	601	11.8	1098	6.3	809	10.2

资料来源：上海证券报2006年11月13日

1. 教育成本——中国孩子教育，望子成龙不计成本

（1）培养一个孩子需要48万

2005年春节前夕，一份关于孩子花销的报告引起了家长们的关注。报告称，从直接经济成本看，0～16岁孩子的抚养总成本将达到25万元左右。如估算到子女上高等院校的家庭支出，则高达48万元。估算30岁前的未婚不在读的子女的总成本达到49万元。

这份名为《孩子的经济成本：转型期的结构变化和优化》的报告，出自上海社科院徐安琪研究员之手。此项调查是受上海市徐汇区人口与计划生育委员会委托，抽样调查的样本均来自该区，总共调查了749户。

调查显示，以2003年的物价水平，0～16岁孩子的直接经济总成本达到25万元左右（即0～16岁子女2003年的人均支出相加之和），如估算到子女上高等院校，家庭支出则高达48万元，这个数字还未将亲朋好友、社会资助及学校免费等的5～6万元统计在内。

如加上孕产期的人均13000元支出，以及孩子从孕育到成长过程中父母因误工、减少流动、升迁等自身发展损失的间接经济成本，这一数字将更为惊人。

在孩子的总经济成本中，教育成本仅低于饮食营养费，占子女费用的平均比重为21%。但是自子女读高中起，教育费用在子女总支出中的比重超过饮食费用，这一比重在高中阶段为34%，大学阶段则为41%。而且学前教育的花费也显著高于义务教育阶段，幼插班的年学杂费人均为4600元，占子女总支出的比重为30%。有少数家庭还支出了高额的择校费与赞助费。

国内以往的同类调查从未涉及信息化时代的电脑、手机、上网等信息通信费，本次调查发现，子女在这方面的年均费用自幼托班的317元到高中达到2500元。另外，父母为不同阶段孩子医疗、保健和保险所支付的人均年费用都在1000元以上。

家庭支出结构的不合理还反映在子女花费的绝对数和相对数均远高于父母。由于大多数家庭只生一个孩子，父母在子女身上的花费处于家庭支出的第一位。根据对被访者的估算，除了不在读的外，不同阶段孩子的费用在家庭总支出中的比重在39%到52%，其中初中阶段子女为46%，高中阶段的为51%，大学阶段的为52%。其中1/4家庭的子女经济成本占夫妻总收入的50%以上。

（2）教育成本增长加速

上海市于1997年成为全国人均GDP最早突破3000美元大关的地区，这意味着上海经济步入中等收入水平基础上的富裕生活的发展阶段，因此这份调查显然不能涵盖全国的状况。但结合近二十年来针对0～16岁孩子经济成本的调查研究，至少可以看出一些深层的结构变化。

1986年北京城乡家庭对未成年人口的人均投资为10520元，城镇为21391

元；其中从文化教育支出来看，城镇为3109元，占总投资的18.2%，农村为943元，占总投资的9.4%，远远低于食品投资费用城乡均为57%的高比重。

而1995年陕西咸阳农村地区0~16岁孩子的经济成本为3万元左右。

厦门大学公共事务学院教授叶文振于1998年对厦门地区孩子的成本进行了调查，此项调查抽样了1000户家庭，农村地区占20%左右。1996年厦门市0~16岁孩子的抚养费总计为122600.74元，其中食品费用占41.07%，居第二位的是孩子的教育费用为17573.21元，占总费用的14.67%。

尽管培养一个孩子需要48万元并不能代表全社会普遍教育消费，但普遍的趋势发展是：随着近年来教育收费制度的建立，孩子的教育成本迅速增加，并且正在由国家负担转向家庭承担；孩子的教育费用占到家庭支出的相当比例，已成为家庭的不可承受之重。

2. 高价住房———一项深不可测的投资

近几年房地产销售价格上涨迅猛。使得不少人要用十几年，甚至几十年的收入不吃不喝，才能买得起一套体面的房子。

看一个地方的房价是不是过高，是不是给老百姓带来了沉重的生活负担和压力，国际上有一个通行的计算模式，就是看看这个地方或城市的房价收入比究竟是多少。

房价收入比从狭义上来讲，就是指家庭所居房屋的价格，和这个家庭年收入之比，称为房价收入比。比如某家庭所居房屋的房价是60万元，夫妇俩年收入是12万元，房价正好为夫妇俩年收入的5倍，那么他们的房价收入比就是5。通常我们所说的房价收入比是指广义上的概念，即指一个城市的平均房价与每户居民的平均年收入之比。国际上通行的标准是房价收入比应为4~6。

现在来分析一下全国几个比较富裕城市的房价收入比。依据的标准稍靠小康。即面积为90平米普通公寓、地点处在传统上市民所居住的市城区（不是郊县和新开发区）、三口之家（父母工作、子女上学）住一套房，就可以破解中国的大中城市的高房价有多高。

先从南京开始。根据南京市房产局的资料，传统上的南京六城区（包括重新规划后原来属郊区县的土地）商品住宅房价2005年最高要7000元出头，低的也在5500元上下，取6000元为其中间值（实际上这个结果只能买到南京六城区边缘的房子），6000元×90平米=54万元。而南京城区居民的收入，根据统计局方面的资料，2005年南京市城市居民人均可支配收入为14997.47元，三口之家就是4.5万元。根据一套54万元的房价标准推算，54万元除以4.5万元，南京的房价收入比为12，正好比世界公认的房地产泡沫还多了一倍；这也就难怪国人就是再省吃俭用，也难以承受这样的高房价。

根据同样的方法，大致估算出各城市的房价收入比如表0-2所示。

表 0－2　各城市的房价收入比

城市	人均可支配收入（元）	三口之家一年（元）	房价（元/平米）	90 平米总价（万元）	房价收入比
北京	15638	46914	8000	72	15.35
上海	16683	50049	10000	90	17.98
深圳	27596	82788	7200	64.8	7.83
广州	16884	50652	8000	72	14.21
杭州	14565	43695	8000	72	16.48

不仅在相对负担上，中国大中城市的房价创造了世界之最，就上海、北京等大城市的绝对房价，也超过了世界上一些发达国家大中城市的水平。

一方面是购房负担沉重，另一方面是中国还处于发展中国家，由于吃饭问题占了居民收入的极高比例，人们不可能有更多的财富购买住房，因此使得买房负担就更为沉重。

3．高价医疗——医疗费用超出承受能力

1993 年至 2005 年，城镇居民人均医疗自费支出从 56.89 元增加到 600.9 元，增长了 9.6 倍。医疗保健支出占居民消费支出的比例由 2.7% 上升到 7.6%，年均提高 0.41 个百分点；农村居民人均医疗自费支出从 27.17 元增加到 168.1 元，增长了 5.2 倍，在居民消费支出中的比重由 3.5% 提高到 6.6%，年均增加 0.25 个百分点。从目前看，看病贵、药品价格高的问题并没有得到真正解决，仍然存在一些问题。医疗乱收费问题屡禁不止、药价仍居高不下和不少城镇居民无医疗保障使得医疗费用超过多数人的承受能力。

二、日益突出的养老问题

当人们步入老年，不再具有劳动能力时，将不再有工资性收入，但还需要生存很长时间，所需养老费用无外乎三种渠道：社会养老、子女养老和自己养老。但在目前条件下，依靠前两种方式养老，已经越来越不现实。

1．社会养老

计划生育政策成功地控制了人口的增长，否则，中国现在的人口可能会多增加 3 亿。但现在人口统计显示，由于中国的人口出生率低，中国社会人群的年龄增长迅速。

根据联合国关于老龄化社会的定义，60 岁以上的人口占到全部人口的 10% 以上就可以称为老龄化社会。中国自 1999 年开始进入老龄社会。

2004 年底，中国 60 岁及以上老年人口为 1.43 亿，2014 年将达到 2 亿，2026 年将达到 3 亿，2037 年超过 4 亿，2051 年达到最大值，之后一直维持在 3～4 亿的规模。

根据联合国预测，21 世纪上半叶，中国一直是世界上老年人口最多的国家，占世界老年人口总量的五分之一。21 世纪下半叶，中国也还是仅次于印度的第二老年人口大国。《中国人口老龄化发展趋势预测研究报告》指出，2004 年中国基本养老保险的支出总额达到 2502 亿元，比 2000 年增加了 65.5%。中央财政对基本养老保险的补贴支出攀升到 522 亿元。离休、退休、退职费用也呈现连年猛增的趋势。政府、企业、社会都已经感到养老保障方面的压力正在显著加大。

2004 年，中国基本医疗保险基金支出达 862 亿元，占基金收入的 75.5%，比 2003 年增长 31.6%，增长速度比基金收入增长快 3.5%。人口迅速老龄化是重要原因之一。据测算，老年人消费的医疗卫生资源一般是其他人群的 3 ~ 5 倍。

在中国进入老龄化社会的现实条件下，完全依靠社会养老是不可能的。

2. 子女养老

中国人传统的养老方式是依靠子女养老，但经过几十年的计划生育政策贯彻，很多年轻人是独生子女，如果这些独生子女结婚，则意味着一对夫妇要赡养 4 位老人甚至更多，这样他（她）们面临的经济压力会很大。何况现在很多年轻人还需要“啃老”——即依靠父母买房和养育子女等，依靠子女养老也不太现实。

既然依靠社会养老和子女养老都不可行，那么只能依靠自己养老。

3. 自己养老

现在已经有越来越多的人意识到需要自己养老，即通过退休规划，在退休前积累资金，为退休后的生活提供资金支持。但问题是，退休规划涉及到退休前多年的积累和退休后多年的消费，是不是每个人都有信心、有能力做出充分的规划呢？比如规划的资金够用到预计死亡年龄 80 岁，到 80 岁时钱用完了，人还活着该如何解决生存问题？

三、不断上升的生活成本

从长期来看，即使去掉前面所述的住房、教育和医疗支出，其他的各项支出也是逐渐上升的。这一方面是由于温和的通货膨胀的存在；另一方面是由于生活品质上升带来的生活成本上升，但不管是什么原因，生活成本的上升使得未来存在更多的不确定。例如一个人刚退休时，往往会觉得退休工资是足够应付退休后的生活的，但是过些年后，情况可能发生翻天覆地的变化，由于退休工资上升缓慢，可能远远无法满足生活需求。

四、就业的不稳定

随着高等教育的普及以及就业人口的增加，就业竞争越来越激烈，失业也不再是遥不可及的事情，同时激烈的竞争也直接导致了学校毕业生起薪的走低。2006年是应届生就业局面严峻的一年，就业大军数量再创历史新高：来自教育部的数据显示共有350万高校生和400万三校生。在如此背景下，有关应届生薪酬的讨论甚嚣尘上——应届大学生入行月薪低至千元、应届生求职出现'零'起薪等……

这些还是正常的问题。除此之外，人们还可能面临各种如车祸、火灾、残疾等可能导致丧失劳动能力的意外。

一方面是不断上升的教育、住房、医疗开支和不断上升的生活成本，另一方面是就业的不稳定和收入的降低，供需的不平衡，使得人生矛盾重重。

第二节　财务问题的解决

人生中这些重要的财务问题应该如何解决呢?

一、高收入不能解决所有财务问题

很多陷入财务困境的人都认为造成他们目前财务困境的唯一原因是钱不够多，只要多挣钱就能一劳永逸地解决所有问题，但事实却远非如此。

1. 收入水平难以在短期内大幅度提高

对于绝大多数人来说，收入只能随着经验的积累和技能的提高逐步提高，在短期内大幅度提高收入是不可想象的。除非中彩票或遗产继承，否则把解决问题的希望寄托在突然挣很多钱上，是不太现实的。而这些财务问题又是生活中都要面对的，不会因为某个人贫穷，就不需要面对养老、医疗、教育等问题。

即使突然获得一大笔足以解决所有财务问题的收入，这些问题是不是就迎刃而解了呢？答案依然是否定的——因为通货膨胀的影响。如果没有适当的财富增值手段，在今天看来足以一劳永逸解决所有财务问题的收入，在几年、几十年后实际购买力可能大幅度下降。

2. 持续上升的收入不能解决所有问题

举个现实中常见的例子。一对刚结婚、受过高等教育的新婚夫妇住在一套拥挤的租来的公寓里，很快，他们意识到他们必须省钱，因为两个人的花销和一个人的差不多。问题是，公寓太挤了，于是他们决定省钱买一栋自己梦想中的房子，这样他们就能有孩子了。现在，他们有两份收入，并开始专心于事业，他们的收入开始增加，随着收入的增加他们决定去买一套自己的房子。然后他们买了新车、新家具等，去和新房子配套。最后，他们突然发觉已身陷抵押贷款的债务之中。不久孩子出生了，他们更加努力地工作，收入不断增加，这时他们觉得应该从各方面提高生活品质了，所以他们又换了更大的房子、又添了一辆车子，抵押贷款不但没有减少反而增加了。随着孩子逐渐长大，他们为了培养独苗苗进行巨大的投资，生活品质虽然不断提高，但总感觉收入十分不够用。收入的上升速度永远赶不上支出的上升速度，他们总是想着怎样能挣更多的钱来满足日益上升的支出，他们甚至不知道他们真正的问题在于他们选择的支出方式，这是他们苦苦挣扎的真正原因。除非改变他们的理财观念，提高理财技能，否则再多的钱也不能解决问题。

二、只有学习理财才能解决财务问题

既然绝大部分人不可能在短期内突然有多到足以一次性解决所有财务问题的收入，既然钱不能解决所有的财务问题，那么如何才能解决人生中的种种财务问题呢？答案只有一个——通过学习提高理财技能。

一般人获得理财技能的方法有三种：家庭教育、学校教育和自我培养。

1. 家庭教育不等于良好理财技能课堂

家庭是我们的理财启蒙课堂。我们在家庭中学到财务知识，如家庭预算、储蓄等。但如果要从家庭获得足够的理财技能，取决于两个充分条件：

一是父母在财务上是成功的，即能很好地解决人生中的各种财务问题。这种成功为子女的财务教育提供了很好的榜样，并对子女理财技能的培养起到了潜移默化的作用。如那些事业有成的成功人士能够为子女提供学习的榜样。

二是父母有足够的时间和能力教育子女。父母在财务上的成功要转化为子女在财务上的成功，不仅需要家庭氛围的熏陶，父母还要有时间有能力教育子女。但在现实生活中，成功的父母总是极其忙碌，很难分出时间教育孩子，尤其当孩子长大以后，大多数父母认为父母只需要照顾好子女的生活，保证孩子在正常的轨道前进就可以了，而灌输知识的责任在于学校。因而子女在家庭中学到的理财技能往往是不完整的，并且会受到父母知识能力的局限。

从这两个条件看，绝大部分子女都不可能从父母那里学到系统的、足够多的理财知识。

2. 学校教育不等于良好理财技能

学校教育尤其是高等教育提供给我们从事某一职业所需要的基本技能，如成为一名合格的医生或会计的技能，而不可能提供全面的理财教育，即使是理财专业的学生，也只是学习了理财的一些基本方法，掌握这些方法并不意味着学生就具有良好理财技能。

3. 个人理财技能的自我培养

当然，缺乏理财技能的人们可以向专业的理财人员寻求帮助，如银行理财顾问等，但银行、证券公司、保险公司等金融机构的理财顾问收益主要来源于客户所购买的本单位提供或代理的理财产品，理财顾问的理财意见很难完全公正，并且理财顾问要面对很多客户，不可能对每个客户的财务状况及其变化保持足够了解并随时更新信息。因此个人作为客户在接受理财顾问的服务时要有自己的判断，最好的方法就是自己充当自己的理财顾问，仅在需要的时候就一些具体技术问题寻求理财顾问的帮助。

既然家庭教育、学校教育都不能提供系统完整的理财知识，既然专业理财不能代替自己的个人理财，那么要解决财务问题，就只有不断学习，并在长期的理财实践中逐步提高自身的理财技能。尤其是年轻人学习理财就更为重要，因为20~35岁是人生精力最充沛的年龄阶段，也是人生财富的重要积累期。对于出生于20世纪70年代或80年代的年轻一代而言，有的刚走出校门，工作上是职场新人，生活是“月光一族”（意即每月工资花光光）；有的恋爱多年，婚姻大事提上日程，但却因缺乏稳固的经济基础而面临尴尬；有的组建了家庭，上有老人赡养、下有小孩抚养，承担的责任更是越来越重。不同于父辈时的消费模式，没有了父辈时的福利分房，需要的是更多的努力和更多的财务智慧。

第一章　个人理财概述

- 财富能用金钱衡量吗？财富应该用什么衡量？
- 为什么有很多人受过良好的教育却不能获得财务成功，而有些人没有读什么书却很富有？
- 个人理财的目的是挣很多钱吗？
- 什么是个人理财？个人理财包括哪些内容？

第一节　树立正确的理财观念

在进行个人理财前，首先要树立正确的理财观念，正确理解一些与理财有关的重要概念。

一、理财观念的差异

一个人的理财观念对其一生有着巨大影响力。当遇到钱的问题时，有些人总会去想办法解决，而另一些人则习惯于顺其自然。长期下来，前者的理财能力更强了，而后者的理财能力则越来越弱。这种结果类似于一个经常去健身房锻炼的人与一个总是坐在沙发上看电视的人在体质上的变化。经常性的体育锻炼可以强身健体，同样地，经常性的头脑运动可以增加获得财富的机会。懒惰必定会使人体质变弱、财富减少。

【案例 1－1】　我付不起和我怎样才能付得起

有两个大学生 A 和 B，他们每月都从家中得到 500 元的生活费，他们每月都把这 500 元用完。现在他们想买台 4000 元左右的电脑，但是父母申明了家中无法提供这笔资金，A 和 B 对这个问题采取了不同的态度：A 想我付不起，直到毕业也没买电脑，只是想着什么时候能有一笔意外之财；B 则考虑我怎样才能付得起呢？后来 B 通过奖学金、勤工俭学在两年的时间里就挣够了钱用上了电脑。

在这个案例中，A 和 B 面临同样的处境，最后结果却截然相反，其中关键的差别在于他们对筹集 4000 元购买电脑这个财务问题的态度不同，我付不起和我怎样才能付得起呢？一个是陈述句，另一个是疑问句；一个主张放弃，而另一个则促使去想办法。我付不起这种话会阻止去开动脑筋想办法；而我怎样才能付得起则开动了大脑。当然，这并不意味着人们必须去买每一件想要的东西，这里只是强调要不停地锻炼思维——实际上人的大脑是世界上最棒的计算机。脑袋越用越活，脑袋越活，挣钱机会就越多。

这是一个简单的案例，但可以从中折射出很多道理，生活中有各种各样需要解决的财务问题和其他问题，有些会很难以解决，如遇到车祸丧失劳动能力、失业、患有重大疾病等，只有具备正确的、乐观的理财观念，才能解决那些看来似乎无法解决的难题。

二、财富的衡量

谈到理财，首先要分析财，财即财富。在理财中，经常要用到财富这个概念，如为子女教育需要准备多少财富，为应付意外支出，家庭需要准备多少备用金……财富应该用什么来衡量才能准确反映它的实质呢？

（一）财富不能用收入衡量

人们经常用一个人的收入来衡量其拥有的财富，这个方法看起来简单易行，但存在的问题是：挣钱越多的人就一定越富有吗？例如现在大量出现的白领月光族和啃老族，他们通常收入不菲，但仍然月初富裕、月底赤字，没有任何节余。当需要进行结婚、购房等大项开支时，不得不依赖父母支持，透支父母的养老准备金，毫无节制的消费导致再多的收入也无法带来富有。

【案例 1－2】　拳王泰森申请破产

迈克·泰森，19 岁时就成为拳击史上最年轻的世界重量级拳王，一度被称为世界拳击场上的铁人，身价至少 3 亿美元。然而，这位昔日炙手可热的体坛明星如今不仅难提当年之勇，而且经济状况也日渐窘迫，最终不得不申请破产。

现年 37 岁的泰森，曾经在世界拳坛创造了属于自己的泰森时代和一个又一个的奇迹。美国媒体估计说，泰森的资产在 3 亿到 5 亿美元之间。

但据美国媒体 8 月 4 日报道，泰森的律师德布拉·格拉斯格林透露说，由于挥霍无度和前经纪人管理其资产上的问题，8 月 1 日，泰森向曼哈顿的美国破产法院申请破产保护。

导致泰森资产流失的原因有很多。首先，挥金如土一直就是泰森的习惯。他曾经拥有 6 座豪宅，其中 1 座竟然有 36 间浴室。他经常从不考虑就把大把的钱花在汽车、服装和珠宝上，他还养了不少宠物，其中有猫、鸽子甚至还有老虎。泰森喜欢一掷千金的感觉，他曾眼睛都不眨一下就随手给出 1 万美元的小费。

有统计表明，1996 年到 1997 年间，泰森因法律诉讼问题花费 900 万美元，开一个生日宴会耗资 4.1 万美元，纸张和电话费花去 23 万美元，供养豪华轿车用去6.5万美元，连宠物老虎也花掉了8100美元。

其次，在泰森的资产流失过程中，泰森的前经纪人唐·金也有不可推卸的重要责任。泰森已经向纽约曼哈顿法院起诉唐·金，理由是他骗取了属于泰森的巨额奖金和出场费，泰森要求索赔1亿美元。

即使如拳王泰森这样身价数亿的富翁，也因为消费的无节制和自己不懂理财，最终导致破产。

因此，一个人的财富不能用他（她）获得的收入来衡量，而应该用收入减去支出后的节余来衡量。只有节余才是个人可以支配的财富，当失业时，可以用来渡过难关，当有好的项目时，可以用来投资……

要提高节余只有两种途径：一是降低支出，即节俭；二是提高收入。节俭是很多成功的企业家的秘诀，尤其在创业的初期更需要节俭节俭再节俭，但从个人理财的角度来说，除了控制过度的消费外，降低支出并不是主要的手段，因为实现更高的生活水准是理财的目标之一，提高收入是理财的主要手段，个人理财可以通过各种工具的运用提高资产的回报率，从而提高个人收入。

（二）财富不能用货币衡量

通常的观点是财富就是金钱，就等同于货币数量。但在这个收入、支出都快速增长的时代，一个人拥有多少金钱才能满足需求？是10万、100万、1000万还是1亿？由于个人消费水平的差异和消费支出的上升，财富无法用金钱完全度量。

1. 个人消费水平的差异

由于所处地区和自身经济状况的不同，人和人之间存在着消费水平的差异。

【案例1-3】　三个家庭不同的消费水平

北京市有三个家庭，一个是单身家庭，一个是三口之家，还有一个是六口之家，月收入都在3500元左右，但其生活水平却有着天壤之别。

（1）单身家庭

28岁的张先生在一家大型集团下属公司，从事产品策划和市场推广工作，他每月的工资收入在4000元左右，由于还没有成家，张先生的工资收入完全可以由自己自由支配，再加上年轻，他几乎没有任何后顾之忧。

在张先生的收入中，房子支出占的比例最大。2001年张先生就以按揭形式买了一套108平方米的单元房，首款付了10万元，20年按揭，每月还款1600元，每年的物管费加暖气费还需2400元。由于单位离家较远，张先生经常打车上下班，出去办事也基本上是打车，从张先生家打车到单位需要30块钱，来回就要60块钱，这对张先生来说也是一笔不小的费用。由于是单身一族，张先生很少做饭，经常与朋友一起出去AA制聚餐，他会在网上找一些有特色的餐馆。和朋友一起吃饭通常每月会花掉500元左右，其余的支出还包括健身、旅游，偶尔也会泡吧，上茶馆，这样张先生每个月的工资就所剩无几了。

张先生基本不存钱，按照计划每年的收入都会有增加，所以不为钱愁。对未来张先生也有自己的打算，他的女朋友在外地，准备明年来北京结婚，婚后张先生打算用分期付款的方式买一辆车，价格在10~15万，有车以后，将来可能还会在郊区买房子。他认为自己还年轻，相信有能力让生活越过越好。现在张先生还经常用信用卡消费，他觉得这种方式可以让他的生活更自由。

(2) 三口之家

陈女士每月收入1200元，丈夫每月收入1600元，陈女士每天下班后再去别人家里做小时工一个月可以挣400元。全家月收入3200元，这对于主妇陈女士来说实在是捉襟见肘。房租和孩子的入托费等就花去了收入的一半，再加上吃饭和寄回老家的钱，几乎没有剩余。不足十平方米的小屋就是陈女士一家三口的新房，因为价格比较便宜，月租金只要500元，几乎所有的家具和生活用品都是别人不要了送给他们的。

赶上周末陈女士想给儿子乐乐买点肉。每到周末，陈女士就会给儿子买几两肉改善生活，但是没想到这次乐乐却想吃鱼了。一条鱼至少要5~6元钱。陈女士舍不得，她每天只花4元钱左右买菜，今天为了买肉已经花了6元钱了。可是乐乐已经委屈得快掉眼泪了。没办法，母子两个达成协议——买鹌鹑蛋。

陈女士喜欢大海，最想去的地方就是距离北京仅两个小时路程的北戴河，但是她算算账全家都去至少要花3~4百元，又是一个月的生活费。于是北戴河就成了一个遥远的梦想。事实上在北京生活十年了，陈女士全家从未外出旅行过。由于收入很低，陈女士最贵的衣服也只有60元钱，长年用的化妆品就是1.2元一袋的郁美净。但为了不让儿子受委屈，她还是会经常为儿子买些玩具。只不过玩具个头都很小，有小火车、小恐龙、小气球。

陈女士很少带儿子去公园，最常去的就是小区里的社区活动中心。年仅四岁的乐乐已经可以很熟练地控制大人用的健身器材了。晚上九点，丈夫还没有回来，他每天都要工作到深夜。凌晨4点半，陈女士又开始了新的一天，连续工作9个小时后还要去做两个小时家政服务。为了儿子的幸福生活，她不畏辛苦地奔波着。

(3) 六口之家

58岁的赵大妈老人是一家商业企业的退休工人，她家共有6口人。赵大妈一家是老北京，由于工龄长，他们不用花很多钱买房子。赵大妈和康大爷每月的退休工资都是1100元左右，大儿子刚找到工作不久，每月收入只有800元，大儿媳妇刚生完孩子在家没有收入，20多岁的小儿子又长期患病不能工作，这样，老两口的退休工资2200元加大儿子的800元，再加上康大爷每月在社区值夜班挣的500元，全家每月的总收入加起来总共3500元。

家里每月花销最大的是给小儿子看病，得6～7百块钱，刚出生的小孙子每月的奶粉钱也要3～4百块钱，儿媳妇现在住在娘家，大儿子的工资几乎都给她了。而全家人仅仅吃饭的开销虽然赵大妈精打细算，最少也需要600元左右。他们一个月吃一两回肉，过年过节吃肉。每天11点买菜，菜便宜，早上买的就贵，中午一元钱一堆。赵大妈家的房子只有50多平方米，原来是公房，前年老两口花了2万多块钱把房子买了下来。房子只有两居室，大儿子和儿媳妇、孙子住一间，老两口和小儿子住一间，由于摆不下两张床，小儿子就只能睡在沙发上。由于开销紧张，赵大妈家里的家具都是用了几十年的旧家具，而老两口已经很久没有替自己添置衣服了，小儿子的衣服多是以前的，裤子是别人给的。另外，每个月的电话费、水电煤气费等一些杂费平均每月也要2～3百块钱，赵大妈把每天的开销都仔细记上账，这个习惯已经持续了好多年。连5毛钱都记上，最少的一天只花一块四毛钱。现在他们最怕的是儿子生病，去年小儿子生病住院就花了2万多，几乎把家底都花光了，还找亲戚借了5000块钱。而如果家里没有别的事，每月还能剩下3～4百块钱。

现在老两口最盼的就是能治好小儿子的病，给他找份工作自食其力，而他们最大的心愿就是全家人一起去一趟外地旅游，因为自从1992年全家人去过一趟北戴河后，他们再也没有外出过。

可以看出，同样是每个月3500元左右的收入，张先生一个人过得很潇洒，陈女士一家三口花有些紧张，赵大妈一家六口日子就很艰难了，这三个家庭的消费水平有着明显的差异。张先生的月消费约4000元；陈女士家每个人的月消费约为1000元；赵大妈家每人的月消费约为600元。如果三个家庭都失去收入来源，并且每个人都有20000元存款，张先生可以用这笔存款维持5个月的生活；陈女士家每个人可以维持20个月；赵大妈家每个人可以维持33个月。可见同样数量的金钱对不同的人有着不同的意义。

从上面的案例可以看出，由于消费水平的差异，相同数量的金钱对不同的人意味着不同的财富，因此财富不能完全用金钱衡量。

2. 消费支出的上升

【案例1－4】　中国新人结婚费用30余年上涨百倍

零点调查与指标数据网于2004年8月对北京、上海、广州、成都、沈阳、西安、武汉、济南、大连、厦门10个城市的3212位14～60岁的常住居民进行结婚费用调查，调查结果显示中国新人结婚的平均费用支出，2000年后的花费是20世纪70年代前的46倍，而未婚者对支出的预期比2000年后的平均水平又高出2.4倍，是70年代前的100多倍（见图1－1）。

具体来看，20世纪70年代以前近70%的城市居民结婚费用集中在1000元以下，而到70年代，结婚费用有了缓慢的上升，47.8%的人已经花费在

1000元以上；到80年代，花费在3000元以上的人开始增多，大约超过55%；90年代结婚费用开始出现飞跃式的增长，73%的人结婚花费在1万元以上，三成以上的人花费在3万元以上；到2000年后，90%以上的人都是不过万元心不甘，而六成左右的人花费到3万元以上，花费10万元以上的也占到一成左右。而从未婚者对结婚费用的预期来看，绝大多数也在3万元以上，预计在10万元以上的占到四成多。70年代至今，结婚费用支出可谓是芝麻开花节节升高。城市居民结婚费用的攀升过程，从侧面反映出中国城市居民的收入增长过程，但不可否认的是，各个时代结婚费用的变化反映了生活成本的不断提高。

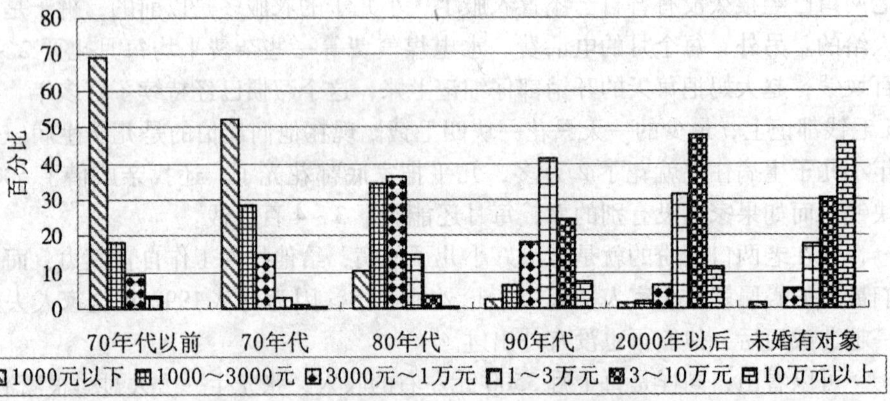

图1-1　中国新人结婚费用的变化图

今天，一个大中城市的单身青年如果失业一年，有1万元大约就能维持基本生活，但是10年后、20年后、30年后呢？这个数字恐怕要节节攀升。金钱的数量无法衡量所拥有的财富。也就是说，由于消费支出的上升，相同数量的金钱在不同的时期意味着不同的财富，因此财富不能完全用金钱来衡量。拥有财富是为了让它保障一定时间内的生活，这是一个时间的概念，因此应当用时间来度量财富，而不是用金钱数量来度量。

（三）财富的定义

根据上面的分析，财富不能用收入衡量，应当用节余衡量；财富不能用货币衡量，应当用时间衡量。那么在理财中，财富到底是什么呢？来看一个案例。

【案例1-5】　财富定义的应用

张先生是一个小医药公司销售人员，由于公司产品不适销，张先生感觉干下去没前途，因此他从公司辞职，决定多花些时间找一家大公司，他清点了一下自己的存款，有10000元，他每个月的支出约为2000元，他可以有5个月不工作（10000/2000 = 5）并且仍然能维持目前的生活标准，因此他决定用5个月的时间去寻找一份满意的工作。

从这个案例中可以引申出财富的定义：财富是不进行体力劳动（或者家里所有人不进行体力劳动），运用节余所能生存并维持现有生活标准的时间。

有了这个财富的定义，人们不会再轻易为父母是百万富翁、千万富翁而沾沾自喜，因为这些财产可能因为巨大的消费能力而在短期内化为乌有。

三、现金流象限

在提出了财富的定义后，接下来要分析另一个与理财有关的重要问题——有些人在很年轻的时候就获得了很高的资本积累，而有些人一直到老还在为生活而工作，其中的原因何在？解决这个问题要引入现金流象限的概念。

（一）现金流象限的概念和特点

E——职员	B——企业所有者
S——自由职业者	I——投资者

图1-2　现金流象限

资料来源：《穷爸爸，富爸爸》

现金流象限（见图1-2）是指现金流入方式构成的象限。在这个象限中，根据获得收入方式（现金流入方式）的不同，人们被分别纳入四个象限，即E象限、S象限、B象限和I象限。

1. E象限

E象限代表的是职员，即拥有一份工作的人，如为某个企业工作或政府工作的人，E象限代表了绝大多数人的收入来源，他们通过拥有一份工作为另外一个人或一家公司工作而赚钱。这个象限人群的收入特点是：（1）他们所创造财富的绝大部分要归其老板所有，因此他们的收入总是有限的；（2）只要停止工作，他们就没有任何收入；（3）他们的工资收入随着经验的积累和技能的提高而不断上升，但他们的支出也随着家庭的形成而逐渐上升，更重要的是，随着收入的上升，他们觉得自己需要提高生活品质以适应新的收入水平，他们不断在收入和支出的螺旋上升中重复，由于节余总是不够多，所以他们必须一直工作到退休，这是通常的情况，如果发生失业、意外伤亡等减少收入或增加支出的事件，由于节余不多，就很可能陷入财务困境。

2. S象限

S象限代表的是自由职业者，即自己为自己工作的人，比如开私人诊所的医生、开私人律师事务所的律师、自由撰稿人等。和E象限相比，这个象限人群的收入特点是：（1）他们所创造的财富都可以归自己所有，因此可以获得相对较高的收入；（2）和E象限人群一样，只要停止工作，他们就没有任何收入；（3）他们的收入往往随着年龄的增长而迅速上升，如中医，但是身体状况却随着年龄的增加而逐渐衰退，而且由于是自己工作，他们要获得更多的收入必须花费更多的时间，长时间的工作和逐渐衰退的体能是一对不可调和的矛盾，他们要么在收入达到最高峰时忍受长时间的高强度劳动，要么结束自己的职业生涯享受晚年生活。

3. B象限

B象限代表是企业所有者，即拥有自己企业的人，他们雇佣别人为他们工作，运用别人的智慧、时间和劳动来为自己创造财富，这个象限的收入特点是：（1）由于被雇佣人创造的绝大部分财富要归企业主所有，因此处于这个象限的人群财富可以迅速增长，并且雇佣的人越多，财富增长的速度就越快；（2）当企业逐渐壮大以后，他们可以雇佣职业经理人为自己管理企业，这时他们会越来越清闲，但他们的收入却依然不断增长。

4. I象限

I象限代表投资者，即运用资金为自己创造财富的人，这个象限的收入特点是：（1）财富随资金规模的扩大而上升速度加快；（2）投入时间不与资金规模成正比，并且停止工作后收入依然上升。比如有一个投资收益率为20%的项目，如果投入10000元每年可获得2000元；如果投入1000000元，每年可以获得200000元。投入200000元与投入20000元相比，收益虽然增加了9倍，但投入的时间并不需要呈相应倍数的增加。

【案例1-6】　投资者怎样投资——坦普里顿

第二次世界大战刚刚爆发之时，著名的投资者约翰·坦普里顿就将他的全部财产投资到股票市场上。当时欧洲的凶信以及大萧条带来的恐慌笼罩着美国，整个美国都认为战争将进一步打压股市，所有投资者都认为“二战”将在欧洲持续若干年，并且给全球经济及美国股市带来巨大压力。

但坦普里顿没有这样看待事情，他确信战争将动摇美国对经济萧条的恐慌，并带来全球经济产出的巨大增长。促进就业率提高以及刺激美国财富以几十年未曾出现的速度进行积累，他在当地银行尽最大可能贷款，然后在股市上购买了每一个公开商业公司100美元的股票，他走出股票经纪公司时已经拥有了104家上市公司股票，其中34家后来破产，4年之后，他出售了全部股票，获得40000美元。

【案例1－7】 投资者怎样投资——沃伦·巴菲特

沃伦·巴菲特在2005年的《福布斯》富豪榜上名列第二，拥有440亿净资产，他的财产主要来自于证券投资，即寻找价值被低估的股票，然后买进并长期持有。

1930年8月30日，沃伦·巴菲特出生于美国内布拉斯加州的奥马哈市，沃伦·巴菲特从小就极具投资意识，他钟情于股票和数字的程度远远超过了家族中的任何人。他满肚子都是挣钱的道儿，五岁时就在家中摆地摊兜售口香糖。稍大后他带领小伙伴到球场捡大款用过的高尔夫球，然后转手倒卖，生意颇为红火。上中学时，除利用课余做报童外，他还与伙伴合伙将弹子球游戏机出租给理发店老板们，挣取外快。

1931年，刚刚跨入11岁，他便跃身股海，购买了平生第一张股票。

1947年，巴菲特进入宾夕法尼亚大学攻读财务和商业管理。但他觉得教授们的空头理论不过瘾，两年后便不辞而别，辗转考入哥伦比亚大学金融系，拜师于著名投资理论学教授本杰明·格雷厄姆。在格雷厄姆门下，巴菲特如鱼得水。格雷厄姆反对投机，主张通过分析企业的赢利情况、资产情况及未来前景等因素来评价股票。他教授给巴菲特丰富的知识和诀窍。富有天才的巴菲特很快成了格雷厄姆的得意门生。

1951年，21岁的巴菲特学成毕业的时候，他获得最高A+。然而，毕业后他却多次碰壁，找不到适合自己的工作。

1956年他回到家乡，年少气盛的巴菲特决心自己一试身手。有一次，他在父亲的一个朋友家里突然语惊四座，宣布自己要在30岁以前成为百万富翁，如果实现不了这个目标，我就从奥马哈最高的建筑物上跳下去。不久，一帮亲朋凑了10.5万美元，其中有他的100美元，成立了自己的公司——巴菲特有限公司。创业之初巴菲特非常谨慎。在不到一年的时间内，他已拥有了五家合伙人公司。当了老板的巴菲特竟然整天躲在奥马哈的家中埋头在资料堆里。他每天只做一项工作，就是寻找低于其内在价值的廉价小股票，然后将其买进，等待价格攀升。这正是格雷厄姆教给他的秘诀。这些远远低于其营运资本的股票果然为他带来了丰厚的利润，格雷厄姆的点金术百试百验。

1957年，巴菲特掌管的资金达到30万美元，年末则升至50万美元。

1962年，巴菲特合伙人公司的资本达到了720万美元，其中有100万是属于巴菲特个人的。当时他将几个合伙人企业合并成一个巴菲特合伙人有限公司。最小投资额扩大到10万美元。情况有点像现在中国的私募基金或私人投资公司。

1964年，巴菲特的个人财富达到400万美元，而此时他掌管的资金已高达2200万美元。

在1962年～1966年的5年中，他公司的业绩高出了道·琼斯工业指数

20～47个百分点，而巴菲特本人也在当年的《奥马哈先驱报》上获得成功的投资业经营人的名头。巴菲特兑现了他的百万富翁狂言。

1966年春，美国股市牛气冲天，但巴菲特却坐立不安，尽管他的股票都在飞涨，但却发现很难再找到符合他的标准的廉价股票了。虽然股市上风行的投机给投机家带来了横财，但巴菲特却不为所动，因为他认为股票的价格应建立在企业业绩成长而不是投机的基础之上。

1967年10月，巴菲特掌管的资金达到6500万美元。

1968年，巴菲特公司的股票取得了它历史上最好的成绩：增长了59%，而道·琼斯指数才增长了9%。巴菲特掌管的资金上升至1.04亿美元，其中属于巴菲特的有2500万美元。

1968年5月，当股市一片凯歌的时候，巴菲特却通知合伙人，他要隐退了。随后，他逐渐清算了巴菲特合伙人公司的几乎所有的股票。

1969年6月，股市直下，渐渐演变成了股灾，到1970年5月，每种股票都要比上年初下降50%，甚至更多。

1970—1974年间，美国股市就像个泄了气的皮球，没有一丝生气，持续的通货膨胀和低增长使美国经济进入了滞胀时期。然而，一度失落的巴菲特却暗自欣喜异常，因为他看到了财源即将滚滚而来——他发现了太多的便宜股票。

1972年，巴菲特又盯上了报刊业，因为他发现拥有一家名牌报刊，就好似拥有一座收费桥梁，任何过客都必须留下买路钱。1973年开始，他偷偷地在股市上蚕食《波士顿环球》和《华盛顿邮报》，他的介入使《华盛顿邮报》利润大增，每年平均增长35%。10年之后，巴菲特投入的1000万美元升值为两个亿。

1980年，他用1.2亿美元、以每股10.96美元的单价，买进可口可乐7%的股份。到1985年，可口可乐改变了经营策略，开始抽回资金，投入饮料生产。其股票单价已涨至51.5美元，翻了5倍。至于赚了多少，其数目可以让全世界的投资家咋舌。

1992年中巴菲特以74美元一股购下435万股美国高技术国防工业公司——通用动力公司的股票，到年底股价上升到113元。巴菲特在半年前拥有的32200万美元的股票已值49100万美元了。

1994年底已发展成拥有230亿美元的伯克希尔工业王国，它早已不再是一家纺纱厂，它已变成巴菲特的庞大的投资金融集团。从1965—1994年，巴菲特的股票平均每年增值26.77%，高出道·琼斯指数近17个百分点。如果谁在1965年投资巴菲特的公司10000美元的话，到1994年，他就可得到1130万美元的回报，也就是说，谁若在30年前选择了巴菲特，谁就坐上了发财的火箭。

从坦普里顿和巴菲特的案例中可以看出，一个专业的投资者即使开始没有什么钱，运用头脑和智慧依然可以实现资产的快速增长。

以上分析了现金流四个象限各自的概念及特点，现在用一个假设的例子来说明四个象限的具体差别。

【案例1-8】　各现金流象限的差别

王先生持有律师执照，他通过多年的努力，已经积累了100万元的资产，现在他打算重新开始自己的事业，他可以有如下四种职业选择（假设不考虑货币的时间价值）：

（1）成为某家公司的法律顾问。可以获得每年10万元的职业收入，除去生活开支后，还可剩余2万元，30年后他总共有100+2×30=160（万元）。

（2）用100万元开办一家自己的个体律师事务所。每年可获得20万元收入，除去生活开支后还剩余10万元，30年后收回成本，他总共有100+10×30=400万元。

（3）用100万元开办一家法律咨询公司，并雇佣10名专业人员为他工作。每位专业人员每年为他创造20万元财富，他为每个职员支付每年10万元的薪水，每年他获得净利润（20-10）×10=100万元，扣除生活开支20万元，每年能剩余80万元，30年后收回成本，他共有80×30+100=2500万元。

（4）用100万元购买一家法律咨询公司30%的股权，每年获得分红60万，他将获得的红利扣除个人生活开支后持续投资到另一上市公司，30年后他将持有的两家公司的股权出售，获得现金2000万。

可以看出，同样拥有100万元，作为E、S、B、I，王先生30年后的总资产分别为160万、400万、2500万和2000万，E象限和S象限的收入处在一个数量级别；B象限和I象限的收入处在另一个数量级。

象限左边和右边的人存在巨大差别：E象限和S象限的人财富主要来自于自己的工资，增长速度很慢，而B象限和I象限的人财富主要来自于其企业的收入和金钱投资，因此增长速度可以很快；E象限和S象限的人由于停止工作就没有收入，并且节余很少，因此必须一直工作，而B象限和I象限的人在达到一定程度之后，可以在停止工作的同时，财富仍然不断增长。

（二）改变所处象限

既然处于象限右边的人财富增长可以很快，而投入时间又可以逐渐减少，那么是不是象限左边的人都应该改变所处象限，进入B象限或是I象限呢？实际的情况是要进入B象限和I象限并不容易。成为一个像巴菲特那样的专业投资者需要专业的投资知识和灵活的头脑，而进入B象限则很容易失败。

举一个简单的例子——能做出比麦当劳更好的汉堡吗？众所周知，麦当劳主要卖的是汉堡等快餐食品，制作工艺并不复杂，口味也并不是特别出色，但它为什么却畅销全世界呢？原因很简单，麦当劳拥有的不仅仅是汉堡，而是一个运转良好的系统，包括快速的配送、良好的广告宣传、优质的原料供应……这个完善的系统保证了麦当劳企业的成功，而要建立一个这样的系统非常困难，这就是很多人在拥有自己的企业后不能成功的原因。

(三) 至少有部分收入来自于象限右边

改变所处的象限如此困难，那普通人就无法改变自己的财务处境吗?

虽然拥有自己的企业或成为专业的投资者很困难，所以绝大部分人还是要处在E象限或S象限，但至少可以在以工资收入为主要收入来源的同时，有部分收入来自于象限右边。如投资到朋友的企业或利用业余时间炒股票等，这样在不改变所处象限的同时，运用日常生活的节余资金和业余时间，可以获得一些非工资收入。

四、个人理财目的

个人理财的最终目的是走向财务自由，即除非发生意想不到的大事，否则我们完全可以选择工作也可以选择不工作，并且我们的财富能避开通货膨胀而且在不断地增加着。资产已经多到可以自我增值，就像种下了一棵树，年复一年地浇灌它，终于有一天它不再需要的照料，可以自己生长了。它的根已足够深，现在开始享受它的树阴了。

那么如何才能实现这个目标呢?根据收入是否与投入时间成正比，收入可以划分为两种：主动收入和被动收入，即：

收入 = 主动收入 + 被动收入

其中主动收入是指与投入时间成正比的收入，如工资收入等，被动收入是不与投入时间成正比的收入，如投资于股票、房地产等，投资产生的被动收入可以再进行投资，产生的被动收入就越来越多，产生被动收入的资产也会越来越多，资产的增加和被动收入的增加形成了一个良性循环，当这个循环到一定程度之后，会产生两个好结果：一是当被动收入超过支出时，就不必依靠工资来维持生活；二是即使不再继续花时间，资产也会继续增值。

举一个简单的例子，张小姐的资产每月可产生1000元，可每月却要支出2000元，那张小姐还有什么财富可言呢?根据财富的定义，张小姐只能活半个月。当张小姐每月从资产项可得2000元时，那张小姐就有财富了。当然张小姐并不富有，可张小姐有财富了。现在每个月张小姐从资产项得到的现金流与支出等量。如果张小姐想增加支出，则首先必须增加资产项产生的现金流来维持她的财富水平。注意，这时张小姐不再依赖工资，即使辞了职，张小姐每月还能用资产项产生的现金流维持支出，也就是说张小姐仍能够生存。

张小姐的下个目标是从资产中得到多余现金再进行投资。流入资产项的钱越多，资产就增加得越快；资产增加得越快，现金流入得就越多。只要张小姐把支出控制在资产所能够产生的现金流之下，张小姐就会变富，就会有越来越多除自身劳动力收入之外的其他收入来源。随着这种再投资过程的不断延续，张小姐最终走上了财务自由。

第二节　个人理财定义及内容

以上讨论了与个人理财有关的一些重要观念问题，接下来要给出个人理财的完整定义，并分析个人理财的主要组成。

一、个人理财定义

首先要指出的是，个人在单身时指个人，在其结婚后指组成的家庭，后面章节都采用这种定义。

个人理财是个人通过谋划与行动，对各项资源进行安排，使得个人的财富在安全性、流动性和收益性等方面合理搭配，以达到期望的生活状态的各种活动。

二、个人理财内容

本书从三个层次阐述个人理财问题：即个人理财入门、个人投资理财和个人理财规划。个人理财入门是指对生活中各项财务问题的处理，包括财务会计管理、现金及债务管理、风险管理和保险运用、税务筹划。个人投资理财即投资规划，是指运用各种投资工具的运用，包括投资基本知识、证券投资理财和实物投资理财。个人理财规划是运用前面所学的投资理财知识解决人生的三大财务问题——居住规划、教育投资规划、退休规划、遗产规划，以及其他的财务问题。

（一）个人财务会计管理

在理财时，首先要了解资产和负债等财务概念的区别，在理财过程中要尽量买入能带来现金流入的资产，少买带来现金流出的负债。要能够完成记账到编制个人资产负债表和损益表，以帮助分析目前的财务状况和寻求财务方面的改进。

（二）个人现金及债务管理

为了应付日常生活开支和意外支出，个人的某些资产总要以现金的形式持有，因此以什么形式持有现金，应持有多少现金最有效是现金管理中需要考虑的问题。另外，由于存在短期和长期的资金短缺，人们经常需要使用债务，如何有效地使用和管理债务，是债务管理研究的课题。

（三）个人风险管理和保险运用

人的一生中很可能会面对一些不期而至的纯粹风险，比如人身风险、财产风险和责任风险。为了规避、管理这些风险，人们可以通过保险来寻找风险的共同承担者。在人一生中需要哪些保险？需要多少数量的保险是这部分研究的课题。

（四）个人税务筹划

人们在依法纳税的同时，往往希望将自己的税负合理地减到最小。个人税务筹划是指在纳税行为发生之前，在不违反法律、法规的前提下，通过对纳税主体的经营活动或投资行为等涉税事项做出事先安排，以达到少缴税和递延纳税目标的一系列筹划活动。与个人有关的主要税负是个人所得税，因此税务筹划部分主要研究如何降低个人的所得税税收负担。

（五）投资规划

个人理财各项目标的实现，最主要是依靠各种投资工具的运用。投资工具分为金融投资工具和实物投资工具。通过合理的资产分配，可以使各种投资工具构成的投资组合既能满足个人的流动性要求与风险承受能力，同时又能够获得预期的回报。本部分主要阐述各种投资工具的运用。

（六）居住规划

居住需求是人生的一大主要需求，规划是否合理将直接影响个人/家庭资产负债与现金流量的状况。居住规划首要的决策是以租房还是购房来满足居住需求。如决定购房，就要以当前的资产实力与收入/储蓄水平为基础衡量可以承受的最高购房款，从而计算出首付款和房贷。然后根据经济能力，计划购房的时点、房屋面积和区位、选择合适的房产项目。也可以根据生涯规划循序渐进地换房以满足居住需求。

（七）教育投资规划

教育投资是一种人力资本投资，它不仅可以提高人的文化水平与生活品位，更重要的是它可以使受教育者在现代社会激烈的竞争中占据有利的位置。如何筹集培养孩子所需的教育费用是本部分研究的内容。

（八）退休规划

人们一旦退休，作为收入主要部分的工薪收入便会停止。如何在退休后保持一个特定的生活水平就成了每个人都要面对的现实问题。现代社会退休金的筹措主要还是靠自己，着手越早，退休时相对越轻松。退休计划是一个长期的过程，不是简单地通过在退休之前存一笔钱就能解决，因为通货膨胀会不断地侵蚀个人的积蓄。个人在退休之前的几十年就要开始确定目标，进行详细的规划，否则就不可避免地要面对退休后生活水平急剧下降所导致的困境。

（九）遗产规划

父母到底是否需要留下遗产给子女，留多少合适是遗产规划研究的第一个问题。此外，如果留遗产，遗产应该以什么形式传递给子女最为方便和成本最低是遗产规划研究的另一个重要问题。由于中国遗产税还没有开征，这个问题不是很迫切，因此本书暂不讨论遗产规划问题。

第二章 个人财务会计管理

- 汽车是资产还是负债?
- 去年总共挣了多少钱?总共花了多少钱?都花到什么地方了?
- 如何判断现在的财务状况是好是坏?
- 用什么方法分析现在的财务与过去的财务状况的差别?

财务会计可能是世界上最乏味的学科,也可能是最让人弄不明白的学科。但如果想摆脱财务困境,有效管理各种风险(失业、残疾……),解决人生各种需求(购房需求、退休需求……),实现财务自由,它又可能是最重要的学科。

提及财务会计,很多人马上想到晦涩的专业词汇,厚厚的账本,是不是要学习财务知识就一定要从复杂、系统的学习着手呢?其实不然,理财者学习财务知识,不是要使自己成为企业会计或财务管理人员,而是要为自己打理财务问题,因此只要简单够用即可,不需要了解严格的定义和运用完整的规则。本章以浅显的语言,阐述在个人财务会计管理中需要用到的一些基本原则和概念,以及如何完成必要的财务和会计工作,包括怎样建立自己的账本并编制个人财务报表,怎样分析财务状况,为改进财务状况,设计理财方案提供决策依据。

第一节 基本原则和概念

由于不明白资产和负债的真正区别,不知道支出的实质是为别人带来了收入和为自己带来了债务,很多人热衷于购买那些不能给自己带来收益的东西,导致陷入财务困境而不能自拔,因此,财务会计的学习首先要从基本的原则和概念开始。

一、资产和负债

资产和负债是静态的概念,反映在每一个时点上拥有的东西和欠别人的东西。

(一) 资　产

1. 资产的定义和分类

分析家庭财务状况的角度，可以将资产分成三类：财务资产、使用资产和奢侈资产。

(1) 财务资产

财务资产就是能把钱放进口袋里的，即能带来收益的东西，例如当购买了国债以后，就可以每年获得利息，那么国债就是一项资产，同样地，股票、证券投资基金都是财务资产；而家中添置了冰箱后，除了消耗电费和维修费外，不能带来任何的现金流入，因此冰箱不是财务资产，同样地汽车、家具等消费品都不是财务资产。财务资产是理财中最重要的资产，因为它们是决定财务目标进程的来源。除了保险和居住的房产外，大多数个人财务管理是针对这些资产的。

(2) 使用资产

使用资产是每天生活要使用的东西——房子、汽车、衣服等，它们不能带来现金流入，但如果没有则需要另外花钱去购买，汽车等家用消费品构成了家庭财务状况的一部分。个人理财目标之一就是为家庭进行适度的个人使用资产积累。它们不会产生收入，并且如果想一直使用，需要不断投入资金维护和修理或更新，但它们可以供消费。

(3) 奢侈资产

奢侈资产也是个人使用的，但不是必需的资产——度假用的别墅、珠宝等。它们在使用中不带来收入，但也构成了家庭的财务状况，并且在变卖时比较值钱。这一类资产取决于这个家庭认为哪些资产是必需的。很多富裕家庭认为是基本品的资产（如汽车等），在大多数普通家庭被认为是奢侈品。奢侈资产与个人使用资产的主要区别在于变卖时奢侈资产的价值高。厨房用具和家电家具卖不到很多钱，而且如果想要过得舒适一些就要很快地更换它们，而度假用的别墅卖掉后可以带来很多现金。

2. 资产价值评估

资产价值评估是估计资产目前的价值。各种资产采用不同的评估方法。

(1) 财务资产

财务资产一般按照目前的市场价格减去需要为它支付的税款来确定价值，例如，王先生两年前以200000元的价格买进某房产用以出租，目前该房产的市场价格为400000元，卖出房产需要按照买卖价差支付20%所得税，那么该房产的评估价值为400000－（400000－200000）×20%＝360000元。

(2) 使用资产

使用资产很特殊，使用资产的所有权是个人财务状况的重要组成部分。一个家庭在早期会购置一些使用资产，到了接近退休时已经有了一大堆这样的资产，即使从没有打算卖掉其中的任何一件，也会使个人财务状况好转。

但从另一方面讲，一方面大多数情况下个人使用资产的价值与个人理财计划无关，未来的消费取决于通过劳动和投资所获得的未来收入，而不是靠变卖个人使用资产。因此如果计算了它们的价值并在资产负债表上增加净值，那就是错误的。人们不可能消费这部分增加的净值，因为已经通过使用个人资产消费过了。只有在两种情况下需要认真考虑现有的使用资产价值，一种情况是投保家庭财产险的时候，另一种情况是接近退休时打算卖掉一些个人使用资产并将所得的资金作为退休基金的一部分。

使用资产的价值确定可以按照以下原则处理：

1）房子和汽车由于变卖时价值较高，而且较为容易出售，因此按照市场价值减去卖出时可能发生的所有费用来确定其价值。

2）所有其他个人使用资产按照在新的条件下重新购买这一资产的价格来确定其价值。对所有打算卖掉而且不打算重新购买的资产按照市场价值减去卖出时的所有费用来确定其价值。例如家中的彩电当初购买的价格为2800元，现在如果卖给回收家电的人可得200元，到旧货市场上买一台同样品牌、规格和成新度的彩电需要500元，其他费用为0，则这台彩电的价值为500元。如果打算卖掉这台彩电并且不打算重新购买彩电的话，则这台彩电的价值为200元。

没有必要给每一件使用资产确定价值，因此更为通常的做法是将房子和汽车单独评估价值，其他一般的家用资产合在一起估价。

(3) 奢侈资产

按照除房子和汽车以外的个人使用资产同样的方法确定价值。

(二) 负 债

1. 负债定义

负债就是把钱从口袋里取走的东西。常见的个人负债有住房抵押贷款、汽车贷款、信用卡贷款、消费贷款、保单贷款等。

2. 负债分类

和企业一样，个人负债可分为流动负债和长期负债。流动负债是一个月以内到期的负债。长期负债是一个月以后到期或很多年内每月要支付的负债。流动负债包括当月要支付的长期负债。这种区分在生活周期中极为重要，因为生活中常见的负债如住房抵押贷款、汽车贷款、信用卡贷款都必须按月偿还，确保按月付账非常关键。通过列明当月应付的债务，可以注意使投资具有流动性，防范当期收入不足以支付流动负债的风险。

3. 负债价值评估

所有负债按照所欠金额的当前价值来确定其价值。这与市场价值不同，因为当利率发生变化时，一笔贷款可能会比所欠金额多或少。如王先生购买了一处房产，申请了 500000 元的住房抵押贷款，申请贷款时利率为年利率 5%，已偿还 3 年，目前剩余贷款本金及利息 450000 元，现在利率上调至年利率 6%，按照新的利率计算，王先生共需要偿还贷款本金及利息 470000 元，则该笔贷款的价值为 470000 元。

（三）规　则

学习了资产和负债之后，可以从中总结出理财的重要规则，即要明白财务资产和其他资产及负债的区别并尽可能购买财务资产。

财务资产能带来现金流入，现金流入越多，就能购买越多的财务资产，产生的现金流入也越来越多，离财务自由实现的那一天就越近。而不断购买使用资产只会带来源源不断的支出，如空调的使用要花电费，空调的维修要花维修费，如果空调坏了要重新购买。自己居住的房产也是使用资产，尽管从长期来看，房产能够保值增值，但由于要居住，房产不能出售，也就没有现金流入，而且房产越好，需要投入越多的资金使用维护，另外房贷支出也在不断为银行创造收入。因此，应当尽力买能带来收入的财务资产，同时降低使用资产、负债和支出。

【案例 2－1】　富有的消防队员

A 和 B 今年都是 35 岁，并且都是消防队员，他们每月可以拿到 3500 元的工资，并且每周只需上班 3 天。A 除了上班外，其他时间都在寻找便宜的房子，他通过购买法院拍卖的房产以及房主急于出售的房产购买了 15 套小房子，然后将这些房子修好出租，用节余和租金购买新的房产，目前每月租金收入有 10000 元。B 则利用业余时间分析上市公司业绩，赚取股票长期差价，目前他的股票资产组合已超过 300 万元。A 和 B 的目标是 56 岁时年收入达到 20 万元。

二、收入和开支

收入和开支是动态的概念，反映在一段时期内挣了多少钱和花了多少钱。

（一）收　入

1. 定义

收入是指扣除个人所得税，以及在工资中已经预扣的养老保险、失业保险、工伤保险和医疗保险等的实际所得。

2. 分类

按照是否与投入时间成正比，个人收入可以分为主动收入和被动收入。主动收入是指与投入时间成正比的收入，常见的主动收入有工资、劳务报酬、稿酬等。被动收入是指不与投入时间成正比的收入，常见的被动收入有租金、利息等。

(二) 开 支

1. 定义

开支是指现金的支付，如支付交通费等。

2. 分类

按照是否是日常生活所需要的开支，开支可以分为：

(1) 日常开支

日常开支是指满足日常生活必需的、在一年内或至少很快会被消耗掉的现金付出，如支付购买食品的开支等。表2－1是一张常见的日常开支分类表。

表2－1　　日常开支分类表

食品
衣物
住房 自购房：物业管理费、修理费用等 租房：租金
交通 自有汽车：汽油、维修、保险、贷款利息 出租车费 公共交通 自行车维修
交际娱乐
教育

(2) 非日常开支

非日常开支是指与日常生活没有直接关系的现金付出，如偿还贷款和购买数码摄像机等。非日常开支根据是否能够自主决定，又可分为自主开支和非自主开支。

自主开支是个人有选择权的开支，通常是资产的购置或大额捐款；可以自行决定的购置诸如家具、家用计算机、照相机之类的项目。一个家庭最容易改变的消费习惯就在这一类中，因为这些开支数额相对较大而又不是必需的。当然，像娱乐、度假这样的日常开支也是可以自行决定的。

非自主开支指个人不能直接控制的开支，通常是债务的偿还，贷款本金记入非自主开支，利息记入日常开支，一种简单的处理方法是将贷款本金和利息都记入非自主开支。

注意每个人必须自己进行开支的具体分类，因为每个人的支出重点不同，例如有一个家庭，四个孩子都热衷于体育竞技项目，可能需要将运动器材、运动服装和费用的开支单独作为一个项目来记录。而爱吃零食、逛街的女孩要将零食和逛街费各自作为一个项目记录。

具体哪些项目应该被归入日常开支还是自主开支取决于家庭情况，例如旅游和购买数码摄像机对富裕的人来说可能属于日常开支，而对很多普通人来说就属于自主开支。

有些项目不可避免地被并入了别的项目，例如在超市购买的卫生健康用品不值得按项目再分开就被计入食品支出。

有两项特殊开支——住房和汽车，买房首付款和买车。如果将他们作为开支在损益表中减去会形成一个巨大的负净损益。这笔开支并不是来源于当期收入而是以前的节余或是贷款，企业可以将它资本化，但家庭不是为了赢利，因此可以将它们记入资产负债表，不记入损益表，这两种资产的维护和辅助开支记入日常开支。

三、资产负债表和损益表

尽管大多数人认为，自己对自己的财务收支情况很了解，但个人头脑中的财务信息通常只是零散而没有规律的，如果要确切知道自己挣了多少，怎么挣的，每种收入占总收入的比重，钱是怎么花的，都花到什么地方了，每种开支占总支出比重等，还需要将财务信息作一些整理和归纳，这就要用到资产负债表和损益表。

（一）资产负债表

和资产负债一样，资产负债表也是静态的概念。

1. 资产负债表定义

资产负债表是反映某一时点个人财务状况的财务报表。例如在 2005 年 12 月 31 日这一天拥有或控制多少资产（不论是自己购买的，还是贷款购买的）、有多少负债，净拥有多少数量资产。

2. 资产负债表结构

资产负债表一般用一个左右结构的表表示，其基本格式如表 2 - 2 所示。

表 2 - 2　　　　**资产负债表**

资产	负债
财务资产	流动负债
使用资产	长期负债
奢侈资产	负债合计
资产合计	净资产
	负债及净资产合计

其中净资产是扣除负债后，某个时点上个人净拥有的资产大小。净资产 =

资产－负债。净资产反映在某个时点上个人拥有的净财富。

（二）损益表

和收入开支一样，损益表是一个动态的概念。

1. 定义

损益表反映个人在一段时期（通常是一月或一年）内收入多少现金，开支了多少现金，共节余多少现金。

2. 结构

损益表是一个上下结构的表格，其基本格式如表2－3所示。其中净损益是某人在一段时间内的净收益。净损益＝收入合计－支出合计。

表2－3　　损益表

收入	
	主动收入
	被动收入
	收入合计
开支	
	日常开支
	非日常开支
	自主开支
	非自主开支
	开支合计
净损益	

【案例2－2】　资产负债表和损益表

王先生2005年总共收入10万，开支了2万，用银行存款10万元支付首付款、并贷款20万购买了一处房产。那么在王先生2005年1月1日的资产负债表中，资产中没有房产，负债中没有该房产发生的贷款，在2005年12月31日的资产负债表中，资产中有该房产价值30万元，银行存款减少10万元，负债中有该房产发生的20万元住房贷款。在2005年度的损益表中，收入为10万元，开支为2万元，净损益为8万元。

【案例2－3】　不同的财务报表

A. 富人的财务报表一般都是属于这种类型。他们将收入尽可能用来购买财务资产，财务资产越多，产生的收入越多，收入越多，购买的财务资产也就越来越多，在收入不断上升的同时，他们尽可能减少购买使用资产和奢侈资产，减少支出的负债，因此，他们在财务上越来越富有。

B. 穷人或刚离开家的年轻人一般都是属于这种类型。他们将挣到的收入都用来购买带来负债和支出的各种使用资产如汽车等，或者用来支付各种消费项目。他们没有财务资产，收入通过各种途径被转化为支出，收入的上升永远不能赶上支出的上升，因此他们必须不停工作以维持目前的支出，一旦发生意外，他们将没有应急的方法。

第二节　个人财务报表的编制

在掌握了基本的概念后，接下来理财者要学习编制自己的财务报表了。首先要对资产、负债、收入和开支作进一步分类。然后将日常的每一笔开支都按这些分类进行记账，再根据记录的账目进行整理，编制出资产负债表和损益表。

一、对个人资产、负债、收入、开支进行分类

尽管前面已经阐述了这几个项目的基本分类，但这些分类还远远不够，比如资产只分为财务资产、使用资产和奢侈资产。但财务资产还可以分为股票、债券、基金、银行存款……，其中股票又可按投资需要分为长期投资股票、中期投资股票和短期投资股票。长期投资股票又可按股票名称分类。又如开支可以分成日常开支和非日常开支，日常开支可以分成吃、穿、住、行等，吃又可分为家中就餐费用和外出就餐费用。只有分类足够细致，根据这些分类记录的账目才能提供有用的信息。

在分类中需要注意以下几个问题：

第一，每个人必须根据自己的实际情况对这几个项目进行具体分类，因为每个人的开支重点不同，如前面提到的一个家庭有四个孩子都热衷于体育竞技项目，可能需要将运动器材、运动服装和费用开支单独作为一个开支项目来记录，而一个热衷于炒股的人可能需要将持有的股票分成高风险股票、中等风险股票、低风险股票三个类别列在资产项下。

第二，具体哪些项目应该被归入日常开支还是自主开支取决于个人情况，例如旅游和购买数码摄像机对富裕的人来说可能属于日常开支，而对很多普通人来说就属于自主开支。

第三，有些项目不可避免地被并入了别的项目，例如在超市购买的卫生健康用品不值得按项目再分开就被计入食品支出。

【案例2－4】　资产、负债、收入和开支的分类

小王是一个在校大学生，他对自己的资产、负债、收入和开支作了以下分类。如表2－4所示。

表 2－4　　　　资产、负债、收入、开支分类

资　产	财务资产	现金
		银行存款
	使用资产	
	奢侈资产	
负　债	流动负债	信用卡贷款
	长期负债	
收　入	主动收入	
	被动收入	生活费
支　出	日常开支	衣物
		食品
		住房
		交通
		通信
		交际娱乐
	非自主开支	
	自主开支	手机

二、记　账

在对个人资产、负债、收入、支出进行详细分类后，接下来需要对日常开支进行详细的记录，即记账。

（一）记账的作用

系统地记录开支有以下几个作用：

1. 可以了解现金具体去向，有效平衡收支和增加节余；
2. 可以合理安排支出计划；
3. 个人资产增加时方便管理。

【案例 2－5】　49 年账本记录家庭幸福指数

在缙云，有一对老人，男的叫董万春，83 岁，女的叫张春晖，74 岁。从 1957 年 1 月开始他们就每天记录家庭收支情况，甚至买了一根葱、一块橡皮、一根棒冰、一张电影票等都一一记录，金额尾数都精确到分。

（1）记账由算计开销开始

1957 年的时候，两口子已经有了 3 个孩子，家庭开支蛮大，每一分钱都得省着花。每个月工资一发下来，两口子就算计着如何开销这一个月，扣除双方老人的赡养费、孩子的保姆费，还剩下多少？扣除油盐酱醋开支，能不能有节余？尽管算计得挺好，但经常到了月底，还是会出现短缺。好记性，不如烂笔头，两口子一商量，决定用一个最笨的办法来控制家庭消费、平衡家庭开支，就是把每天花的钱一笔笔记下来，这样能时刻提醒自己花了多少钱，剩下多少。有时候，买一根葱也赶紧记下来。

那时候穷，1957 年 1 月，两口子开始记账的第一个月，两个人工资加起来只有 93.5 元，这点钱要养老老小小七八口人。

（2）家庭财政出现五次赤字

两口子过去的日子一直过得紧紧巴巴，1956 年至 1978 年，老董工资一分没涨，当中有 5 个年头家庭财政出现赤字。1961 年，-84 元；1969 年，-116 元；1973 年，-190 元；1976 年，-76 元；1994 年，-6885 元。前面四次赤字是因为当时工资低，而家庭开支大造成的，虽说每年的负债只有几十元上百元，但心里不好受，一年累到头，没有积蓄反而超支。但 1994 年欠了债，老两口都觉得特别幸福，因为那年分到了 80 多平方米的房改房，总价为 1.5 万多元。

上世纪五六十年代，两口子记的都是些吃穿的开销。到八九十年代，两口子账本上记上了彩电、冰箱、洗衣机、空调。现在老两口退休工资加存款利息等，每年有 5 万多元的收入，花不光，就用来资助子女和孙辈们。

董家账目记录显示，1962 年，董万春买进了家庭的第一件值钱耐用品，一块 60 元的旧手表；1966 年，他花了 120 元钱给妻子买了一块日本产的手表。两夫妻都戴上了手表，当时足足让周围的人羡慕了一阵子。那年头，手表可是富裕的标志。

改革开放后，董万春夫妇迎来了收入翻几番的好时光，1979 年 7 月，董家花了 232 元钱，买了第一台 9 英寸黑白电视机。在他们住的居民区里，董家是第一个买电视机的。现在，家里除了电脑，什么家用电器都齐全了。老人说，之所以没买电脑，是因为他们年纪大了，不会使用这种新鲜玩艺儿。

但在 2002 年，董家的账本里记了一笔新花费——人寿保险。为了自己老有所养又不拖累儿女，老两口掏钱为各自买了一份人寿保险，两人每年都要交一万元保费。

（3）账本帮老两口教育儿女

原来只是为了生计才记账的，没想到一记就记了 49 年。这些账本就是一面镜子，能照出过去和现在。

两口子从孩子能识数认字开始，就有意识地让孩子也参与记账。在记账过程中，孩子们逐渐认识到，父母操持这样一个家有多么不容易。平日里，他们想添置什么，总要先翻看一下家庭账本，自己先在心里默默算上一笔账，如果觉得账面吃紧，就干脆不提，或放在以后再提。

账本帮两口子夫妇教育了孩子，四个孩子非常懂事，从来不和别人比吃比穿。大女儿到杭州读大学，穿的是一身土布衣服，裤子还打着补丁，她不怕别人讥笑，她对父亲说，我小时候，买一块 2 分钱的橡皮，你和妈妈都要记账，现在你们省吃俭用才有钱供我上大学，已经很不错了。我是去学习的，不是跟别人去比穿的。

这么多年以来，两口子全家都养成了节俭的习惯，过年的时候一大家子吃饭，老老少少十几口，桌上或地下不会落下一粒米饭。

最近，董万春老夫妇还用了一个月的时间，把自家从1957年起至2005年的家庭年度现金收支结存情况又做了一张分类综合表。董万春当初决定记账，只是为了控制家庭消费，尽量使家庭收支平衡，而当这种记录成为习惯时，他们从枯燥的数字里找到了生活的乐趣，也见证了董家幸福指数的记忆。

【案例2-6】　一本平凡的家庭账本，记录20年中国变迁

(1) 20年挣了29万元

张大爷是河北省迁安市的一名退休工人。从1985年开始，20年间，他始终坚持来一分钱记一分钱，花一分钱记一分钱。连卖酒瓶的钱都算上，20年一共挣了29万元，给儿子花了将近21万。这20年当中，随便要哪一天的数字，都能找出来，数字精确到小数点之后的两位数。

他的家庭经济日记共有100页，目前已写了近70页。前50页是系统记录，即从1985年9月14日至今，家庭收入与支出的各项记录。20年时间里，张大爷一家总收入为295682.86元，包括工资、卖破烂、存款利息，以及他早先居住在农村时种地卖的钱。共支出284949.93元，其中花在儿子身上209217元。用收入减去支出所得数额，与张大爷目前所拥有的现金、存款数额分毫不差。另外，至今他已存了388.88元硬币。

后20页是单项记录，比如，历年每月使用的水电费记录、电话费记录、儿子从高中到大学的用款记录，党费、工资收入、奖金变化以及每年春节他所饮用的名酒种类记录等。张大爷给记者展示了他存款中历年银行利息变动情况，数字单位从厘到分，到角到元，精确到小数点之后的两位数。

(2) 21万花儿子身上

由于家庭困难，兄弟姐妹多，张大爷从小并未受过良好教育，这是他的终身憾事。张大爷有一个孩子，同其他普通父母一样，让孩子过上好日子，让孩子能够接受良好教育，一直是老张的愿望，这一点在他的账本中体现得淋漓尽致。

在张大爷的家庭经济日记中，专门辟出两页，用于记录孩子从高中到大学的用款情况。由于妻子没有收入，张大爷一人的收入支撑着整个家庭，包括儿子上学的一切费用。1994年8月25日，是儿子上高中的第一天，这一天在他的账本上没有买米菜的记录，所有花销基本是围着儿子转的。账单上显示，这一天他为儿子花了92.3元，其中包括墨水1.4元，香皂4.3元，牙膏1.5元、枕巾14.6元、毛巾5元、肥皂盒1元、裤子19元、冰棒1元、饭盒及叉子7.5元、袜子两双2元。儿子考上高中，张大爷很高兴，他还破例花巨资给儿

子买了一支25元的钢笔。

从这一天开始，张大爷每给孩子花一分钱都要记账。儿子上三年高中，总共花了他9018元，包括书费、学杂费、生活费以及孩子的衣服零用钱在内。

1997年8月17日，儿子如愿以偿考上了大专，到安徽去上学。因为有固定的工资收入，每月能准时给儿子寄钱，所以他一月一寄，每月准时在20号寄。张大爷每月给儿子的生活费是400元，寒暑假时另外寄路费。张大爷说，之所以定时定量寄钱，主要是怕孩子在学校里提前消费造成前松后紧。三年来，虽然儿子有些怨言，但还是坚持下来了。

儿子大一时花了10036元，大二花了8016元，大三花了9996元，全部开销为28048元，高中和大专6年，他儿子共花了37066元。

（3）年初计划年末总结

张大爷是个有计划的人，随着记账工作的深入，账本给他的生活也带来了变化，比如计划与节约。从1993年开始，他就计划着过日子，每年的生活都做到年初有计划，年终有总结。做计划对过日子很有好处，一个家庭如同一个企业，年初有计划，整年都会朝着这个目标去努力。年末做总结，为下一年积累经验。

张大爷对1993年的计划是存钱6800元，争取存到7000元。到了该年年底，他实际上存了9800元，比年初的计划多了3000元。他在当年的总结中写下可喜两字，以鼓励自己。

1994年张大爷储蓄的口号是保8争1，即要保证存8000元，争取存上1万元。年底他实际存了13190元，比原计划多存了3190元。这一年的总结他写道：值得可喜。

到1996年虽然他只存了100块钱，但这一年他花了1万多元买了一套57平方米的房改房，实际上这一年他的存款是100元加上价值1万多元的房产。

张大爷不仅做到年有计划，而且还做到月有计划。一个月要存多少钱，他都心中有数。这个月收入少而开支大，就得尽量减少开支，如果还达不到目标，在下个月就再进一步节衣缩食把它补齐，直到完成计划为止。

1997年张大爷涨了工资，月均工资达到1300元，加上他多年的积蓄，这一年单利息就有6000元的收入，所以这一年他计划每月存700元，年计划要存8000元，但是估计儿子会上大学，所以他在计划中还写到要是儿子考上大学，预计用7000元，还可以存1000元，很困难，要努力奋斗。这一年他也实现了预定计划，存了1000元。

（二）手工记账

要记账，必须有一个账本，或者用一个空白笔记本，按照表2－5所示格式记录现金日记账，当每发生一笔收入或开支，就在账本中记录一行。具体记账方法如下：

表 2-5　　现金日记账格式

日期	摘要	类别	收入	开支	余额
月初余额					
⋮					
月末余额					

账本第一行中有日期、摘要、类别、收入、开支和余额六项。

1. 日期

日期中记录的是每一笔开支发生的日期，如小王 4 月 15 日招待高中同学吃饭花去 300 元，则日期栏中记录 4 月 15 日。由于个人一般按月记账，所以在每月的第一行的日期栏下有一个月初余额，记录的是本月刚开始时持有的资金数量，反映的是上月及以前的节余数量。另外在每月的最后一栏有一个月末余额，记录的是本月结束持有的资金数量，反映的是本月及以前的节余数量。

2. 摘要

摘要中记录每一笔开支作了什么用途，如小王本月 15 日招待高中同学吃饭花去 300 元，则摘要中记录招待同学吃饭。

3. 类别

类别中记录的是在资产、负债、收入和开支分类中列明的具体类别，如小王本月 15 日招待高中同学吃饭花去 300 元，则类别中记录为娱乐交际费。

4. 收入和开支

如果该笔发生的是收入，则发生的金额记入收入栏，如果该笔发生的是开支，则发生的金额记入开支栏。如小王本月 15 日招待高中同学吃饭花去 300 元，则在开支栏中记录 300 元。

5. 余额

每一行的余额等于上一行的余额 + 本行发生的收入 - 本行发生的开支。如小王本月 15 日招待高中同学吃饭花去 300 元，见表 2-6 所示，上一行余额为 500 元，本行发生的为开支，因此本行余额 = 500 - 300 = 200 元。

【案例 2-7】　记　账

接【案例 2-4】，小王 2006 年 4 月发生了 3 笔开支，分别为：

(1) 4 月 1 日，父母给了 1000 元现金作为小王 4 月份的生活费。

(2) 4 月 2 日，小王在饭卡中存了 600 元作为本月伙食费。

(3) 4 月 15 日，小王招待来访的高中同学，花了 300 元。

根据以上开支，小王记录了 2006 年 4 月 1 日 ~4 月 30 日的现金日记账，如表 2-6 所示。

表 2-6　　现金日记账　　（单位：元）

日 期	摘 要	类 别	收 入	开 支	余 额
月初余额					100
4月1日	父母给生活费	生活费	1000		1100
4月2日	存卡	食品		600	500
4月15日	招待同学	交际娱乐		300	200
月末余额					200

手工记账的优点是随时可以记账，并且可以帮助熟悉其中的勾稽关系；缺点在于编制报表和分析时，要手工整理信息，工作量比较大。

（三）电脑记账

除了手工记账，现在越来越多的人开始采用电脑记账和进行财务管理。在网上有很多家庭理财软件可供下载，理财软件的具体操作和使用这里就不再介绍，但在使用软件前对理财的基本概念有个初步的了解。至少需知道什么是账本、、收入、开支、资产、负债、开支分类、记账等；同时也需有一些金融方面的常识，如什么是存款、信用卡、利率、利息、贷款、保险等。

用电脑记账的优势在于记账后，电脑会自动生成一些基本财务报表，并且可以进行单项分析，这是手工记账不能比拟的。

作为初学者来说，最好的办法是先用手工记账，一段时间后再改用电脑记账。

三、编制资产负债表

在对资产、负债、收入、开支作分类和详细记账后，可以开始编制个人资产负债表和损益表了。

【案例2-8】　资产负债表编制

接【案例2-7】，假设小王4月初银行存款为零，个人使用资产评估价值为1000元，本月未购买使用资产和奢侈资产，要求编制小王2006年4月30日的资产负债表。

为了直观反映本月的财务状况变化，一般在资产负债表上会同时列出月初和月末的资产、负债和净资产情况。小王的资产负债表按以下方法编制：

1. 资产

（1）现金

从现金日记账中可以看出，小王月初有现金100元（月初余额反映的数字），月末有现金200元（月末余额反映的数字），因此在资产中的财务资产下填上现金，对应的月初记录100，月末记录200。

（2）银行存款

小王月初银行存款为零，本月未发生存款，所以月末存款也是零。在资产中的使用资产下填上银行存款，对应的月初记录0，月末记录0。

财务资产 = 现金 + 银行存款，财务资产月初栏记录100，月末栏记录200。

(3) 使用资产

小王月初使用资产为1000元，本月未购买使用资产，所以月末使用资产为1000元。在资产的使用资产项月初记录1000，月末记录1000。

(4) 奢侈资产

由于没有奢侈资产，在资产的奢侈资产项月初记录0，月末记录0。

(5) 资产合计

资产合计是把所有的资产金额加起来，月初资产合计为1100，月末资产合计为1200。

2. 负债

由于没有任何负债，因此负债项下的流动负债和长期负债的月初栏和月末栏都填上0。

3. 净资产

净资产的月初数 = 资产合计月初数 - 负债合计月初数 = 1100元，净资产的月末数 = 资产合计月末数 - 负债合计月末数 = 1200元。表2-7是小王2006年4月30日完整的资产负债表。

表2-7 **资产负债表 (2006-4-30)** (单位：元)

项　目	月初	月末	项　目	月初	月末
资产			负债		
财务资产	100	200	流动负债	0	0
现金	100	200	长期负债	0	0
银行存款	0	0	负债合计	0	0
使用资产	1000	1000			
奢侈资产	0	0			
资产合计	1100	1200	净资产	1100	1200

四、编制损益表

编制了资产负债表后，接下来要编制个人损益表。

【案例2-9】　损益表编制

接【案例2-8】，要求编制小王4月份的损益表。

小王4月份的损益表编制如下：

(1) 收入

小王4月份只有一笔收入，就是父母给的1000元生活费，所以在损益表收入项的被动收入栏下填生活费，对应的金额为1000。

(2) 日常开支

本月小王共发生两笔日常开支，分别是存饭卡600元记入食品类别，和招待高中同学花费300元记入交际娱乐费。在收入——日常开支下记录食品，对应金额栏记录600，在收入——日常开支下记录交际娱乐，对应金额栏记录300。

(3) 自主开支和非自主开支

本月小王没有这两项开支，因此在开支——自主开支和开支——非自主开支对应金额栏记录0。

(4) 开支合计

把日常开支、自主开支和非自主开支项下的开支相加，得到开支合计为900

(5) 净损益

本月净损益为1000－900＝100元

表2－8列出了小王2006年4月的损益表。

表2－8　　**损益表（2006年4月）**　　**（单位：元）**

项　目	金　额
收入	
主动收入	0
被动收入	1000
生活费	1000
收入合计	1000
开支	
日常开支	900
食品	600
交际娱乐	300
自主开支	0
非自主开支	0
开支合计	900
净损益	100

第三节　个人财务报表的使用

个人财务报表通常是用作进一步财务计划的工具，而不是为其自己使用。例如，损益表是下一年开支预算的基础，资产负债表为风险管理提供了一些信息。

一、帮助分析财务状况

（一）可以帮助分析某个时点的资产、负债、净资产数量及变化趋势

例如，根据小王的资产负债表，可以判断小王在4月初拥有净资产1100元，月末拥有净资产1200元，大体上保持收支平衡。

（二）可以帮助分析某时期的收入、费用和净收益及变化趋势

例如，根据小王4月份的损益表，可以看出小王4月份只有父母给的生活费，说明收入来源单一。小王4月份消费了900元，净损益100元，说明小王的收入仅仅够用。

（三）可以帮助分析资产、负债和净资产构成及变化趋势

从小王的资产负债表和损益表中可以看出，小王是一个典型的大学生，每月的收入都用来作生活消费，略有节余，没有进行任何投资，没有财务资产，也没有负债。

【案例2－10】　资产负债表分析

王先生31岁，是一家废品收购站的工作人员，他的妻子赵女士，30岁，是一家加工厂的会计，两年前他们花15万元买了一套中档的房子，首付款是4.5万元，剩余部分他们申请了一笔住房抵押贷款，每月需要支付贷款本金和利息887元。目前这套房子市价为180000元，还有102577元的贷款。他们现在手中有现金700元，他们证券账户中的基金市值为1500元，住房公积金账户余额为2000元，他们购买的养老保险现金价值为32000元，他们的衣物评估价值为8000元，日常用品评估价值为20000元。王先生开的是一辆新摩托车，价格为1.4万元，目前市价为1.2万元，每月需要支付371元贷款本金和利息，目前还有8596元贷款。赵女士开的是一辆不错的旧摩托车，估价为2000元。

本月他们的信用卡欠款为2500元，他们每月可以拿回家的收入是3600元，今天是2006年12月31日。

要求编制并分析王先生家的资产负债表。

根据王先生家的情况编制的2006年12月31日资产负债表如表2－9所示。

表 2-9　　王先生家的资产负债表（2006-12-31）　　（单位：元）

资产		负债	
财务资产	36200	流动负债	3758
现金	700	信用卡	2500
基金	1500	汽车贷款	371
公积金账户	2000	住房贷款	887
养老保险现金价值	32000	长期负债	111173
使用资产	222000	汽车贷款	8596
衣物	8000	住房贷款	102577
日常用品	20000	负债合计	114931
汽车	14000	净值（资产-负债）	143269
房子	180000		
奢侈资产	0		
资产合计	258200	负债及净资产合计	258200

从谨慎的角度看他们手中的现金似乎不足。因为他们每月的收入是 3600 元，加上持有的现金 700 元，支付完下月要还的债务 3758 元（信用卡和两种贷款），就没有多少余款支付生活费了。当然他们可以支付信用卡规定的最小金额，付更多的费用，使债务增加。

当赵女士的摩托车需要重置时，他们很难找到资金再买一辆车，而他们那时也无法偿还所有的债务。

明年他们必须削减预算开支。最有可能削减的目标是娱乐和可自行决定的开支。

除了短期流动性问题和预计削减一定的开支外，他们的情况看来还不错。他们已经买了房子，正在支付按揭贷款，也还有一些其他储蓄。

二、预　算

预算是对家庭未来一段时期收入和开支的计划，它和损益表的形式相同。时间可以是一个星期、一个付款期、一个月或一年。超过一年的预算没有什么用处，除非为了总结，如估计几年内的净损益和总结余。

（一）预算的作用

进行个人或家庭预算有几个作用：管理支出、检查短期流动性以及长短期计划。

1. 管理支出

预算提供了将实际支出与计划支出比较的标准。只有当一个家庭定期认真按照分类记录实际支出，并将它与预算进行比较然后调整支出时才能发挥这一作用。

2. 检查流动性

流动性与一个家庭能否不借钱就可以支付当期和近期的债务有关。正如上一个案例中看到的，王先生家的资金流动性较差，因为他们下月没有足够的资金和收入来支付所有的债务。当一个家庭缺乏流动资金时，它的预算应该做短期的，甚至是按周做，这样可以监测资金情况并管理支出。例如，如果他们已经发现会出现这样的问题，他们可能会推迟购买CD机。

3. 计划

短期来讲，预算关注于家庭的目标，因为大多数目标都与积累资金有关。如果一个家庭准备明年去度假，他们必须计划出资金的来源。长期来讲，净损益和总的节余是购买房产以至退休计划的重要变量。一个家庭要估计出长期计划需要多少资金，然后计划出为了达到这一数额每年要节省多少。资金的时间价值可以忽略不计。长期的计划肯定不会很精确的，因为有太多变化的因素了，但如果没有这个计划，一个家庭很难实现其目标。

（二）预算的制定

预算的过程是实验性的和有误差的。一个家庭用上一年的损益表（如果有的话）作为开始。通常预期的收入比较容易确定，支出就较为困难了，自主开支是一个家庭最先要实现的目标。比较困难的部分是削减日常开支和非自主开支，但又必须这样做。经过一些修改，预算能够适应目标，或者目标必须调整以做到可行。

（三）预算的实际控制

1. 按期对比预算和实际开支

教科书中控制预算的方法说来简单。一个家庭将一年的预算分为几期，例如按月分。将每个月的实际结果与预算相对比，有一些偏差是难免的，或者一个家庭因为幸运或确实管理得好实现了预算。有可能一些日常开支推后了，但在下一个月还得支付。一旦了解了偏差形成的原因，一个家庭就需要决定，如果需要的话怎样改变做法。每一个家庭成员在其消费过程中去完成这些改变。

而事实却有些不同。一个能按照上述过程并实现这种控制的家庭可能不需要在预算上花费那么大精力。也有一些个人理财的软件可以为家庭提供详细的会计、预算等服务。但根据经验，很少有人有时间和耐心来做这样详细的记录。将实际结果与预算对比的方法很有用，但对那些实现家庭目标有困难的家庭采取更多实际的控制十分必要。

2. 预算限额系统控制法

一种解决方法是预算限额系统控制法。将每一笔付款按照预算分为不同的部分。一旦这一部分的支出超额，必须停止支出。限额可以是实际资金的限额，或者是分开的银行账户。这种系统控制方法有很多种形式。例如，一个家庭可以用一个账户来存款和进行日常生活开支——食品、衣物等。当所有的付款都结清后账户的余额就是预算的金额。节余的资金可从用来储蓄、取现金、投资基金和养老保险。一个账户可以用来为买新汽车储蓄，另一个账户用来为添置大件家具和维修房子储蓄。

3. 先支付自己

很多个人财务策划师建议将先支付自己作为实现储蓄目标的一种方法。即确定每一时期要节省的目标，然后将节省的数额存入开支账户以外的账户。一般这个目标定在总收入的10%。这种储蓄与预算的不同之处在于储蓄或净现金流不是等到的剩余，而是提前确定的。一个家庭必须削减其支出来实现一定储蓄目标的预算平衡。

4. 信用卡

信用卡对于那些可以控制自己的人管理个人财务也很有帮助。它提供在预算下支出的记录，并且可以有一定时期免息的信用额度。但对于无法控制支出的人，可能因为过度透支而使预算化为乌有。为了避免这种情况，可以同时使用几个都只有较低信用额度的信用卡。或者只用信用卡支付一些特定的项目。如果一个家庭无法控制支出来实现预算，那么应该取消信用卡只用现金或活期存款账户。

在预算过程中的一个重要问题是隐私权。每个家庭成员都应有一些零用钱，尽管很少但可以自由使用，不需要说明用途。小孩子也应有一点零用钱来让他们开始理解钱，他们可以用来买他们被允许买的任何东西。如果他们有自己的钱，不管怎样使用，他们都能学习如何有效地实现预算。每个成年人也应该有零用钱。它可能用来请客或买一些零星的不一定要用的衣物。这种自由可以使预算的约束不那么让人讨厌。

第三章 个人现金及信贷管理

- 您的现金是否都存入了银行？
- 存入银行的现金是否真的“安全”？
- 您是否现在还是“卡奴”一族？
- 是否想过用银行的贷款放大投资？
- 怎样用好您的信用卡？

为了支付日常生活开支，以及应对突然的意外支出，如住院等，必然有一部分资产以现金类资产的形式持有。现金管理主要分析持有现金类资产的原因；现金类资产的需求量以及现金类资产的持有方式等。即使为一些意外支出做了准备，但有时仍难免需要使用短期或长期负债来平衡收支或进行投资。个人信贷管理主要阐述债务管理的基本原则，以及如何进行消费贷款管理和如何运用投资贷款。

第一节 个人现金管理

个人现金管理是指现金类资产的管理，现金类资产是指能在短期内（如三个月或更短时间）能转化为现金的资产。如现钞、活期存款等。现金类资产流动性强，能在较短时间内变成现金，相应地，收益率也比较低，持有现金类资产从收益的角度来说是不经济的，因此，应当尽可能降低现金类资产的持有量。

一、现金用途和需求量

个人的现金类资产主要有三种用途，可以作为日常开支准备、意外开支准备和投资准备。

（一）日常开支准备

在没有领到工资前，需要用自己持有的现金支付一段时间的生活费。一般提前准备一到两个月的日常生活费比较安全。

（二）意外开支准备

在正常的收入与开支范围内，每月或多或少都有节余，但是当收入突然中断或支出突然骤增时，若没有一笔紧急备用金则会陷入财务困境。因为房产等固定资产无法在短期内转化为可以使用的现金，而股票等证券资产如果临时变现，可能会蒙受很大的损失。紧急备用金主要用以应对以下风险：

1. 应对失业导致的工作收入中断

失业后能否顺利找到工作，取决于当时的经济景气状况和自身的调整弹性。职场经济景气时三个月内要找到类似薪资的工作不难，不景气时除非降低收入要求，否则一年半载找不到工作是常事。一般为应对失业风险，准备的财富应该足够三个月的开支，如果考虑在失业后要寻找好的工作，则需要更长时间，可能需要准备六个月左右的开支。

2. 应对意外伤害或疾病导致的暂时停止工作

人的一生中难免会遇到一些意外伤害或疾病，它们可能会导致短期内无法工作，为维持个人和家庭的正常运转，需要事先准备三到六个月的生活费用，因为一般的疾病和伤害在三到六个月内都可以治愈和恢复。

（三）投资准备

为了实现走向财务自由的理财目标，需要减少当前消费，将收入尽可能积累下来用以投资，这部分资金在投资之前要先以现金类资产的形式存放，数量越多越好。

综上所述，人们会按月取得收入并用以支付各项开支。拖欠工资、失业和意外伤害、疾病等一般不会同时发生，投资准备金越多越好，但不是基本必需的，为了维护个人和家庭的财务安全，需要准备三到六个月的开支比较安全。

二、现金类资产的特点

前面关于现金类资产的定义指出现金类资产是在短时间内能转化为现金的资产。但并不是所有短期内能变现的资产都可以列作现金类资产。现金类资产要满足以下几方面要求：

（一）流动性要求高

流动性是指资产的变现能力。现金类资产是很快要使用或随时要使用的资产，当需要时，必须能在很短时间内转化为现金使用，因此现金类资产的流动性要求很高，房产等固定资产不能作为现金类资产。

（二）安全性要求高

安全性是指资产不能出现价值大幅度减少。现金类资产本身就是应急，或者是为进一步投资作准备，不是为了增值。因此现金类资产必须保证安全，如股票虽然流动性很强，能在很短时间内变现，但其价格上下波动剧烈，安全性不高，就不能作为现金类资产。

（三）收益性要求低

与流动性和安全性相比，现金类资产的收益性要求不是很高，应当是在保证流动性和安全性的前提下提高收益。

三、现金持有方式

现金类资产的持有方式主要有以下几种：

（一）现　钞

现钞即通常所说的现金，它是流动性最强的资产，可以随时用以任何支付。但持有现钞除了不能有任何增值收益外，面临的最大问题是保管难：存放在家中、在银行存取，以及运输途中都会面临巨大的被盗抢风险，因此最好少使用现钞。一般现钞持有量不要超过半个月的生活开支，因为有很多开支可以不需要用现金支出，如水、电、煤气、电话费都可以直接用银行卡支付。

（二）活期存款

活期存款有效避免了手持现金带来的不安全问题，同时流动性也非常好（可以在银行网点和 ATM 机上随时取款）。但使用活期存款也存在以下问题：

1. 银行卡有一定的成本

很多人会使用银行卡来管理自己的活期账户，这样可以提高其流动性，但是使用银行卡需要支付一定的成本：

（1）年费

2004 年 3 月 18 日，农行率先宣布在全国范围内对借记卡（即普通银行卡）收 10 元年费。紧接其后，建行、工行、中行纷纷加入了借记卡的收费行列。只有少数的银行卡暂时还不收取年费，如浦发银行的东方卡。

（2）跨行查询和取款费用

2003 年 4 月工行率先取消 ATM 取款免费餐，牡丹卡在同城他行 ATM 上取款，收取跨行取款手续费 2 元/笔，其他银行相继跟进；其后，银行卡开户手续费、异地存款手续费开始征收。银行卡跨行查询余额等信息每个月一般只能免费三次，超过次数每次大约需要支付 0.30 元左右的费用。

（3）小额账户管理费

2005 年 9 月 21 日开始建行对日均余额不足 500 元的账户，每季度扣 3 元的手续费，其后各银行相继跟进收费。

2. 收益较低

目前活期存款年利率为 0.72%，扣除 20% 的利息税后储户实际获得的利率只有 0.576%。

3. 存在诈骗风险

如银行卡保管和使用不当，很容易受骗损失账户中的资金。

【案例3－1】　持卡人如何防范银行卡诈骗伎俩

针对各类银行卡骗术，只要记住下面几招，就可以不变应万变：

（1）要有最起码的用卡知识和安全意识

认真阅读发卡银行提供的有关使用说明和安全防范要求，树立最基本的安全防范意识。对任何有关银行卡的动作都要三思是否安全可靠，警惕各类骗局，这是有效防范诈骗的最根本的基础。

（2）牢记发卡银行的服务电话和中国银联服务电话

遇见任何有关银行卡的可疑电话、短信、邮件、电话通知、告示等，应直接与发卡银行、银联取得联系和证实，或者亲自到银行柜台办理，切不可与这些可疑信息提供的电话、邮件、网址联系。这是防范银行卡资金风险的最根本的手段。

（3）卡号、密码是打开账户的钥匙，务必守住

切勿把金库钥匙交给别人。在银行柜台、ATM 和 POS 机上用卡，输入卡号和密码要防备陌生人，即便是银行工作人员也无权要求直接告知密码。这是银行卡安全最根本的保障。

银行有关银行卡的短信、邮件服务，均需要事先申请并有固定和短信服务号码和格式；如收到没有申请的短信和邮件，很可能就是诈骗短信，务必直接联系银行进行确认。

全国各地目前并未发生银行卡资料泄露的安全事件，即使发生此类事件也会由公安部门、银行监管部门、发卡银行等相关部门发布正式通告。因此目前有关银行卡资料泄露的电话、短信、邮件、通知均有诈骗嫌疑，遇到务必直接联系发卡银行进行确认。

（三）三个月定期存款

三个月定期存款存期不长，不容易发生由于急需用钱，而导致快到期前取款损失大量利息。目前三个月定存的实际年利率为 1.44%，比活期存款要高一倍，而且由于采用存折存取款，安全性要更高，当然存取要稍微麻烦一些。

【案例3－2】　多张存单胜过零存整取

过去人们发了工资头件事就是到银行零存整取，不但有助于攒钱，而且存款到期还会有一笔定期存款的收益。如今，人们的收入不断增加，存款种类也越来越多，但习惯零存整取的储户还占有一定比例。其实，根据当前的理财形势，这种零存整取的方式已经落伍了。

零存整取与多张整存整取存单的存储法（即按零存整取的存法每月到银行开立一张定期存单）相比已经不占优势。

整存整取一年期的利率目前是 2.25%，而一年期零存整取的年利率为 1.71%，多张整存整取存单的存储方式虽然与零存整取相同，但单从日均存款

的收益来看，同样的存款天数和金额，多张存单法比零存整取的利息收益率高。

此外，零存整取提前支取的损失较大。如果因用钱需要提前支取零存整取存款，即使已经存了11个月，也只能按活期计息。而按多张存单法每月存入了一张定期存单，需要支取时可根据用钱多少，选择已经到期或存入时间不长的存单办理提前支取，这样造成的利息损失会比一次性支取零存整取小得多。

另外，零存整取每月存入的额度是固定的，不能中途更改，适合过去拿固定工资的时代。但如今的工资多实行绩效挂钩，月发工资时多时少，同时还有奖金、分红以及个人兼职等可变收入，这种情况如果仍然按月存储固定额度，会影响理财的收益。而采取了多张定期存单的方式则可什么时候发什么时候存，发多少存多少，比零存整取更为灵活。

（四）货币市场基金

货币市场基金是指投资于货币市场上短期有价证券的一种基金。货币市场基金均为开放式基金。货币市场基金通常被视为无风险或低风险投资工具，适合资本短期投资生息以备不时之需，特别是在利率高、通货膨胀率高、证券流动性下降，可信度降低时，可使本金免遭损失。货币市场基金有以下特征：

1. 流动性好

投资者可以根据需要随时转让基金单位。转让所得资金一般可在1~2个工作日到账。

2. 投资成本低

货币市场基金通常不收取申购、赎回费用，即投资者买入卖出该基金不需要承担成本。

3. 收益较高

收益高于一年期定期存款利率，同时货币市场基金收益一般按日分配、按月支付，因此不论投资期限长短，投资者都能获得投资期间的较高收益，并且货币市场基金收益不需要支付利息税。这与定期存款不到存期支取就必须按活期计息，并且收取利息税相比，优越性是显而易见的。

4. 安全性高

货币市场基金资产主要投资于短期货币工具如国库券、商业票据、银行定期存单、政府短期债券、企业债券等短期有价证券，这些投资工具安全性非常好，因此货币市场基金的投资风险也非常低。

中国货币市场基金一般都由银行代理销售，投资者只需要到相应的代理银行就可购买这些货币市场基金。货币市场基金一览表如表3－1所示。

表 3-1　　货币市场基金一览表（2006-11-13）

序号	基金代码	基金简称	每万份基金单位收益（元）	最近七日收益所折算的年资产收益率（%）
1	360003	保德信货币	1.5271	2.029
2	519505	海富通货币	1.5083	2.394
3	162206	荷银货币	1.3107	1.954
4	519518	汇添富货币	1.2146	1.981
5	482002	工银货币	0.9559	1.89
6	110006	易方达货币	0.7736	1.832
7	180009	银华货币市场 B	0.635	2.277
8	320002	诺安货币	0.6093	2.042
9	202301	南方现金增利	0.6058	1.759
10	350004	天治天得利	0.5916	2.051
11	560001	益民货币	0.5871	2.128
12	290001	泰信天天收益	0.5862	2.033
13	3003	华夏现金增利	0.5852	2.26
14	37001b	上投摩根货币基金 B	0.5835	1.996
15	180008	银华货币市场 A	0.5701	2.029
16	70008	嘉实货币	0.5693	2.286
17	163802	中银货币	0.5677	2.108
18	100025	富国天时货币	0.5556	2.078
19	91005	大成货币基金 B	0.5528	2.252
20	288101	中信优势货币	0.5516	2.054
21	530002	建信货币	0.5494	2.049
22	519999	长信利息收益	0.5482	2.048
23	519508	万家货币	0.5474	2.062
24	80011	长盛货币	0.5431	2.019
25	150005	银河银富	0.5423	1.973
26	519588	交银货币	0.537	1.972
27	410002	华富货币	0.5327	2.067
28	240007	华宝现金宝 B	0.5275	2
29	37001a	上投摩根货币	0.5197	1.759
30	310338	申万巴黎收益	0.5118	2.074
31	50003	博时现金收益	0.5023	1.958
32	161608	融通货币	0.5003	2.033
33	400005	东方货币	0.4938	1.878
34	200003	长城货币	0.4917	1.786
35	163303	巨田货币	0.4905	1.936
36	260102	景顺长城货币	0.4877	1.778
37	90005	大成货币基金 A	0.4868	2.005
38	160606	鹏华货币 A	0.4786	1.689

续表

序号	基金代码	基金简称	每万份基金单位收益（元）	最近七日收益所折算的年资产收益率（%）
39	240006	华宝现金宝 A	0.4611	1.754
40	270004	广发货币	0.4551	1.665
41	340005	兴业货币	0.4408	1.743
42	20007	国泰货币	0.4188	1.581
43	40003	华安现金富利	0.332	1.671
44	217004	招商现金增值	0.0478	1.94

(五) 现金类资产的综合持有

根据个人情况的不同，可以按照不同比例分别持有以上几种现金类资产，如对于当月的生活费，一半以现钞方式持有，一半以活期存款方式持有；对于备急用的资金（一般为三个月生活开支），可以三个月定期存款方式持有；对于暂时不用的资金，可以货币市场基金方式，积少成多之后再一并取出作其他投资。

第二节 信贷管理

长久以来，中国人都有一种观念，认为应该量入为出，负债是在无路可走的情况下才选择的融资方式，一般情况下是不应该使用贷款的。但事实并非如此。

个人使用贷款一般可以有两种用途——消费和投资。

1. 用贷款消费——平衡一生收入支出

个人理财在一定程度上是针对人的整个一生而不是某个阶段的规划。而人的生命是有限的。在人生的不同阶段，每个人的财务状况以及获取收入的能力是不同的。人的一生有自己的财务生命周期。在生命周期的前期，由于刚刚参加工作，人们的消费支出可能会超过收入，这时可能会出现财政赤字，随着年龄的增长和经验的积累，收入慢慢开始超过支出，节余开始不断增加。为了更好地利用现在已有和将来可能拥有的资源，可以适度地采用负债，用人生后期的节余来弥补前期的赤字。买房是一个使用消费贷款的典型案例。许多家庭在尚未拥有足够实力时购买了第一套住房。他们通过按揭贷款，然后在 5 ~ 20 年的期限内分期偿还。由于房产可以在很多年内消费，运用住房贷款，人们可以提前获得需要的住房。

2. 用贷款投资——放大投资收益

很多人在遇到很好的投资机会时，却由于缺少资金，无法进行大规模投资。这时如果用贷款进行投资，可以放大投资收益。例如有一个投资项目，年收益率为30%，自己有100000元资金，投入该项目，每年可获得30000元。但如果能再以10%的年利率贷款200000元，则每年可获得投资收益为30000+200000×（30%－10%）＝70000元，可以比只用自己的资金投资多得50000元。

一、管理原则

尽管负债可以提供非常有价值的功能，但是很多人过度使用负债，当人们借入一定数量很容易处理的债务时，过度负债和借款过多的问题在初期并不影响大局，也无多大危害，然后，他们开始借入越来越多的贷款直到负债过度，结果陷入财务危机。这里并不过多讨论那些由于无法控制的环境变化而过多负债的人，例如未预料到的失去工作和收入减少。这里主要关注由于不关心或冲动使用贷款而导致过度负债的人。为了不陷于这种困境，学习适当的负债管理知识是非常重要的。通常在利用诸如信用卡等进行消费信贷时有两种方式，一种是正确的，另一种则是错误的。正确的方式是充分利用信用卡提供的各种功能——例如免息期，详细地使用记录，无须带有大量的现金等；错误的方式是申请使用并透支了多张信用卡。例如根据美国消费者联盟的调查，美国信用卡债缠身的卡奴平均欠债约为9000美元。发行信用卡的机构让持卡者每个月只需缴交大约2%的最低还款额，循环利息可高达18%。按照这种情况，9000美元的卡债要42年才可能清偿。在运用债务时，应当遵循两条基本的原则：

（一）尽量用现金消费，用贷款投资

1. 消费贷款

当用贷款购买消费品，如衣服等，消费品的价值随着时间的推移逐渐下降，负债的价值随着时间的推移不会发生任何变化，资产净值（资产－负债）随着时间的推移就逐渐下降，因此应该尽量用现金购买消费品。

当然，消费品中的住房是个例外，房子从长期来看是保值增值的，因此，购买住房可以适度运用贷款。

2. 投资贷款

当用贷款进行投资，投资项目的价值一般随着时间的推移逐渐上升，负债的价值随着时间的推移不会发生任何变化，资产净值（资产－负债）随着时间的推移就逐渐上升，因此应该尽量用贷款进行投资。

（二）使购买资产的经济周期与债务期限匹配

公司理财中有一条原则可运用于个人理财。这就是匹配原则。这一原则认为借款人应该使其所购买的资产的经济周期与债务期限相匹配。具有较长生命周期的资产运用长期债务。例如，如果所购买资产的经济生命是24年，那么

就应该使用24年到期的贷款来融资。根据这条原则，对于立即消费的经济生命近乎于零的百货和易耗品来说，应该支付现金。使用信用卡去购买这些东西没有任何意义。当然，如果总是能够全部还清信用卡欠款，保持账户收支平衡，只是为了便利而使用信用卡，那就是另外一回事了；如果要贷款购车，理想的贷款期限应该是4~6年，因为这是汽车的平均经济生命周期；如果要购房，贷款期限可以是25年或者更长；如果要贷款投资，可以按照投资项目的生命周期进行贷款。

综合以上两条原则，我们可以得出以下结论：

第一，对于消费贷款，应当尽量用现金消费，如果有周转困难或为了方便，至少日用百货等要用现金支付或及时还清贷款，汽车可以申请4~6年的贷款，住房可以申请长达30年的贷款。

第二，对于投资贷款，在投资前景比较明朗的情况下，应当尽可能使用与投资期限匹配的贷款。

下面具体阐述消费贷款和投资贷款的使用，其中住房贷款在第九章居住规划中讨论。

二、信用卡贷款

除了住房抵押贷款外，个人通常使用的消费贷款方式就是信用卡贷款。十年以前，甚至五年以前，大家都无法想象一张小小的卡片能够引起如此广泛的关注，而今它已经深深地影响着普通人的生活。曾经是高贵身份象征的信用卡，现已走进寻常百姓家。

（一）信用卡为什么会存在

信用卡的创始人威廉斯认为信用卡市场能够存在是建立在以下三个基本假设上的：（1）绝大多数人是正直的好人，他们不会故意拖欠借款或欺骗伪冒；（2）大多数民众有能力，或经过教育之后能够控制自己的消费冲动，管理好自己的借款和及时还款；（3）有足够多的卡户会利用信用卡提供的滚动型即时信贷的便利，为发卡银行产生足够多的利息收入。

（二）信用卡定义

信用卡实质是一种消费贷款，它是由银行等金融机构发行的、采用循环透支消费方式，持卡人在信用额度内可以消费透支，透支金额在免息还款期内全部还清，不需付息。

1. 透支

透支就是可以在卡中没有钱的时候，先消费后还款。

2. 信用额度

信用额度是发卡银行提供的最高贷款金额，例如张先生获得的信用卡信用额度为5000元，则他在信用卡中无存款的情况下最多可以用卡消费5000元。信用额度根据持卡人的信用状况变化及用卡情况不断调整。

3. 循环信贷

信用卡提供的是一个循环信贷账户，借款人可以支取部分或全部额度，一旦已经使用余额得到偿还，则该信用额度又重新恢复使用。例如张先生申请的信用卡信用额度为5000元，某天他用卡消费了3000元，两天后他还了2000元，则他又可以再透支消费4000（5000－3000＋2000）元。

4. 免息还款期

免息还款期，是从记账日至规定的到期还款日间的时间。持卡人在到期还款日当日截止时间前，偿还所使用全部款项即可享受免息还款期待遇，无须支付非现金交易的利息。

（三）信用卡分类

从不同角度，信用卡可以有多种分类，其中与普通理财者密切相关的有以下两种分类：

1. 贷记卡和准贷记卡

国内银行的信用卡从使用方式上分为贷记卡、准贷记卡两种。贷记卡是发卡银行给持卡人一定的信用额度，持卡人可在信用额度内先消费，后还款的信用卡；准贷记卡是指持卡人须先交存一定金额的备用金，当备用金账户余额不足时，可在发卡银行规定的信用额度内透支的信用卡。而一般常用的银行卡实际上是借记卡，即必须先存入款项，才能用于消费或支取现金。

2. 单币卡和双币卡

从币种上分，信用卡可以分为单币卡（又叫人民币卡）和双币卡（又叫国际卡）。单币卡只能透支人民币，然后用人民币还款。双币卡可以在国外透支使用，又分为港币卡（只限中国银行）、美元卡（各大银行）、欧元卡（只限中国银行）。双币卡的外币透支额度可以在国内用人民币还款。

（四）常见信用卡

国内常见的信用卡基本情况如表3－2所示。

表3－2　　各银行信用卡一览表

银行名称	卡名及卡类	年费（按年计算）	免息期	特色
工商银行	牡丹准贷记卡 牡丹贷记卡	金卡80元 普通卡20元 金卡160元 普通卡80元	无 不超55天	需缴存备用金，需担保人
建设银行	龙卡准贷记卡	金卡100元 普通卡20元	无	保险业联名卡，金盛、友邦客户免担保

续表

银行名称	卡名及卡类	年费（按年计算）	免息期	特色
中国银行	长城准贷记卡 长城消费卡	金卡100元 普通卡20元 需缴备用金 银行办理	无 不超56天	持信用卡送CDMA手机（免话费预付款）
农业银行	金穗准贷记卡	金卡50元 普通卡20元	无	需缴存备用金，需担保人
交通银行	太平洋准贷记卡	金卡80元 普通卡40元	无	需缴存备用金，需担保人
中信银行	中信贷记卡	金卡180元 普通卡100元	不超45天	无须担保人到银行办理
广发银行	广发贷记卡	金卡80元 普通卡40元	不超50天	失卡零风险、短期国际卡免年费
深发展	发展贷记卡	金卡80元 普通卡40元	不超50天	无须担保人到银行办理

(五) 信用卡使用

1. 免息还款期

对于免息还款期，各银行的计算方法不同。信用卡对账单上有三个日期：银行记账日、对账单生成日和到期还款日。简单地讲，银行记账日是银行将透支消费情况记录到持卡人账户的日期，也就是贷款开始日期，对账单生成日是银行将上个月持卡人消费情况汇总并生成对账单的日期，到期还款日是持卡人最后还款的日期。现举几个例子说明免息还款期的确定。

(1) 工行——本月消费到下月25日为免息期

工行的对账单生成日固定为每月1日，到期还款日为每月25日。

【案例3－3】　工行信用卡免息还款期

如果市民张先生在4月30日持工行信用卡消费，该笔消费对账单生成日为5月1日，到期还款日为5月25日，免息还款期有25天；如果持卡人在5月1日消费，该笔消费记账日为6月1日，到期还款日为6月25日，免息还款期有55天。

因此，工行信用卡免息还款期为25～55天，应当尽量在每月的月初消费透支。

(2) 招行——记账日起18天为免息期

招行每张信用卡都有一个固定的记账日，免息期为记账日起18天。

【案例3－4】　招行信用卡免息还款期

市民张先生持有的招行信用卡记账日为每月5日，如果他在1月4日消费，银行记账日为1月5日，到期还款日为1月23日，免息还款期为19天；如果他在1月5日消费，银行记账日为2月5日，到期还款日为2月23日，免息还款期为49天。

因此招行的免息还款期为19~49天，应尽量选择银行记账日之后靠近记账日的日期消费。

（3）中行——对账单日起26天为免息还款期

中行每月最后一个工作日为对账单生成日，对账单日起26天为免息还款期。

【案例3-5】　中行信用卡免息还款期

如果市民张先生在9月11日持长城贷记卡在某商场透支消费结账，那么9月12日为中行记账日，9月31日中行向孙先生寄送月结单，那么这笔透支消费交易的最后免息还款日就是10月26日，这样该笔交易的免息还款期为46天。依此类推，如果是在9月1日消费结账，那么最后还款日为10月26日，就是说该笔交易可以享受56天的免息期了。

因此，中行信用卡免息还款期为27~56天，应当尽量在月初消费。

2. 还款方式

透支消费后，持卡人可以选择两种还款方式：全额还款和最低还款额还款。全额还款是在到期还款日前偿还所有贷款。最低还款额还款是在到期还款日前偿还最低还款额（一般为当月欠款的10%）。但持信用卡进行非现金交易时选择了最低还款额方式时，则不再享受免息还款期待遇。未偿还部分自记账日起需要支付透支利息。

3. 取现

持卡人用信用卡提取现金（包括转账），需要支付手续费，并且提取的现金以及因之而产生的取现手续费，不享受免息还款期和最低还款额待遇，要从记账日起支付透支利息。

4. 透支利息

信用卡透支按月记收复利，透支利率为日利率万分之五，并根据中国人民银行的此项利率调整而调整。折算后透支年利率约为20%。

5. 滞纳金

持卡人到期还款日前未偿还最低还款额时，除支付透支利息外，对最低还款额未还部分，还须按月支付5%的滞纳金。

6. 超限费

持卡人应在核定的信用额度内用卡，一旦超出信用额度用卡时，须将超额部分资金全额还清，同时须支付按超出额度部分的5%的超限费。

7. 存款

信用卡内存款是没有利息的，因此，不要将资金存入信用卡内。可以在银行同时开立一个个人结算账户，并指定其为信用卡还款账户，还款日前，银行会自动将信用卡欠款金额划入信用卡内，这样就避免了因为来不及去银行还款造成的利息支出。

因此，使用信用卡时，如果想要提高收益，降低成本，应当注意以下问题：

第一，只有在信用额度内的透支消费（不能取现和转账），并且在到期还款日前全额还款才能享受免费使用银行贷款，在这几方面条件以外的使用都必须付出高昂的成本。

第二，要根据每种信用卡的不同，具体选择消费时间，以充分利用免息还款期。

第三，运用自动还款，避免利息损失。

（六）信用卡使用技巧

银行为鼓励刷卡消费，常推出多种优惠或是抽奖，再加上联名卡提供的回馈积分方案，又还可以省下一些花费；充分利用好信用卡的免息还款期和商户联名功能，甚至是在赚钱。

1. 免费获保险

通过办理银行信用卡，就可以免费获得银行赠送的各种各类的保险。

很多银行的信用卡都将保险公司的意外险或者医疗保险作为促销优惠送给持卡客户，客户只要办理了相应的信用卡就可以获得巨额的保险。例如中信实业银行推出的STAR高尔夫信用卡，申领者可免费获得最高200万元全球旅游交通意外保险、24小时免费意外入院医疗保险等。对持卡人而言，这既拥有了一张高尔夫的特许消费卡，又是一张免费的保险卡。

2. 免息分期付款买数码

想要提前拥有心仪已久的数码产品，可以通过信用卡向银行贷款，而且是免息的，最长贷款期限为12个月。

为促销数码产品，各大IT公司纷纷与银行联合推出免息分期付款。笔记本计算机、数码相机、MP3、投影仪、无绳电话、冰箱……以购买笔记本计算机为例，万元左右的名牌计算机分12期还款，一次性只需支付830元左右，然后再每月定期缴款。

招商银行、广发行和中信实业银行的信用卡部都推出了与IBM、东芝、明基、海尔或华硕等名牌笔记本合作的分期付款活动，每次新活动的资讯都会在相关网站上登出，可以在网上进行申请或到营业网点填写申购单，一般15个工作日就可以知道自己是否通过了购买审批。招商银行的申请比较容易通过，广发行的申请则需持卡一年以上，信用额度也要比较大才可。广发行和招商银行的促销活动相对比较多，可选余地也比较大。

3. 分期付款出国游

商业银行推出各种针对旅游服务的免息分期付款，千元左右的首付款将圆出国旅游梦，而不需为此支付任何额外的利息和费用。

很多商业银行推出了旅游免息分期付款服务，持信用卡的客户分期付款的总金额与一次性付款的金额一样，客户并不需要为此支付额外的利息和费用。

招商银行和广发行在全国推出了旅游免息分期付款，旅游线路有南非豪华高尔夫之旅、德国阿尔卑斯山滑雪与匈牙利温泉之旅和日本北海道豪华冰雪之旅等。如拥有一张招商银行的信用卡，无须任何担保，就可到招商国旅全国各营业网点申请参加旅游热点国家的分期付款线路，现场申请，现场即可获得审批结果。一般的旅行线路价格都在8000元至18000元左右，分12期付款一般只需首付1200元。

4. 无本免息买基金

充分利用信用卡20天到50天的免息期，做一次无本投资。透支投资货币基金，到期赎回，还款后再购买，不仅省钱还可以赚钱。

使用信用卡消费，一般都有20天到50天的免息期，在这个免息期内，可以将这笔钱投资货币市场基金，货币市场基金的收益一般在2.7%左右，相当于现在3年定期存款的税后利息，高过活期储蓄利息近4倍。

现在许多基金公司的开放式基金，都可以通过电话或网络买卖，甚至可以预约交易。比如华安基金管理有限公司与民生银行、兴业银行推出的银基通，只要去民生银行或兴业银行的网点一次性办好资金转入、银基通签约、开通手续，就可通过网上或电话购买基金。另外，许多基金公司推出的银联通，也可以使买卖基金变得很方便。需要提醒的是：赎回货币基金的资金要一到两个工作日才到账，千万计算好赎回的日期，否则误了还款就不划算。

5. 出国留学汇款免汇费

很多人都出国留学或做投资，有时需要国内汇款。如果有一张子母卡，就可以省却很多国际汇兑费。

持子母卡出国可避免汇兑费。目前，不少城市的中信、广发等银行都推出了外币卡。经常出国的人，不妨到银行办一张适合自己的外币卡。虽然有的银行会收取一定的年费，但基本不会超过300元人民币。对于有子女在国外读书的，可以自己在国内持有主卡，子女持有副卡。这样，主卡在国内存款无须手续费，小孩的副卡在国外消费也无须支付手续费，免除了汇款环节，几年节省下的费用很可观。

6. 出国消费免去汇费损失

出国旅游不可避免要进行货币兑换，如果要去多个国家，就不得不面对多重汇兑的损失。持有一张国际币种的信用卡，只需一次汇兑，还降低了现金携带的风险。

以万事达卡为例，带着一张万事达卡出国，如果是属于国际卡或是双币卡，无须事先去兑换外币，带着卡片就可在全球100多个国家和地区近3000万个商店消费。

一般而言，信用卡的汇率结算都是以国际信用卡组织大笔购汇的汇率为基准，即使加上1%～2%的汇兑手续费，多数还是比个人购汇所用的汇率合算，如果是去多个国家，更可以减少多重的汇兑损失。事实上，无论是使用现金或旅行支票，都会有汇兑差价或手续费，许多时候，信用卡比这两种支付工具更划算。

再次持信用卡还可降低风险，携带万事达卡，出国无须再携带大笔现金，可以减少人在异地被抢、被偷的风险。

7. 小额贷款的特定商场大额消费

到商场买东西，首付只需通过信用卡支付1/6、1/12甚至1/24的款项，就可将自己喜欢的大件搬回家，剩余的款项可等额分期偿还，且不需支付任何分期付款的利息。减少了一次性支出的资金压力。

以往利用信用卡通过银行购买商品，只能买一些指定的规格统一、标准明确的商品，现在很多银行为了弥补商品种类的不足，开始推出与大型商场联合的购物免息分期付款服务。消费者只需通过信用卡偿付1/6、1/12甚至1/24的款项，剩余的款项可等额分期偿还，且不需支付任何分期付款的利息。全国连锁大型商场百盛、上海家饰用品连锁店HOLA特力屋都推出了这种商场分期服务，7000平方米营业面积内所有商品都可用招商银行信用卡免息分期购买。

8. 买书送礼又返点

持信用卡到书店买书，书店不仅打折，还会送礼。到了一定积分，银行也会送礼。真是买书省钱还有礼。

贝塔斯曼书友会是目前国内最大的中外合资图书俱乐部，贝塔斯曼书友信用卡专为爱书人士量身定造。客户在贝塔斯曼网站和专卖店可直接用卡付款，而且贝塔斯曼书友会还会赠送更多的礼品。持该联名卡在贝塔斯曼书友会、21世纪锦绣图书连锁会员店及贝塔斯曼在线消费还可享有奖励双倍积分的礼遇。

9. 消费返点送机票里程

信用卡消费可以累积航空公司的飞行里程，累积到相应里程航空公司将免费送机票。如果作为贵宾卡的持有者，还可以享受免费使用机场贵宾室、更多免费行李额、优先更换登机牌、机场优先候补等多项贵宾待遇。招商银行和广发行都推出了此类专属信用卡，广发行还赠送百万元的航空意外险。

如李先生与李太太申领了一张航空公司信用卡主卡和附属卡。9月份，李先生因公务乘坐国航飞机往返上海和北京3次，每次均用航空公司信用卡支付机票款（2000元/次）。李先生在北京期间入住的是北京航空公司合作酒店，同样用信用卡支付了住宿费（1500元/次）。此外，李太太当月还用信用卡消费人民币 3000 元、美元 1000 元。由于张先生持有信用卡主卡，故张先生当月可累积里程为 5 折办车险外加各种优惠。

有车一族要充分利用银行的信用卡服务，不仅可以 5.5 ~7 折优惠买车险，而且还可以免费得到价值 100 万元的交通意外险及加油优惠等。

中国建设银行推出了中国第一张汽车金融信用卡——龙卡汽车卡。这种汽车卡拥有龙卡的所有金融功能，包括一卡双币、全球通用、先消费后还款等。另外，持卡人在购买车险时，还可以享受 5.5 ~7 折优惠，并得到价值 100 万元的交通意外险及加油优惠等。当然要享受这些服务，持卡人须每年缴纳 200 元的年费，而且该信用卡只面向私家车主，车的排气量必须达到 1.6 升。

三、投资贷款

前面提到过，贷款可以购买两种资产：以消费为目的的资产和以投资为目的的资产。前面讨论的是消费贷款，即贷款获得以消费为目的的资产。但是，这类资产总是随着时间的推移而贬值。而通过贷款获得的投资资产，随着时间的推移总体上讲是增值的，并且它们通常在未来产生现金流。投资资产的例子有股票、债券、定期储蓄、证券投资基金、房产等。

虽然用贷款投资可以期望资产净值随时间的推移而增加，但是采用金融杠杆——用贷款获得投资——是有风险的，那么在个人理财中为什么要借钱投资呢？从理财角度，投资贷款主要有以下两方面作用：

（一）增加家庭净资产

尽管有金融风险，但是，如果谨慎而恰当地操作，借款用于好的投资项目，使得投资价值增长速度超过所欠债务，就能实现家庭净资产的增加。

【案例 3 - 6】　贷款投资增加家庭净资产

张先生现有一投资项目，预期收益率为 20%，自己可以投入资金 100000 元，以自有资金抵押，最多可以申请银行贷款 70000 元，贷款年利率为 10%。要求分析使用贷款和不使用贷款投资的区别。

（1）不使用贷款

如果不使用贷款，张先生每年可以获得 20% 的收益率，即每年可得到 20000 的收益。

（2）使用贷款

如果使用贷款，除了自有资金获得的 20000 元外，每年还可得到贷款资金产生的收益 70000 ×（20% - 10%）= 7000 元，总共每年可获得收益 27000 元。

通过使用贷款，张先生每年的收益可以提高 7000（27000 - 20000）元。

（二）实现特定财务目标

借款可以强有力地放大投资回报，以实现特定的财务目标。

【案例3-7】　贷款投资实现财务目标

张先生希望在20年内拥有100万元，他现在只有1万元，并且中间不追加任何投资，目前投资所能获得的最好投资是基金，年投资收益率为20%，银行贷款利率为10%，张先生怎样才能实现投资目标？

假设每年的投资回报率为r，要实现1万元在20年后变成100万元，必须满足$1\times(1+r)^{20}=100$，可以计算出每年必须获取26%的收益率，显然，目前可以获得的年回报率为20%的投资无法帮助实现财务目标。

如果愿意承担更多的风险，可以购买的基金作为抵押，向银行借钱进行投资。假设向银行借款x万元，即负债率为x（负债/资产）。现在共有（1+x）万元可以投资于基金，到年底，该投资的预期价值为［（1+x）×20%］万元，需支付的利息是（x×10%）万元，该投资的收益率是［（1+x）×20%－x×10%］/1，希望达到的投资收益率是26%，这样，可以建立等式：

$$\frac{(1+x)\times 20\%-x\times 10\%}{1}=26\%$$

可以算出x=0.6万元，也就是说，负债率为0.6时，可以实现既定的财务目标，即在20年将1万元变成100万元。

可以把任意理想的数据代入上列等式计算结果，求出在任意给定收益率的情况下放大投资收益所需要的借款额。需要强调的是，随着借款额的增加，财务风险也在上升。事实上，任何个人和公司的破产都是过度负债的直接结果。但是，借款仍然是一个有力的去帮助人们实现特定财务目标的工具。

第四章　个人风险管理和保险运用

- 买股票和过马路面临的风险相同吗？
- 风险有哪些管理方法？
- 个人投保的保险种类和数量是不是越多越好？
- 个人需要哪些保险？
- 是不是每个人都需要人寿保险？

人生总会遇到很多风险，有些风险是自己选择的，有些风险是不能选择的，如何管理那些不能选择的风险是本章讨论的第一个问题。在风险管理中，用到的重要方法是运用保险寻找保险的分担者，个人理财中需要的保险种类和数量是本章讨论的第二个问题。

第一节　个人风险管理

人生会遇到各种各样的风险，买股票可能面临亏损的风险，乘飞机可能会面临发生坠机的风险……这些风险可能会导致严重的后果。因此，在风险发生之前寻找一些方法预防风险发生，以及在风险形成现实的损失之后寻找一些补救措施是必要的。

一、风险含义

风险是在特定的时间内、特定的条件下，某种收益或损失发生的不确定性。风险可以分为两类：投机风险和纯粹风险。

（一）投机风险

投机风险是一个人主动选择的而非在困境中被迫接受的收益和损失的可能性。例如买了一张彩票，有很小的概率获得大奖，较大的概率是损失掉买彩票的资金；买一个公司的普通股，有不确定的分红和股本升值的可能；放弃原来稳定的工作开始做自己的业务，可能带来收益，也可能带来资金上的损失。虽然投资行为中风险大小不同，但所有的投资行为都包括投机风险。

（二）纯粹风险

纯粹风险是不经个人选择直接发生在个人身上的只包括损失的可能性，车祸、残疾、汽车被盗都是纯粹风险。

在本章中只考虑自己无法选择和回避的风险，即纯粹风险的管理。投机风险的管理在投资的基本知识中会提到。

二、风险管理

由于纯粹风险不经个人选择就直接发生，而且只存在损失的可能性。因而当纯粹风险变成现实时，可能会显著影响个人的财务状况，甚至使家庭陷入财务困境。必须要对那些危害巨大的风险加强管理。风险管理过程包括风险识别、风险评估、风险控制、风险监测四个步骤。

（一）风险识别

识别人生可能面临的风险虽然看起来很容易，但它是整个风险管理过程中的重要一步，许多人因为以下原因而忽略这一工作：认为面临的风险不会降低；没有发现正面临的严重风险；没有正确识别风险，导致在不了解自己真正需求的情况下，被保险推销人说服购买种类和金额不适合自己的保险。

个人可能承受风险的主体有生命健康、财产和责任。生命健康可能面临残疾和死亡的风险。财产可能面临的主要风险有：房产的损失或损坏；汽车的被盗、损失或损坏。责任面临的主要风险有：不当行为对第2、3方责任；财产对第3方责任。个人面临的重要风险及其可能产生的损失如表4－1所示。

表4－1　重要的个人风险

风险承受主体	风　险	可能的损失
生命健康	残疾	额外花费、收入丧失
	死亡	收入丧失
财产	房产损失或损坏	修理或更新、临时住处
	汽车被盗、损失或损坏	修理或更新、临时租赁
责任	不当行为对第2、3方责任	他方损失、法律成本
	财产对第3方责任	他方损失、法律成本

（二）风险评估

评估风险使用两个标准：潜在损失的大小和风险出现的概率。避免风险还是承担风险是个人的选择。表4－2给出了一些参考，基本规则是如果一种风险显著影响了一个家庭的生活水平，那么它是不可支撑的。如果能通过某种方法规避的话，即使其概率很低，正常家庭也不会冒承担巨大损失的风险。有需要养育子女的夫妻双方中有1人死亡就属于这种类型的损失，虽然这种损失发生的可能性很小，但带来的损失却是无法承担的。另一方面，数额较小的损失即使常发生也不是什么问题。

表 4－2　　风险评估参考规则

		发生概率	
		高	低
损失大小	大	不可承担	不可承担
	小	可以承担	不重要

损失大小的尺度取决于个人的经济状况，花费 100000 元代替一辆被盗窃的汽车对部分人来说是可以接受的，那么他就不必考虑去控制汽车被盗窃的风险。风险发生的概率也不能准确确定，乘飞机发生失事并且丧生的概率也许只有百万分之一，而如果每天开车 10 公里上班，则发生交通事故的概率就比较高了。

如果某种风险不能承担，则需要设法加以控制，而风险的大小和出现的概率决定了控制风险所花费的时间和资金量。

（三）风险控制

可以采取多种方法来控制纯粹风险。

1. 风险规避

即离开可能发生风险的区域。例如不参加带有危险性的体育运动（蹦极、攀岩等）以防止自己受伤；乘火车避免飞机失事的风险。

2. 分散风险

夫妻双方分乘两架飞机，可以避免飞机失事留下子女无人照料的风险。夫妻双方不在同一单位工作可以减少同时失业的风险。

3. 预防和减少发生的概率

这是最常采用的方法，通过药物预防、规律的锻炼和良好的营养，可以防止残疾和早产儿死亡的发生。通过烟雾探测器等装置来减少火灾的发生。通过安全驾驶可以减少交通事故的发生。

4. 寻找风险的分担者

即使采取了以上措施，有些风险还是会不可避免地发生，如虽然乘火车避免了飞机失事的风险，但火车也可能失事造成死亡，使得其需要养育的子女失去经济来源，这时就需要寻求风险的分担者，即运用保险，在损失发生时，由保险公司分担造成的损失。

5. 自保险

自保险不是一种保险，而是自我承担风险。如果这种行为是理性的，那么说明风险没有达到显著影响生活质量的程度，或者家庭有更紧迫的用钱需要，所以别无选择，只好应对不能承担、而且可能发生的风险。比如生活困难的家庭没有多余的钱购买人寿保险，当家庭主要劳动力发生意外时，全家人只能承担生活水平的大幅度下降。

（四）风险监测

风险管理不应该是一次行为，随着生命周期的变化，所面临的风险和风险承担能力也会发生变化。需要在前期工作的基础上重新考虑风险管理是否到位。因此，在生命周期发生变化的时候，如结婚、生子、离婚、孩子可以独立生活、退休、丧偶等。当这些情况发生时，需要重新考虑风险管理控制计划。

第二节　保险运用

即使采取很多控制措施降低风险，但有些风险还是不可避免地成为现实。在这种情况下，寻找一个损失的分担者就至关重要，这就是保险。保险是风险管理的主要手段。

一、保险的基本知识

（一）保险的基本原理

保险的基础是大数定理。如果事件之间是相互独立的，那么事件发生的概率可通过观察事件出现频率的均值而得出。对于单个家庭不能承担的风险可以通过共同出资，在较多数量个人之间进行分摊，每个人需要支出的部分仅是损失金额乘以风险出现概率，实际出险的家庭将从共同资金处获得补偿，而其他未出险家庭的损失也仅仅是保费资金。因为事前不能预知哪个家庭出险，每个家庭通过这种确定的、可承担的支出，对自己面临的风险进行了预防。

这种机制只适用于特定的情况。首先，事件发生是相互独立的。如果它们是相关的，那么概率将是不稳定的，一些事件的发生将增加更多事件发生的概率。比如对于私人投保者不能投保失业险，因为它不是独立发生的。某区域一家工厂的关闭有可能带来的是大量的失业。

在实践中，保险人需要确定风险的时间、地点、原因和损失金额。在某些情况下，这些因素的次优状态是可以接受的。第一次发病的时间和地点是不确定的，交通事故的原因是不确定的，而金额必须是可以确定的，否则补偿难以实现。

大范围发生的灾难如战争和地震一般是不能保险的，因为没有足够数量的事件来分摊风险。道德风险同样不可以保险，因为它由个人的故意行为引起。比如没有人愿意提供个人破产险，因为这一险种会鼓励购买彩票进行赌博。如果赢了，获得了财富，如果输了，保险公司将补偿损失。

（二）保险机制

在现代社会，保险公司募集保费并与个人和机构签订合同。由于其中的花费和保险公司需要追求利润，所以保费大于平均损失额。它们运营保险的效率要高于个人水平，所以人们愿意交付额外花费。保险公司的支付取决于所定的保费水平。保险公司通过数理统计的精算表确定不同年龄、性别、职业的个人出险的概率。比如生命表就是对相当数量的人口自出生（或一定年龄）开始，直至这些人口全部去世为止的生存与死亡记录。通常以 10 万（或 100 万）人作为 0 岁的生存人数，然后根据各年中死亡人数、各年末生存人数，计算各年龄人口的死亡率、生存率，列成表格，直至此 10 万全部死亡为止。生命表上所记载的死亡率、生存率是决定人寿保险费的重要依据。

二、个人保险种类

针对个人所面临的重要风险，个人主要需要投保的险种有人身保险、财产保险和责任保险。

（一）人身保险

人身保险是以人的生命和身体作为保险对象，人身风险包括生、老、病、死、残等，因此人身保险的保险责任包括死亡、伤残、疾病、年老等。人身保险分为人寿保险、健康保险和人身意外伤害保险。

1. 人寿保险

人寿保险又称为生命保险，是人身保险的主要类别之一，它以被保险人的生命为保险标的，以被保险人的生存或死亡为保险事故。当发生保险事故时，保险人对被保险人履行给付保险金责任。人寿保险通常可分为生存保险、死亡保险、两全保险和年金保险。

（1）生存保险

生存保险是以被保险人在保险期满时仍然生存为给付条件的人寿保险。生存保险的主要特点是：如果被保险人在保险期间死亡，保险公司的保险责任就此终止，并且保险人不给付保险金，也不退回投保人所交的保险费。生存保险具有较强的储蓄功能，因为一定时期之后被保险人可以领取一笔保险金，以满足其生活等方面的需要。

（2）死亡保险

死亡保险是以被保险人在保险期间内死亡为给付保险金条件的保险。根据保险期间的不同，死亡保险可以分为定期人寿保险和终身人寿保险。定期人寿保险只提供一个确定的保障时期，或者到被保险人达到某个年龄为止，如果被保险人在规定时期内死亡，保险人向受益人给付保险金，如果被保险人期满生存，保险人不承担给付保险金的责任。

定期人寿保险保险费相对较为低廉，由于定期人寿保险不含储蓄因素，保险人承担风险责任又确定期限，所以在保险金额相等的条件下，定期人寿保险保险费低于其他寿险，而且可以获得较大保障。

终身人寿保险，又称终身死亡保险，是一种提供终身保障的保险。被保险人在保险有效期内无论何时死亡，保险人都向受益人给付保险金。终身人寿保险又可以分为普通终身寿险和特种终身寿险。

【案例4－1】　泰康人寿保险公司吉祥相伴定期寿险

1）产品特点

低廉的保费投入，高额的身价保障；

定期保障，灵活满足各种不同保障需求的客户人群。

2）保障利益

被保险人一年内因疾病身故，身故保险金为下列两项金额之和，合同终止保险单上载明的合同保险金额的10%；投保人累计所交的合同保险费（无息）。

被保险人因遭受意外伤害身故或一年后因疾病身故，按合同保险金额向受益人给付身故保险金，合同终止。

3）产品特征

投保年龄：16周岁至60周岁；

保险期间：10/20/30年；

缴费期间：趸缴/同保险期间（分别为10/20/30年）。

4）投保示例

王先生30岁投保《吉祥相伴定期保险》50万元。若考虑不同的保障期，保费缴纳情况如表4－3所示。

表4－3　　保费缴纳情况表

保险期间	趸缴保费	年缴保费
10年期	6080元	725元/年
20年期	18000元	1220元/年
30年期	40725元	2040元/年

（3）两全保险

两全保险，又称生死混合保险，是指如果被保险人在保险期内死亡，保险人向其受益人给付保险金，如果被保险人生存到保险期满，保险人也向其本人给付保险金。两全保险是死亡保险和生存保险的混合险种，所以两全保险可分为定期寿险和储蓄投资两个部分，保单中的定期寿险保费逐年递减，至保险期满日为零，而储蓄保费逐年递增，至保险期满日为投保金额。

两全保险既可以作为一种储蓄手段，又可以作为提供养老保障的手段，还可以作为特殊目的积累资金的手段，很受人们的欢迎，目前保险市场上的多数人寿保险都属于两全险种。

【案例4－2】　平安人寿保险公司金乐章两全保险（分红型）

1）险种特点

注重生存利益：每满3周年时仍生存，给付基本保险金额的5.4%；合同期满仍生存，返还基本保险金额。

额外分红：每年将根据分红保险业务的实际经营状况确定红利的分配。

多次领取：每三年领取生存保险金，更合理安排资金，在保证资金增值的同时，增加流动性。

双重保障：被保险人疾病身故，给付基本保险金额。被保险人意外身故，给付基本保险金额的2倍。

转换年金：满期生存保险金可以选择一次性领取或转换年金领取，作为养老金的补充。

2）险种分析

投保年龄：3周岁到60周岁。

交费方式：一次性缴纳，一次性缴纳的保险费不得低于10000元，且为1000元的整倍数。

保障期限：10年。

基本保险金：所交保费。

生存保险金：被保险人于保险合同生效之日起每满3周年时仍生存，按基本保险金额的5.4%给付生存保险金。

满期生存保险金：被保险人于保险合同期满时仍生存，按基本保险金额给付满期生存保险金，保险合同终止。

身故保险金：被保险人若在合同有效期内身故，按基本保险金额给付身故保险金，本保险合同终止。

意外身故保险金：被保险人因遭受意外伤害，并自事故发生之日起180天内身故的，在给付身故保险金的同时，还将按基本保险金额给付意外身故保险金，即有双倍的基本保险金额给付。

保单红利：在保险合同有效期间内，每年将根据分红保险业务的实际经营状况确定红利的分配。若确定保险合同有红利分配，则该红利将于保单周年日分配给被保险人。每一年度的红利在保单周年日分配后，将按公司每年确定的利率，以复利方式储存生息至被保险人申请或保险合同终止时给付。

其他权益：分红变现：每年分得的红利可以随时变现，也可以累计生息。转换年金：满期生存保险金可以按年金的形式领取。

3）投保示例

王先生（47 岁），希望寻找一个兼顾保险保障和资金安全增值功能的金融产品。经过比较，王先生投保了平安金乐章两全保险（分红型），共投保了 10000 元。

若王先生到合同期满时生存可获得：期满生存保险金 10000 元 + 生存保险金 540 元 ×3 + 累计红利，合同终止。

若王先生在合同有效期内身故可获得：身故保险金 10000 元 + 领取过的生存保险金 + 累计红利，合同终止。

若王先生在合同有效期内意外身故可获得：身故保险金 10000 元 + 意外身故保险金 10000 元 + 领取过的生存保险金 + 累计红利，合同终止。

4）投保分析

此款保险是结合两全类保险特点和银保产品特点的一款产品，首先，它有两全类产品的特点：一是对生存有保障，有生存金给付，有满期生存金；二是对死有保障，有身故和意外身故保障金；三是它具有银保产品的特点，一次性实现缴费。一般两全类保险都是分期缴费的居多，因为通常两全类保险的保费都偏高，如果一次性缴费的话需要一笔很大的资金支出，但作为要在银行销售的产品分期缴费实现起来很麻烦，所以这款产品在设计时充分考虑了这些。

这款保险三年一返的特点以及可变现的红利，使这款产品有了一定的流动性。但是，通过案例可以看出这部分流动资金是很有限的，当客户有大量的流动资金需求时这款保险恐怕就难以满足了。

此外，由于保费偏低以及收益稳定、风险较低，自然投保的收益性会有折扣，基本上来讲三年一返的生存金，也就相当于银行存款的利率，甚至还偏低些，也不要对额外分红抱有极高的期望，毕竟那是未知数。如果收入还适中，不愿意总是把钱放在银行，想尝试一点小的、风险不是很大的投资，同时想与把钱放在银行相比在获得差不多收益的同时又能获得一份保障，那么可以选择此款保险。

（4）年金保险

年金保险是指保险人承诺每年给付一定金额给保险人的保险。年金保险实际上是一种生存保险。由于这类保险产品丰富多样，同时具有许多优点，成为保险公司的主要业务品种。

对于年金保险，投保人要在开始领取之前，缴清所有保费，不能边缴保费，边领年金。年金保险可以有确定的期限，也可以没有确定的期限，但均以年金保险的被保险人生存为支付条件，在年金受领者死亡时，保险人立即终止支付。

年金保险主要有以下几种类型：

1）个人养老金保险

这是一种主要的个人年金保险。年金受领人在年轻时参加保险，按条款规定缴纳保险费，达到约定年龄次日开始领取年金至身故，年金受领者可以选择一次性总付或选择分期给付年金。如果年金受领者在达到退休年龄之前死亡，保险公司会退还积累的保险费（计息或不计息）或者现金价值。在缴费期内，年金受领者可以终止保险合同，领取退保金。

2）定期年金保险

这是投保人在规定期限内缴纳保险费，被保险人生存至一定时期后，依照保险合同的约定，按期领取年金，直至合同规定期满时止的年金保险。如果被保险人在约定期内死亡，则自被保险人死亡时终止给付年金。

3）联合年金保险

是指在保险合同中，指定两人或多人为被保险人，其中一人发生意外时给付保险金的保险。主要有联合最后生存者年金保险以及联合生存年金保险两种类型。联合最后生存者年金是同一保单中二人或二人以上的只要还有一人生存就继续给付年金，直至全部被保险人死亡后才停止。

（5）现代寿险

以上所介绍的都是传统的人身保险，随着寿险业竞争的日趋激烈，以及市场风险的加大，出现了一些新的能较适应市场需求及规避风险的险种，其中主要有变额寿险、万能寿险及变额万能寿险。

1）变额寿险

变额寿险是一种保额随其保费分离账户的投资收益的变化而变化的终身寿险。最早于1976年在美国寿险市场上出现，可有效抵消通货膨胀给寿险带来的不利影响。该保单的死亡给付包括两部分：一部分是保单约定的最低死亡给付额，这一部分是固定的；另一部分是可变的死亡给付部分，即随投资收益变化的部分。

2）万能寿险

万能寿险是一种缴费灵活、保额可调整、非约束性的寿险。首先于1979年后在美国寿险市场上出现。万能寿险的保费缴纳方式灵活，保险金额可以根据规定进行调整，保单持有人在缴纳一定量的首期保费后，也可以按自己的意愿选择任何时候缴纳任何数量的保费。只要保单的现金价值足以支付保单的相关费用，有时甚至可以不再缴费。而且保单持有人可以在具备可保性前提下，提高保额，也可以根据自己的需要降低保额。

3）变额万能寿险

变额万能寿险是一种融合了保费缴纳灵活的万能寿险与投资灵活的变额寿险的特点而形成的新险种。变额万能寿险保单适合那些将寿险保单现金价值视为投资而非储蓄的人，保单持有人承担了投资风险。

【案例4－3】　平安保险公司钟爱一生养老年金保险

这是一款集养老、身故、分红于一身的保险。该险投保年龄为0周岁至

55周岁。以不同年龄段男性购买10万保额钟爱一生养老年金保险选择60周岁后开始领养老金为例。不同年龄男性年缴保费差异表和保险利益阐释表如表4－4和表4－5所示。

表4－4　　不同年龄男性年缴保费差异表

投保年龄（男性）	险种组合	保　额	养老金	年缴保费	
				10年缴费	20年缴费
0岁	钟爱一生养老年金保险	10万	60周岁后开始领取	7520元	4200元
10岁				9540元	5330元
20岁				12310元	6900元
30岁				15940元	8930元
40岁				20640元	11520元
50岁				26250元	

表4－5　　保险利益阐释表

（以购买10万保额，60周岁后开始领养老金为例）

不同时期	保障项目	保险利益
6周岁前	身故金	10万元＋所交保费与现金价值之较大者
	保单红利	分享公司经营成果，参与红利分配
60周岁后	养老金	可选择月领或年领月领： 每月领900元，每满三周年领取额度增加54元，领至100周岁。保证最少领取25.2936万元，最多领取61.128万元 年领：每年领10000元，每满三周年领取额度增加600元，领至100周岁。保证最少领取23.42万元，最多领取56.6万元
	祝寿金	生存至88周岁给付10万元祝寿金
	红利滚存	若红利领取方式选择累积生息，开始领取养老金后还可以继续让累积红利储存生息，于申请或主险合同终止时（100周岁）给付

关于累积红利的假设结果及分析：

以30周岁男性，购买10万保额钟爱一生养老年金保险，选择20年缴费，60周岁后开始领养老金，红利领取方式选择累积生息为例。假设未来每年的红利率均为3%，则：

60周岁时累积红利为：13.8012万元；

70周岁时累积红利为：18.5477万元；

80周岁时累积红利为：24.9265万元；

90周岁时累积红利为：33.4991万元；

100周岁时累积红利为：45.0200万元；

2. 意外伤害险

意外伤害险是以被保险人因遭受意外伤害造成死亡、残废为给付保险金条件的一种人身保险。意外伤害保险的保险项目主要包括死亡给付和残废给付。前者是指被保险人因遭受意外伤害造成死亡时，保险人给付死亡保险金。后者是指被保险人因遭受意外伤害造成残废时，保险人给付残废保险金。意外死亡给付和意外残废给付是意外伤害保险的基本责任，其派生责任包括医疗给付、误工给付、丧葬费给付和遗属生活费给付等责任。

意外伤害保险的保险责任是指由保险人承担的被保险人因意外伤害所导致的死亡和残废给付保险金的责任，不负责疾病所致的死亡。死亡保险的保险责任是被保险人因疾病或意外伤害所致死亡，不负责意外伤害所致的残废。两全保险的保险责任是被保险人因疾病或意外伤害所致的死亡以及被保险人生存到保险期满。

在意外伤害保险中，有关责任期限的规定，只要被保险人遭受意外伤害的事件发生在保险期内，而且自遭受意外伤害之日起的一定时期内造成死亡残废的后果，保险人就要承担保险责任，给付保险金。即使被保险人在死亡或确定残废时保险期间已经结束，只要未超过责任期限，保险人就要负责。

意外伤害保险属于定额给付保险，当保险责任成立时，保险人按保险合同中约定的保险金额给付死亡保险金或残废保险金。

意外伤害保险属于人身保险的范畴，但其保险费的计算却与寿险保险费的计算有很大的区别。意外伤害保险属于短期保险，保险期间一般不超过 1 年，因此，意外伤害保险的保险费计算一般也不考虑预定利率的因素。

3. 健康保险

健康保险是以人的身体为对象，保证被保险人在疾病或意外事故所致伤害时的费用或损失获得补偿的一种保险。

（1）健康保险的特点

与普通寿险业务相比，健康保险有以下几方面的特征：首先，在健康保险中，保险人支付的保险金，不是对被保险人的生命或身体的伤害进行补偿，而是对被保险人因为疾病医治所发生的医疗费用支出和由此而引起的其他费用损失的补偿。其次，在健康保险中，保险人拥有代位追偿权。如果保险人已经支付了医疗保证金，而事故责任应由第三方承担时，被保险人应将向第三方的追偿权转移给保险人。

由于健康保险有风险大、不易控制和难以预测的特性，因此，保险人对所承担的疾病医疗保险金的给付责任往往带有很多限制或制约性条款，有以下几种：

▲免赔额条款。在健康保险中，一般均对一些金额较低的医疗费用采用免赔额的规定。

▲等待期或观望期条款。健康保险合同生效一段时间后，保险人才对被保

险人因疾病发生的医疗费用履行给付责任。

▲比例给付条款。在大多数健康保险合同中，对于保险人医疗保险金的支出均有比例给付的规定，即对超免赔额以上的医疗费用部分采用保险人和被保险人共同分摊的比例给付办法。

▲给付限额条款。一般健康保险对保险人医疗保险金的最高给付均有限额规定。

(2) 医疗保险

医疗保险是指提供医疗费用保障的保险，是健康保险的主要内容之一。医疗费用包括医疗费、手术费、住院费用、护理费用、医院杂费、药费、各种检查费用等。各种不同的健康保险保单所保障的费用一般是其中的一项或若干项之组合。医疗费用保险一般规定一个最高保险金额。保险人在此保险金额之限度内支付被保险人所发生的费用，超过此限额时，则保险人停止支付。常见的医疗保险包括普通医疗保险、住院保险、手术保险、特种疾病保险、住院津贴保险和综合医疗保险等。

1) 普通医疗保险

给被保险人提供治疗疾病时相关的一般性医疗费用，主要包括门诊费用、医药费用、检查费用等，比较适用于一般社会公众，保费成本较低。由于医药费用和检查费用的支出控制有一定的难度，因此普通医疗保险保单一般也具有免赔额和比例给付规定，保险人支付免赔额以上部分的一定百分比，保险费用则每年规定一次。每次疾病所发生的费用累计超过保险金额时，保险人不再负责任。

2) 住院保险

住院费用往往很高，因此作为一项单独的保险。住院费用主要包括每天住院的床位费用、住院期间医生费用、使用医院设备的费用、手术费用、医药费等，住院时间长短将直接影响其费用的高低。为了控制住院时间，这种保单一般规定保险人只负责所有费用的一定百分比，如90%。

3) 手术保险

提供因病人需作必要的手术而发生的费用，保单一般是负担所有手术费用。

4) 综合医疗保险

是保险人为被保险人提供的一种全面的医疗费用保险，其费用范围则包括医疗和住院、手术等的一切费用。综合医疗保险保单的保险费较高。一般确定一个较低的免赔额连同适当的分担比例（如85%）。

5) 特种疾病保险

某些特殊的疾病往往给病人带来的是灾难性的费用支出，这些疾病一经确诊，必然会产生大范围的医疗费用支出。因此，特种疾病保险保单的保险金额比较大，以足够支付其产生的各种费用。特种疾病保险的给付方式一般是在确诊为特种疾病后，立即一次性支付保险金额。

（3）残疾收入补偿保险

提供因疾病或意外伤害事故所致的经济损失补偿的保险称为残疾收入补偿保险。保单通常会给出明确的残疾定义，或者不同残疾程度对应的给付比例。残疾收入补偿保险一般分为两种，一种是补偿因伤害而导致残废的收入损失，另一种是补偿因疾病而致残废的收入损失。

（4）长期护理保险

长期护理保险也是健康保险的一种，既为个人提供了年老时所需护理的保障，又作为一种良好的投资手段而为被保险人及其家庭所接受。长期护理保险现已成为美国健康保险市场上最为重要的产品之一，且品种不断创新，充分满足了美国社会各阶层的保障需要，但在国内保险市场上还没有出现。

美国的长期护理保险承保被保险人在任何场所（除医院急诊治疗外）因接受各种个人护理服务而发生的护理费用。这些护理服务包括：具有治疗性质的护理服务，如诊断、预防、康复，以及其他不具有治疗性质的家庭护理、成人日常护理等。对这些护理服务要求至少持续12个月，就服务性质而言，全天候24小时的特别护理和非全天的一般护理均可。

长期护理保险一般按被保险人投保时的年龄采用年均费率收取保险费。具体的收取保费除取决于被保险人年龄之外，还要考虑被保险人选择的给付期、等待期和保险责任范围等因素，并且对夫妇双方都投保的，可给付折扣优惠。在美国，举办该险种的各家保险公司所制定的费率并不统一。然而，有一点却是一致的，那就是保单的续保，即保险人不能因被保险人的健康状况发生变化而撤销保单。保险人可以在保单续保时提高保险费率，但必须一视同仁地对待同等情况的全体被保险人。另外，一般保险人在开始履行给付保险金责任一定时间（通常几个月）后，被保险人无须再缴纳保费。

随着中国老年人口的比例不断增加，养老问题将日益突出。而对于老年人来说，除了用传统的储蓄来养老以外，越来越多的人会选择保险作为保障晚年生活的理财工具。国内保险公司应该借鉴国外开发老年人护理险的成功经验，制定合适的保险费率，可以先从开发老年护理险种做起，开办一些具有个性化的老年人专项险种。

（二）财产保险

财产保险是以物质财产及其相关的利益和责任作为保险标的的保险类别。需要指出的是，广义的财产保险除了物质财产之外，还包括第三者责任、公众责任、产品责任、雇主责任、职业责任等责任标的。

财产保险指以财产物资为保险标的的各种保险业务，保险标的是有形财产，投保人、被保险人与受益人高度一致。财产损失保险的运行可以概括为展业承保、防灾防损、再保险和理赔四大环节。

一般来说，财产保险可以分为两大类：物质财产保险和责任保险。

物质财产保险是将各种有形的物质财产作为保险标的的财产保险，如家庭财产保险、运输工具保险、货物运输保险、农业保险、工程保险等。

主要类别有：

责任保险是指以被保险人的民事损害赔偿作为保险标的的保险，即替被保险人承担对第三者的损害赔偿责任。责任保险一般是以各种附加险的形式与其他保险产品共同出售的，但是也存在着一些可以单独办理的责任保险。主要类别有公众责任保险、产品责任保险、雇主责任保险、职业责任保险。

在财产保险中，家庭财产保险是常见的个人保险品种。对于家庭财产而言，可保利益的产生和存在主要有三个来源：所有权、占有权、契约权益。

家庭财产保险主要包括普通家庭财产保险、房屋保险以及机动车辆保险。

1. 普通家庭财产保险

（1）保险标的

一般来说，普通家庭财产的保险标的主要是指室内财产，包括家用电器和文体娱乐用品、衣物和床上用品、家具及其他生活用具。另外还有些家庭财产，必须由专业鉴定人员才能确定价值的财产和难以估算价值的财产一般不再可投保的保险标的范围之内，但是通过投保人和保险公司间的协商，可以特约投保获得保障。这些特约保险标的包括黄金、珠宝、钻石及制品；玉器、首饰、古币、古玩、字画、邮票、艺术品、稀有金属等珍贵财物；货币、票证、有价证券、文件、书籍、账册、图表、技术资料、电脑软件及资料，以及无法鉴定价值的财产；食品、粮食、烟酒、药品、化妆品等日用消费品、各种养殖及种植物等。

（2）承保风险

保险标的由于下列原因造成的损失，保险公司负保险赔偿责任：

1）自然灾害

雷击、冰雹、雪灾、洪水、海啸、破坏性地震、地面突然塌陷、崖崩、突发性滑坡、龙卷风、冰凌、泥石流；

暴风或暴雨使房屋重要结构（外屋、屋顶、屋架）倒塌。

2）意外事故

包括火灾、爆炸；

空中运行物体的坠落，以及临近建筑物和其他固定物体的倒塌；

对于上述灾害事故发生后，为防止灾害损失扩大，积极抢救、施救、保护保险标的而支出的合理费用，保险公司按约定负责提供补偿。

（3）除外责任

因下列原因造成保险财产的损失，保险公司不承担赔偿责任：

战争、军事行动或暴力行动；

核子辐射和污染；

电机、电器、电器设备因使用过度、超电压、碰线、弧花、漏电、自身发热等原因造成的本身损毁；

被保险人及其家庭成员、服务人员、寄宿人员的故意行为，或勾结纵容他人盗窃或被外来人员顺手偷摸，或窗外钩物所致的损失等；

其他不属于家庭财产保险单列明的保险责任内的损失和费用。

被保险人为预防灾害事故而事先支出的预防费用，保险公司原则上不予赔偿。

2. 房屋保险

顾名思义，房屋保险是以房屋作为保险标的的保险类别。这里所说的房屋，除了房屋主要结构之外，还包括房屋的附属设备，比如固定装置的水暖、气暖、卫生、供水、管道煤气、供电设备及厨房配套的设备等，还可以包括室内装修物。

（1）承保风险

保险标的由于下列原因造成的损失，保险公司负保险赔偿责任：

火灾、爆炸；暴风、暴雨、雷击、冰雹、洪水、泥石流、地面突然塌陷、山体突然滑坡；空中运行物体坠落，以及外来的建筑物和其他固定物体的倒塌。

（2）除外责任

由于下列原因造成保险财产的损失，保险人不承担赔偿责任：

战争、类似战争行为、恐怖行为、军事行动、武装冲突、罢工、暴动、民众骚乱；

核子辐射或各种放射性污染；

行政或执法行为；

地震或地震次生原因；

被保险人或其家庭成员或其代表的故意行为、重大过失。

同时，一般来说，属于下列情况的房屋保险公司将不予以承保：

正处于紧急危险状态下的房屋；

政府征用、拆迁或违章建筑的房屋；

年久失修或长期无人居住和看管的房屋；

在建房屋及建筑材料；

坐落在分洪区、泄洪区、洪水警戒线以下的房屋；

用芦苇、芦席、油毛毡、塑料、稻麦秆、帆布、竹柳等材料为屋墙、屋顶、屋架的简陋屋棚。

现在，个人在贷款购房时，银行一般均要求贷款人为房屋购买房屋保险。

贷款银行一般都要求抵押人到其认可的保险公司办理抵押物财产保险及贷款信用保险，并明确贷款银行为保险的第一受益人。同时要求保险期不得短于贷款期限，投保金额不得低于借款的全部本息额，保险费用由抵押人承担，抵押期间保险单由贷款银行保管，在借款合同执行期间，抵押人不得以任何理由中断或撤销保险，否则贷款银行有权代为投保。目前中国保险公司大都采取将抵押物财产保险与贷款信用保险合二为一的购房综合保险形式，险种称为商品房抵押贷款保险、住房抵押贷款综合保险等。其中抵押物财产保险是针对所购房屋安全的财产险，一旦贷款所购房屋遭受火灾、爆炸、暴风、暴雨等袭击并发生事故时，所造成的损失由保险公司负责偿还；而贷款信用保险则是为防范购房人因人身意外或失业时无法偿还贷款的风险，一旦投保人在保险期间内因疾病、意外事故造成死亡或高度残疾而无法偿还购房贷款，或投保人因个人无法抗拒的原因失业达一定时间以上，以致无法偿还购房贷款时，由保险公司偿还出险后尚需偿还的购房贷款本息。

3. 机动车辆保险

一般来说，机动车辆保险所承保的机动车辆是指汽车、电车、电瓶车、摩托车、拖拉机、各种专用机械车、特种车辆等。

机动车辆保险一般分为两大类：基本保险和附加保险。其中，基本保险主要是指车辆损失险和第三者责任险，保险人按承保险别分别承担保险责任。在投保基本险的前提下，客户还可以选择投保各种附加险。

(1) 车辆损失险

车辆损失险是被保险人或者其允许的合格驾驶员在使用保险车辆过程中，因为下列原因造成保险车辆的损失，保险人应该负责赔偿：

碰撞、倾覆、火灾、爆炸等意外事故；

外界物体倒塌、空中运行物体坠落；

雷击、暴风、龙卷风、暴雨、洪水、海啸、地陷、冰凌、崖崩、雪崩、冰雹、泥石流、滑坡等自然灾害。

发生保险事故时，被保险人对保险车辆采取施救、保护措施所支出的合理费用。

(2) 第三者责任险

被保险人或者其允许的合格驾驶员在使用保险车辆过程中发生意外事故，致使第三者遭受人身伤亡或财产的直接损毁，依法应当由被保险人支付的赔偿金额，保险人依照保险合同的规定给予赔偿。但因事故产生的善后工作，由被保险人负责处理。

(3) 机动车辆保险的附加保险产品

在投保了基本保险的基础上，机动车辆保险还可以附加其他特定的保险责任。附加保险承保的是基本保险的某些除外责任，因此一般说来不能单独投保。

1）全车盗抢保险

保险车辆在停放中被他人偷走或者在行驶中被盗匪抢走，经过一定时间仍未找到，保险人所承担的赔偿责任。

2）车上责任保险

保险车辆在使用过程中发生意外事故，造成本车所载货物遭受损失，或者本车人员人身伤亡，依法本应由被保险人承担的赔偿责任。

3）无过失责任保险

保险机动车辆发生意外事故造成第三方伤亡和财产损失，保险车辆一方没有过失，被保险人已经支付给对方而无法追回的费用。

三、人寿保险规划

人力资本对普通人来说，是最重要也最容易面临风险的资产，因而人寿保险也是最需要投保的保险。这里以人寿保险为例，说明保险规划的方法。

（一）保险规划步骤

在确定准备投保后，投保人需要确定两个问题：投保金额和具体保险产品。

1. 确定需要的保额

当风险发生时，所承受的损失就是需要投保的金额。这样，保险公司实际上承担了风险发生的所有损失，而投保人只需承担保费。投保金额过高，投保人要承担高额的保费；投保金额过低，不能满足需要。保额的确定是保险规划的一个关键步骤。

2. 选定保险产品

针对同一保险标的，市场上有很多可供选择的产品，产品的选择可以从以下几个方面考虑：

首先，关注保险条款。比如同是重大疾病险，对大病的定义就有所不同，涵盖的疾病种类不同。不能太迷信数量，比如有些公司表述疾病用大类名称，例如恶性肿瘤，把几乎所有的肿瘤都算在内了，而有的公司却是用列举法，列举不同恶性肿瘤病变的名称。

其次，关注保险公司。对于风险界定的方法，保监会规定了保险公司都要用同样的精算标准去计算，因此，不同产品之间不会有太大的偏差。在这样的情况下，更应该关注给提供服务的人。保险公司的信誉和品牌非常重要，管理是否规范也很关键。相对来讲，按照国际化标准运作的公司比较有竞争力，比如更强调标准的专业化、流程的规范化、服务的透明化，这样的公司可以做到非常好的内部风险控制，保证公司有序的经营。有一个简单的办法来判断保险公司的质量。跟该公司的代理人或相关的服务人员接触，判断他说话的方式，如果是没有原则的大包大揽，这样的公司一定是有问题的。说话明白的公司一定是比较好的公司。

（二）人寿保险规划

人寿保险是应对某一家庭成员死亡的一种方法。某一家庭成员死亡往往会对其他家庭成员的生活水平造成极大的影响，因而大多数家庭不能承受。应对这类风险的通常方法是找其他人一起来分担风险，即运用保险分担。

我国社会保险的原则是低水平、广覆盖，但有了和够了是两个概念。比如社保医疗的保障有上限，有相应的标准，这使得在实际生活中遇到的问题和社保提供帮助之间还存在一定的差距，这时就可以发挥商业保险的作用。购买商业保险，给自己的意外和健康提供保障，这是采用其他方式所不能替代和解决的。另外对于退休规划，保险也是一种非常理想的工具。

在人寿保险规划中要解决三个问题：

第一，谁需要人寿保险？

第二，需要多少人寿保险？

第三，需要什么人寿保险？

1. 人寿保险需求群体

投保人寿保险的目的是当被保险人发生意外时，在财务上不会遭受损失。因此人寿保险的需求群体是有财务上的被抚养人且会因其意外死亡而在财务上遭受巨大损失（生活水平会大幅下降）的人需要人寿保险。这里，区分财务上的抚养人和被抚养人很重要。

以一个三口之家为例，假定父亲是唯一的收入来源，母亲是全职家庭主妇。对于父亲而言，失去女儿是情感上的巨大损失，但父亲并不需要人寿保险的保障，因为他不是女儿的财务上的被抚养人。然而，对于女儿而言，失去父亲不仅是情感上的巨大损失，同时也是财务上的巨大损失，因为她在财务上是依赖于父亲的。在这个例子中，父亲应该买人寿保险，以在其一旦意外死亡时能保护其家人。作为全职家庭主妇的母亲，尽管她在货币意义上并没有薪水，但实际上她提供着有价值的服务，要替代这些服务仍要支付货币。并且，在家庭的生命周期中，一旦孩子们能够照顾自己，她仍有可能外出工作。对于这对夫妇而言，她在生命周期中后来的收入对构建他们的退休收入是极其重要的。因此，在计算投保金额时，应考虑母亲所提供服务的价值，如照顾孩子、做饭、打扫卫生等。

2. 人寿保险需求量

很多人购买太多或太少保险而没有意识到这一点。实际上，他们不知道如何确定人寿保险的准确数量。通常，他们很偶然地购买了人寿保险，比如积极的保险销售人员在恰当的时间和恰当的地点登门营销。还有些人因为购买人寿保险是一笔划算的交易而买了保险。人寿保险的需求量应当考虑在被保险人如果发生死亡，其财务上的被抚养人在财务上没有任何损失。计算人寿保险需求量有两种常见的方法：收入法和支出法。

（1）收入法

收入法考虑保险金额足以补偿被保险人未来可能产生的收入。因此收入法通过计算被保险人预期未来收入的现值来估算人寿保险的保险金额。

【案例4－4】　用收入法规划人寿保险需求

张先生现年35岁，年收入是30000元，他预计年收入会以通货膨胀率（预计5%）增长，他打算30年后65岁时退休，要求用收入法估算张先生需投保人寿保险的保险金额。

尽管在此后的30年中，张先生的年收入名义上在增长，但考虑通货膨胀后的实际年收入仍然是30000元。张先生可以将30年，每年30000元的年金按3%的实际利率贴现，这一年金的现值是：

$$30000\times\left(\frac{1}{0.03}-\frac{1}{0.03\times1.03^{30}}\right)=588000,$$

所以张先生需投保人寿保险的保险金额为58.8万元。

（2）支出法

支出法是估算家庭所需投保金额的另外一种常用方法，其原理如下：一个家庭所需的保险金额是能向受益人提供政府或其他收入来源所不能提供的资金，以支付其预期费用。如果被保险人死亡，人寿保险死亡收益就会用于投资，并在费用发生时使用。人寿保险的主要目的是替代被抚养人的收入，以使其维持一种与以前相同的生活水平。

支出法的基本步骤是：1）编制某个人死亡时的资产负债表；2）决定哪些资产可以进行投资；3）加上其他来源可以获得的补偿；4）估算被抚养人得以维持目前生活水准所需要的费用；5）用步骤4的数字减去步骤3的数字，这一收入必须从保险中得到补偿；6）计算得到补充收入所需的保险金额。

3. 人寿保险险种选择

人生每个阶段因家庭经济状况的改变，保险需求也相异。单身族年轻人收入尚不稳定，主要风险来自意外伤害，因此可选择定期寿险附加意外。结婚后身负家庭重担者，应该考虑到整个家庭的风险，所以这一时期选择的险种以保障性高的终身寿险、定期寿险、意外险为主。为人父母后，如果夫妻双方均已投保，在小孩出生后可投意外保险，因为意外险的费率较低。退休后的养老期，收入减少或根本没有收入，因此应该在青、中年期即为自己计划一笔支付老年生活的基金。通常可将全年所得的5%到10%作为保费的预算，保费分配则应多考虑家庭主要经济支柱的保险需求。

第五章　个人税务筹划

- 工资需要缴纳多少所得税?
- 税务筹划是偷税漏税吗?
- 税务筹划有哪些方法?
- 各种收入如何进行税务筹划?

按照税法纳税是每个公民的义务，但税款的缴纳也直接降低了个人的可支配收入，因此，税务筹划也是个人理财的一个重要组成方面。本章首先介绍与个人关系最为密切的个人所得税基本知识；然后阐述了个人所得税筹划的基本方法；最后按类别分析了每种收入的筹划方法。

第一节　个人所得税的基本知识

个人所得税是对个人（自然人）取得的各项所得征收的一种所得税，是个人承担的最主要税种。影响应交所得税的几个关键因素是纳税人、应税所得和税率。

一、个人所得税的纳税人

个人所得税的纳税人是指在中国境内有住所，或者无住所而在境内居住满一年的个人，从中国境内和境外取得的所得，以及在中国境内无住所又不居住，或者无住所而在境内居住不满一年的个人，从中国境内取得的所得，要按规定缴纳个人所得税。

二、个人所得税的应税所得

应税所得是指应当缴纳所得税的所得。

（一）应税所得项目

个人所得税的征收范围包括：

1. 工资、薪金所得

工资、薪金所得，是指个人因任职或受雇而取得的工资、薪金、奖金、年终加薪、劳动分红、津贴、补贴以及与任职、受雇有关的其他所得。

一些不属于工资、薪金性质的补贴、津贴或者不属于纳税人本人工资、薪金所得项目的收入，不用纳税。这些项目包括：（1）独生子女补贴；（2）执行公务员工资制度未纳入基本工资总额的补贴、津贴差额和家属成员的副食品补贴；（3）托儿补助费；（4）差旅费津贴、误餐补助。其中，误餐补助是指按照财政部规定，个人因公在城区、郊区工作，不能在工作单位或返回就餐，确实需要在外就餐的，根据实际误餐顿数，按规定的标准领取的误餐费。单位以误餐补助名义发给职工的补助、津贴不能包括在内。

2. 个体工商户的生产、经营所得

个体工商户的生产、经营所得，是指：（1）个体工商户从事工业、手工业、建筑业、交通运输业、商业、饮食业、服务业、修理业以及其他行业生产、经营取得的所得。（2）个人经政府有关部门批准，取得执照，从事办学、医疗、咨询以及其他有偿服务活动取得的所得。（3）其他个人从事个体工商业生产、经营取得的所得。（4）上述个体工商户和个人取得的与生产、经营有关的各项应税所得。（5）依照《中华人民共和国个人独资企业法》和《中华人民共和国合伙企业法》登记成立的个人独资企业、合伙企业的投资者，依照《中华人民共和国私营企业暂行条例》登记成立的独资、合伙性质的私营企业的投资者，依照《中华人民共和国律师法》登记成立的合伙制律师事务所的投资者、经政府有关部门依照法律法规批准成立的负无限责任和无限连带责任的其他个人独资、个人合伙性质的机构或组织的投资者，所取得的生产经营所得，参照个体工商户的生产经营所得项目征税。

3. 企事业单位的承包经营、承租经营所得

企事业单位的承包经营、承租经营所得，指个人承包经营、承租经营以及转包、转租取得的所得，包括个人按月或者按次取得的工资、薪金性质的所得。

4. 劳务报酬所得

指个人从事设计、装潢、安装、制图、化验、测试、医疗、法律、会计、咨询、讲学、新闻、广播、审稿、书画、雕刻、影视、录音、录像、演出、表演、广告、展览、技术服务、介绍服务、经纪服务、代办服务以及其他劳务报酬的所得。个人担任董事职务所取得的董事费收入，按劳务报酬所得项目纳税。

5. 稿酬所得

稿酬所得指个人因其作品以图书、报刊形式出版、发表而取得的所得。作者去世后，财产继承人取得的遗作稿酬也应纳税。

6. 特许权使用费所得

特许权使用费所得指个人提供专利权、商标权、著作权、非专利技术以及

其他特许权的使用权取得的所得。提供著作权的使用权取得的所得，不包括稿酬的所得，对于作者将自己的文字作品手稿原件或复印件公开拍卖（竞价）取得的所得，应按特许权使用费所得项目纳税。个人取得特许权的经济赔偿收入，应按特许权使用费所得纳税。

7. 利息、股息、红利所得

8. 财产租赁所得

9. 财产转让所得

对个人取得的各项财产转让所得，除股票转让所得外，都要纳税。

10. 偶然所得

指个人得奖、中奖、中彩以及其他偶然性质的所得。

11. 经国务院财政部门确定征税的其他所得

例如，个人从证券公司取得的交易手续费返还收入，应按其他所得项目征税。

（二）免税所得

1. 省级人民政府、国务院部委和中国人民解放军军以上单位，以及外国组织、国际组织颁发的科学、教育、技术、文化、卫生、体育、环境保护等方面的奖金；

2. 国债和国家发行的金融债券利息；

3. 按照国家统一规定发给的补贴、津贴；

4. 福利费、抚恤金、救济金；

5. 保险赔款；

6. 军人的转业费、复员费；

7. 按照国家统一规定发给干部、职工的安家费、退职费、退休工资、离休工资、离休生活补助费；

8. 依照中国有关法律规定应予免税的各国驻华使馆、领事馆的外交代表、领事官员和其他人员的所得；

9. 中国政府参加的国际公约、签订的协议中规定免税的所得；

10. 经国务院财政部门批准免税的所得。

（三）可减征所得

有下列情形之一的，经批准可以减征个人所得税：

1. 残疾、孤老人员和烈属的所得；

2. 因严重自然灾害造成重大损失的；

3. 其他经国务院财政部门批准减税的。

三、个人所得税的税率

（一）工资、薪金所得

工资、薪金所得适用超额累进税率，税率为5%～45%，税率表如表5－1所示。

表5－1　　　　税率表（工资、薪金所得适用）

级数	全月应纳税所得额	税率（%）	速算扣除数
1	不超过500元的	5	0
2	超过500元至2000元的部分	10	25
3	超过2000元至5000元的部分	15	125
4	超过5000元至20000元的部分	20	375
5	超过20000元至40000元的部分	25	1375
6	超过40000元至60000元的部分	30	3375
7	超过60000元至80000元的部分	35	6375
8	超过80000元至100000元的部分	40	10375
9	超过100000元的部分	45	15375

（二）个体工商户的生产、经营所得和对企事业单位的承包经营、承租经营所得

生产、经营所得和承包经营、承租经营所得适用5%～35%的超额累进税率，税率表如表5－2所示。

表5－2　　　　税率表

级数	全月应纳税所得额	税率（%）	速算扣除数
1	不超过5000元的	5	0
2	超过5000元至10000元的部分	10	250
3	超过10000元至30000元的部分	20	1250
4	超过30000元至50000元的部分	30	4250
5	超过50000元的部分	35	6750

（三）稿酬所得

稿酬所得适用比例税率，税率为20%，并按应纳税额减征30%。

（四）劳务报酬所得

劳务报酬所得适用比例税率，税率为20%。对劳务报酬所得一次收入畸高的，可以实行加成征收，税率表如表5－3所示。

表 5-3　　税率表（劳务报酬所得适用）

级数	全月应纳税所得额	税率（%）	速算扣除数
1	不超过 20000 元的	20	0
2	超过 20000 元至 50000 元的部分	30	2000
3	超过 50000 元的部分	40	7000

（五）其他类型所得

特许权使用费所得，利息、股息、红利所得，财产租赁所得，财产转让所得，偶然所得和其他所得，适用比例税率，税率为 20%。

四、应纳税所得额的计算

（一）工资、薪金所得

工资、薪金所得以每月收入额减除费用 1600 元后的余额，为应纳税所得额。

（二）个体工商户的生产、经营所得

个体工商户的生产、经营所得以每一纳税年度的收入总额，减除成本、费用以及损失后的余额，为应纳税所得额。

（三）对企事业单位的承包经营、承租经营所得

对企事业单位的承包经营、承租经营所得以每一纳税年度的收入总额，减除必要费用后的余额，为应纳税所得额。

（四）劳务报酬所得、稿酬所得、特许权使用费所得、财产租赁所得

劳务报酬所得、稿酬所得、特许权使用费所得、财产租赁所得，每次收入不超过 4000 元的，减除费用 800 元；4000 元以上的，减除 20% 的费用，其余额为应纳税所得额。

（五）财产转让所得

财产转让所得以转让财产的收入额减除财产原值和合理费用后的余额，为应纳税所得额。

（六）利息、股息、红利所得，偶然所得和其他所得

利息、股息、红利所得，偶然所得和其他所得以每次收入额为应纳税所得额。

个人将其所得对教育事业和其他公益事业捐赠的部分，按照国务院有关规定从应纳税所得中扣除。对在中国境内无住所而在中国境内取得工资、薪金所得的纳税义务人和在中国境内有住所而在中国境外取得工资、薪金所得的纳税

义务人，可以根据其平均收入水平、生活水平以及汇率变化情况确定附加减除费用，附加减除费用适用的范围和标准由国务院规定。

五、纳税办法

个人所得税，以所得人为纳税义务人，以支付所得的单位或者个人为扣缴义务人。个人所得超过国务院规定数额的，在两处以上取得工资、薪金所得或者没有扣缴义务人的，以及具有国务院规定的其他情形的，纳税义务人应当按照国家规定办理纳税申报。扣缴义务人应当按照国家规定办理全员全额扣缴申报。

六、个人应纳税额计算

（一）工资、薪金所得

工资、薪金所得按以下步骤计算缴纳个人所得税：每月取得工资收入后，先减去个人承担的基本养老保险金、医疗保险金、失业保险金，以及按省级政府规定标准缴纳的住房公积金，再减去费用扣除额1600元/月，为应纳税所得额，按5%～45%的九级超额累进税率计算缴纳个人所得税。

计算公式是：

应纳个人所得税税额=应纳税所得额×适用税率-速算扣除数

【案例5-1】　个人所得税基本计算

王某当月取得工资收入9000元，当月个人承担住房公积金、基本养老保险金、医疗保险金、失业保险金共计1000元，费用扣除额为1600元。

王某当月应纳税所得额=9800-1000-1600=7200元

应纳个人所得税税额=7200×20%-375=1065元。

（二）个人从非任职单位取得的奖金

个人从非任职单位取得的奖金，除免税的奖金外，不论其来源于何处，不属于税法规定的工资、薪金所得项目，应按偶然所得或其他所得，适用20%的税率计算缴纳个人所得税。

（三）单位以劳务费名义发放的收入

有些单位除向职工正常发放工资、薪金以外，还根据职工从事本单位其他专项工作情况，以劳务费等名义发放所得。这种所得实际是职工工资、薪金的组成部分，应与工资、薪金所得合并计算缴纳个人所得税。

（四）个人取得全年一次性奖金或年终加薪

个人取得全年一次性奖金（包括年终加薪）的，应分两种情况计算缴纳个人所得税：

1. 个人取得全年一次性奖金，且获取奖金当月个人的工资、薪金所得高

于（或等于）税法规定的费用扣除额

计算方法是用全年一次性奖金总额除以12个月，按其商数对照工资、薪金所得项目税率表，确定适用税率和对应的速算扣除数，计算缴纳个人所得税。

计算公式为：

应纳个人所得税税额 = 个人当月取得的全年一次性奖金 × 适用税率 - 速算扣除数

个人当月工资、薪金所得与全年一次性奖金应分别计算缴纳个人所得税。

2. 个人取得全年一次性奖金，且获取奖金当月个人的工资、薪金所得低于税法规定费用扣除额

计算方法是用全年一次性奖金减去个人当月工资、薪金所得与费用扣除额的差额后的余额除以12个月，按其商数对照工资、薪金所得项目税率表，确定适用税率和对应的速算扣除数，计算缴纳个人所得税。

计算公式为：

应纳个人所得税税额 =（个人当月取得全年一次性奖金 - 个人当月工资、薪金所得与费用扣除额的差额）× 适用税率 - 速算扣除数。

由于上述计算纳税方法是一种优惠办法，因此在一个纳税年度内，对每一个人，该计算纳税办法只允许采用一次。对于全年考核，分次发放奖金的，该办法也只能采用一次。

【案例5-2】　取得全年一次性奖金的个所税计算

李某取得全年一次性奖金14400元

（1）当月工资为1700元

直接将一次性奖金额除以12，余额为1200元，适用税率为10%，速算扣除数为25元。

应纳个人所得税税额 = 14400 × 10% - 25 = 1415元。

当月工资、薪金所得应纳个人所得税税额 =（1700 - 1600）× 5% - 0 = 5元。

李某合计应纳个人所得税税额 = 1415 + 5 = 1420元。

（2）当月工资为1500元

费用扣除额1600元与工资的差额为100元（1600 - 1500），奖金减去这个差额后的余额为14300元，14300元除以12等于1191.67元，对照税率表，适用税率为10%，速算扣除数为25元。

应纳个人所得税税额 =［14400 -（1600 - 1500）］× 10% - 25 = 1405元。

（五）年薪制和绩效工资

在实行年薪制和绩效工资的单位，个人平时按月取得的生活费或部分工资，应按月依照工资、薪金所得计算缴纳个人所得税。年终取得的年薪和绩效

工资，应按全年一次性奖金计税办法计算缴纳个人所得税。

（六）内部退养（提前离岗）人员

1. 企业减员增效和行政、事业单位、社会团体在机构改革中，未达到离退休年龄，提前离岗且未办理离退休手续（内部退养）的职工，从原任职单位取得的工资、薪金，不属于离退休工资，应按工资、薪金所得计算缴纳个人所得税。

2. 个人在办理内部退养（提前离岗）手续后，从原任职单位取得的一次性收入，应按办理内部退养手续后至法定离退休年龄之间的所属月份进行平均，并与领取当月的工资、薪金所得合并，减去当月费用扣除标准后，以余额为基数确定适用税率和对应的速算扣除数，然后再将当月工资、薪金所得加上取得的一次性收入，减去费用扣除标准，按照已确定的税率计算缴纳个人所得税。

应纳个人所得税税额 = ［（当月工资、薪金所得 + 一次性内部退养收入） - 费用扣除标准］ × 适用税率 - 速算扣除数

3. 个人在办理内部退养手续后至法定离退休年龄之间重新就业，取得的工资、薪金所得，应与其从原单位取得的同一月份的工资、薪金所得合并计算缴纳个人所得税。

（七）个人因与用人单位解除劳动关系而取得一次性补偿收入

个人因与用人单位解除劳动关系而取得一次性补偿收入、退职费、安置费等所得要按照以下方法计算缴纳个人所得税。

1. 一次性补偿收入

个人因与用人单位解除劳动关系而取得的一次性补偿收入，其收入在当地（所在省市）上年职工平均工资3倍数额以内的部分，免征个人所得税；超过的部分，可视为一次取得数月的工资、薪金收入，允许在一定期限内进行平均，并按照规定计算缴纳个人所得税。

计算方法为：个人取得的一次性补偿收入，减去当地上年职工平均工资3倍数额以内的部分，再减去按国家和地方政府规定比例实际缴纳的住房公积金、医疗保险金、基本养老保险金、失业保险费，用此余额除以个人在本企业的实际工作年限数，以其商数作为个人的月工资、薪金收入，按照工资、薪金所得项目计算出应纳的个人所得税，然后再乘以年限数，就是应纳个人所得税税额。个人在该企业的工作年限数按实际工作年限数计算，超过12年的按12年计算。

【案例5－3】　取得一次性补偿收入的个所税计算

张某在振华钢厂工作20年，现因企业不景气被买断工龄，振华钢厂向张某支付一次性补偿金16.96万元，同时，从16万元中拿出1万元替张某缴纳

四金，当地上年职工平均工资为1.8万元，张某应缴纳的个人所得税应按以下步骤计算：

免纳个人所得税的部分 = 18000 × 3 + 10000 = 64000元。

应纳个人所得税的部分 = 169600 − 64000 = 105600元。

将张某应纳个人所得税的部分进行分摊。张某虽然在该企业工作20年，但最多只能按12年分摊，105600 ÷ 12 − 1600 = 7200元，对应税率为20%，速算扣除数为375元；应纳个人所得税税额 = （7200 × 20% − 375） × 12 = 12780元。

2. 退职费收入

对于个人取得的退职费收入，可按照上述一次性补偿收入的办法计算缴纳个人所得税。税法另有规定的除外。

3. 安置费收入

对于企业依照国家有关法律规定宣告破产，企业职工从该破产企业中取得的一次性安置费收入，免纳个人所得税。

（八）个人离退休后返聘取得工资收入

对于离退休后返聘所取得的工资、薪金收入，以及离退休后重新就业取得的工资、薪金收入，属于个人离退休后重新受雇取得的收入，应按工资、薪金所得计算缴纳个人所得税。

（九）个人缴纳的补充养老保险金、补充医疗保险金

个人缴纳的补充养老保险金、补充医疗保险金属于工资、薪金的组成部分，在计算个人所得税时，不得从当月的工资、薪金所得中扣除。

（十）劳务报酬所得

劳务报酬所得，是指个人从事设计、装潢、安装、制图、化验、测试、医疗、法律、会计、咨询、讲学、新闻、广播、翻译、审稿、书画、雕刻、影视、录音、录像、演出、表演、广告、展览、技术服务、介绍服务、经纪服务、代办服务以及其他劳务取得的所得。

劳务报酬所得的应纳税所得额为：每次劳务报酬收入不足4000元的，用收入减去800元的费用；每次劳务报酬收入超过4000元的，用收入减去收入额的20%。

劳务报酬所得适用20%的税率。

劳务报酬所得应纳税额的计算公式为：应纳个人所得税税额 = 应纳税所得额 × 20%；

对劳务报酬所得一次收入畸高（应纳税所得额超过20000元）的，要实行加成征收办法，具体是：一次取得劳务报酬收入，减除费用后的余额（即应纳税所得额），超过2万元至5万元的部分，按照税法规定计算的应纳税额，

加征五成；超过5万元的部分，加征十成。

【案例5-4】　劳务报酬所得个所税计算

王某一次取得劳务报酬收入4万元，其应缴纳的个人所得税为：

应纳税所得额 $=40000-40000\times20\%=32000$ 元。

应纳个人所得税税额 $=32000\times20\%+(32000-20000)\times20\%\times50\%=6400+1200=7600$ 元。

（十一）稿酬所得

稿酬所得，是指个人因其作品以图书、报刊形式出版、发表而取得的所得。

个人获得的稿酬所得，每次收入不超过4000元的，可减去费用800元；每次收入4000元以上的，可减去20%的费用，其余额为应纳税所得额。稿酬所得适用20%的比例税率，并可以免纳30%的税额。

计算公式为：

应纳个人所得税税额 = 应纳税所得额 × 适用税率 ×（1-30%）

【案例5-5】　稿酬所得个所税计算

孙某在某美容杂志上发表一篇文章，获得稿酬3000元，孙某应缴纳的个人所得税为：

应纳个人所得税税额 $=(3000-800)\times20\%\times(1-30\%)=308$ 元。

个人取得稿酬所得的次数按以下确定：

（1）个人每次以图书、报刊方式出版、发表同一作品（文学作品、书画作品、摄影作品以及其他作品），不论出版单位是预付还是分笔支付稿酬，或者加印该作品后再付稿酬，均应合并其稿酬所得按一次所得计算缴纳个人所得税。在两处或两处以上出版、发表或再版同一作品而取得的稿酬所得，其在各处取得的所得或再版所得按分次所得计算缴纳个人所得税。

（2）个人同一作品在报刊上连载，应合并其因连载而取得的所有稿酬所得为一次所得，计算缴纳个人所得税。在其连载之后又出书取得稿酬所得，应视同再版稿酬分次缴纳个人所得税。先出书后连载取得稿酬所得的，同样处理。

（十二）一人取得多项所得

个人取得税法规定的应税所得项目中的两项或两项以上所得的，应按照各项所得分别减去相应费用后，计算缴纳个人所得税。

（十三）两人取得一项所得

两人或两人以上共同取得同一项所得，每个人应当就其取得的所得分别按照税法规定减去费用后计算缴纳个人所得税。

第二节 个人所得税纳税筹划的基本方法

概括的讲，纳税筹划就是指依据所涉及到的现行税法，在遵守税法、尊重税法的前提下，运用纳税人的合法权利，通过对经营、投资、理财活动的事先筹划，减轻税负并获得最大的经济效益。它与偷漏税有本质的区别，纳税筹划尊重税法，只不过他们靠自已的智慧，利用了税法的不足来节税，而偷税漏税是违反税法，不为法律所允许的。

一、利用纳税人身份认定避税

个人所得税的纳税义务人，包括居民纳税义务人和非居民纳税义务人两种。居民纳税义务人就其来源于中国境内或境外的全部所得缴纳个人所得税；而非居民纳税义务人仅就其来源于中国境内的所得，向中国缴纳个人所得税。很明显，非居民纳税义务人将会承担较轻的税负。

居住在中国境内的外国人、海外侨胞和香港、澳门、台湾同胞，如果在一个纳税年度里，一次离境超过 30 日或多次离境累计超过 90 日的，简称 90 天规则，将不视为全年在中国境内居住。牢牢把握这个尺度就会避免成为个人所得税的居民纳税义务人，而仅就其来源于中国境内的所得缴纳个人所得税。

【案例 5－6】 利用居所转移避税

中国某企业从外国引进一大型设备，购买合同上规定：由外方派技术人员来指导调试，直到机组正常运行。外方在中国期间的食宿、交通统一由中方安排，不领取任何报酬。在安装调试期间，外方采取分批向中国派出技术人员的方法，每批人员在中国居住时间均控制在 90 日之内。这样，这些外国技术人员在中国无须纳税。

这是利用居所转移避税的典型例子。表面上，外方人员在中国没有获得报酬。其实在中方支付的设备款项中已包含了外方技术人员的费用，外方人员从其外国雇主领取的报酬实际上为来源于中国境内的所得。

【案例 5－7】 利用居民身份认定避税

汤姆为避免成为任何一国的居民，便根据各国在居民身份判定方面的标准不同来避税。A 国规定在该国居住满 1 年的为该国居民，B 国规定在该国居住满半年的为该国居民，C 国规定在该国居住满半年的为该国居民。汤姆就选择在 A 国居住 7 个月，B 国居住 3 个月，C 国居住 2 个月，从而避免三国居民身份的认定，不负担各国的税负。

可见，由于对自然人居民身份判定的标准不同，在同样实行居民管辖权的国家里，其居住时间长短规定不一。有的人可以通过多国间旅行，甚至长期居住在船上或游艇上的方式，来避免纳税，从而成为税收难民。

【案例5-8】 利用各国税收管辖权差异避税

卡特是英国一名发明家，他将该项发明转让给卡塔尔一家公司，并以专利持有者的身份获得50000美元的技术转让费。而技术转让费获得者非卡塔尔政府规定的纳税人。与此同时，他又将英国的住所出卖，来到香港，英国政府无法向其征税。而香港亦实行单一的所得来源地管辖权，对卡特的收入无能为力。

这是利用各国税收管辖权差异避税的一个典型案例。

二、利用减少应税所得避税

通过收入延期、收入分期和收入分割，可以降低每个人每次的收入，从而降低税率，起到避税作用。

（一）收入延期

收入延期是指通过延期取得本应当时取得的收入，可以推迟纳税时间，本应缴纳的税款在上缴之前可以继续投资获得收益，从而在实质上减少了应缴的税款。例如长期持有房产，可以推迟缴纳房产交易所得税。

（二）收入分期

收入分期是指将原来一次取得的收入，分成若干次取得，如将本应一次性取得的收入分成若干次获得，可以降低每次收入对应的税率级别，从而降低总的应纳税额。

（三）收入分割

收入分割是将原本由一个人获得的收入，改为由两个或更多的人获得，可以降低每个人对应的税率级别，从而降低总的应纳税额。

【案例5-9】 利用收入分割避税

张先生搞了一项发明，申请了一项专利，该人应某出版社的邀请，就该发明的原理、价值及发明经过等写了一本书，取得了6000元的稿酬收入。在写作过程中，其夫人提供了许多建议，并收集了资料，还承担了其中一章的写作和全部文字的润色工作。这部作品既可以算他单独完成，只署他的名字，也可以算他和夫人的共同作品。该人最终署上他们两人的名字，既博得夫人温柔一笑，又可获得实际效益。

因为如果只算该人一人的作品，6000元将缴纳6000×（1-20%）×20%×70%=672（元）的个人所得税；算两个人的作品，他个人分得3000元，只缴纳（3000-800）×20%×70%=308（元），其夫人也缴纳相同的数，他们共同缴纳了616元的所得税，少缴56元钱。

（四）收入项目福利化和费用化

收入项目福利化和费用化是指将本来应当纳税的收入转化为企业的福利或

者费用，可以减少应税所得，从而降低应纳税额。

三、降低税率

（一）投资免税项目

1. 投资教育储蓄

适用于有需要接受非义务教育孩子的家庭。它可以享受两大优惠政策：一是利息所得免除个人所得税；二是教育储蓄作为零存整取的储蓄，享受整存整取的优惠利率。目前，多家银行都开办了教育储蓄业务，且有不同期限的储蓄种类。

2. 投资国债和金融债券

个人投资企业债券应缴纳 20% 的个人所得税。而根据税法规定，国债和特种金融债是可以免征个人所得税的。因此，即使企业债券的票面利率略高于国债，但扣除税款后的实际收益反而低于后者。而且记账式国债还可以根据市场利率的变化，在二级市场出卖以赚取差价。

3. 购买保险

根据中国相关法律规定，居民在购买保险时可享受三大税收优惠：一是按有关规定提取的住房公积金、医疗保险金不计当期工资收入，免缴个人所得税；二是由于保险赔款是赔偿个人遭受意外不幸的损失，不属于个人收入，免缴个人所得税；三是按规定缴纳的住房公积金、医疗保险金、基本养老保险金和失业保险基金，存入银行个人账户所得利息收入免征个人所得税。

4. 购买人民币理财产品

目前市场上有多家银行推出的各种人民币理财产品和外币理财产品。对于人民币理财产品，暂时免征收益所得税。

（二）高税率项目转换为低税率项目

高税率项目转换为低税率项目是指将本来应按高税率纳税的项目转化为按低税率纳税的项目，如劳务报酬转换为工资和工资、薪金转化为劳务报酬。

第三节　个人各种收入的税收筹划

在上一节中谈到了税收筹划的基本方法，接下来就每一种收入如何筹划分别进行阐述。

一、兼有薪金和劳务报酬的个人所得税筹划

兼有工资、薪金所得和劳务报酬所得是一个非常现实的问题。实际工作中，劳务报酬所得与工资、薪金所得往往难以区分。

一般说来，工资、薪金所得，是指个人因任职或者受雇而取得的工资、薪金、奖金、年终加薪、劳动分红、津贴、补贴以及任职或者受雇有关的其他所得。而劳务报酬所得，是指个人独立从事各种非雇佣的劳务所取得的所得。两者的区别主要是：劳务报酬所得一般是个人独立从事各种技艺、提供各种劳务服务而获取的报酬，提供所得的单位与个人之间不存在稳定的雇佣与被雇佣关系；工资、薪金所得则是个人在企事业单位、机关、团体、部队、学校以及其他组织中任职、受雇而获取的报酬，属于非独立个人的劳动。

充分利用工资、薪金所得和劳务报酬所得的这一区别，能达到节约缴纳个人所得税的目的。尤其是对高收入人群，纳税筹划会带来更大的实惠。

（一）分开计算筹划

一般情况下，将工资、薪金所得和劳务报酬所得分开有利于节约纳税。

【案例5－10】 将工资、薪金所得和劳务报酬所得分开避税

王先生从A公司获得工资、薪金收入5000元，另外，该月王先生还获得B公司的劳务报酬所得10000元。

（1）如果王先生与B公司存在稳定的雇佣关系，则王先生应该就从两家公司取得的收入合并按工资、薪金所得缴纳个人所得税，此时王先生该月份应纳税额为：

（5000＋10000－1600）×20%－375＝2305元。

（2）如果王先生与B公司不存在稳定的雇佣关系，则两项收入应按不同类别的所得分别计算应纳的个人所得税：

工资、薪金所得应纳税额为：（5000－1600）×15%－125＝385元。

劳务报酬所得应纳税额为：10000×（1－20%）×20%＝1600（元）

该月份王先生共应缴纳个人所得税385＋1600＝1985（元）

可见，分开缴纳个人所得税可以节省320元（2305－1985）。

（二）劳务报酬转化为薪金

但是，某些情况下，将工资、薪金所得和劳务报酬所得合并缴纳所得税会带来较大的实惠。比如，当应纳税额比较少时，工资、薪金所得适用的税率比劳务报酬所得适用的税率低，因此，把劳务报酬所得转化为工资、薪金所得，合并按工资、薪金所得缴纳个人所得税是合理的。

【案例5－11】 将劳务报酬转化为薪金避税

假设王先生从A公司每月取得工资、薪金1300元，由于单位工资太低，王先生同月在B公司找了一份兼职，每月从B公司取得收入5000元。

（1）如果王先生与B公司没有固定的雇佣关系，则按照税法规定，工资、薪金所得和劳务报酬所得应该分别计算征收个人所得税。

从A公司取得的工资、薪金没有超过扣除限额，不用纳税。

从B公司取得的劳务报酬应纳税额为：

5000×（1－20%）×20%＝800（元）

王先生每月共应缴纳个人所得税800元。

(2）如果王先生与B公司存在固定的雇佣关系，则两项收入应合并按工资、薪金所得缴纳个人所得税，此时王先生该月份应缴纳的个人所得税额为：

[5000－（1600－1300）]×15%－125＝580（元）

显然，在这种情况下，将劳务报酬所得转化为工资、薪金所得缴纳个人所得税是明智的。

(三）薪金转化劳务报酬

还有一种情况，比如月工资、薪金收入相当高时，适用的税率已经累进到比较高的水平，此时需要纳税人将工资、薪金所得转化为劳务报酬所得以减少应纳税额。

【案例5－12】　将薪金转化劳务报酬避税

张先生是一名高级工程师，在A科研机构从事科研工作，每月工资1600元，同时张先生在B企业做兼职顾问，当月从B企业取得收入50000元。

A. 如果张先生与B企业存在稳定的雇佣关系，则这50000元应该按工资、薪金所得缴纳个人所得税，张先生本月份应纳税额为：

50000×30%－3375＝11625（元）

B. 如果张先生与B公司不存在稳定的雇佣关系，则这50000元应该按劳务报酬所得额缴纳个人所得税，张先生本月份应纳税额为：

50000×（1－20%）×30%－2000＝10000（元）

可以看出，签合同时应该选择后者。

以上是单纯从纳税角度对工资、薪金所得和劳务报酬所得做的分析。在实际工作中，除了税收方面的因素，还有一些因素是需要考虑的。

虽然国内对工资、薪金所得和劳务报酬所得的判定只作了原则上的规定，凡与单位存在工资、人事方面关系的人员，其为本单位工作所取得的报酬属于工资、薪金所得项目，因某一特定事项临时为外单位工作所取得的报酬属于劳务报酬所得项目，但明确区分工资、薪金所得和劳务报酬所得有着重大的意义。在现实中，是否存在稳定的雇佣关系往往涉及到纳税人自身的利益。一般来讲，不与公司建立稳定的雇佣关系而独立从事劳务的个人，其提供劳务服务的范围是固定的或相对有限的，并且要对其完成的工作负有质量责任；其为提供合同规定的劳务相应发生的各项支出，要由个人负担；而最重要的是，个人往往不能享受公司为其职员提供的各项待遇，包括社会保险、员工福利等。因而，个人在决定与接受劳务的企业的关系时，要综合考虑各方面的因素，以求拟订最佳方案。

二、稿酬所得的个人所得税筹划

（一）系列丛书筹划法

中国个人所得税法规定，个人以图书、报刊方式出版、发表同一作品（文字作品、书画作品、摄影作品以及其他作品），不论出版单位是预付还是分笔支付稿酬，或者加印该作品再付稿酬，均应合并其稿酬所得按一次计征个人所得税。但对于不同的作品却是分开计税，这就给纳税人的筹划创造了条件。如果一本书可以分成几个部分，以系列丛书的形式出现，则该作品将被认定为几个单独的作品，单独计算纳税，这在某些情况下可以节省纳税人不少税款。

使用这种方法应该注意以下几点：首先，该著作可以被分解成一套系列著作，而且该种发行方式不会对发行量有太大的影响，当然最好能够促进发行。如果该种分解导致著作的销量或者学术价值大受影响，则这种方式将得不偿失。其次，该种发行方式要想充分发挥作用，最好与著作组筹划法结合。再次，该种发行方式应保证每本书的人均稿酬小于4000元。因为该种筹划法利用的是抵扣费用的临界点，即在稿酬所得小于4000元时，实际抵扣标准大于20%。

【案例5－13】　系列丛书筹划法

王教授准备出版一本关于税务筹划的著作，预计将获得稿酬所得12000元。试问，王教授应如何筹划？

（1）如果以1本书的形式出版该著作，则：

应纳税额＝12000元×（1－20%）×20%×（1－30%）＝1344元。

（2）如果在可能的情况下，以4本一套的形式出版一套系列丛书，则该纳税人的纳税情况如下：

每本稿酬＝12000元÷4＝3000元，

每本应纳税额＝（3000－800）×20%×（1－30%）＝308元，

总共应纳税额＝308元×4＝1232元。

由此可见，在这种情况下，如果王教授采用系列丛书筹划法可以节省税款112元，他可以考虑选择这种筹划法。

（二）著作组筹划法

如果一项稿酬所得预计数额较大，还可以考虑使用著作组筹划法，即改一本书由一个人写作为多个人合作。与上一种方法一样，该种筹划方法利用的是低于4000元稿酬的800元费用抵扣，这项抵扣的效果是大于20%抵扣标准的。

著作组筹划法，除了可以使纳税人少缴税款外，还具有以下好处：首先，它可以加快创作的速度，使得一些社会急需的书籍早日面市，使各种新观点以最快的方式传播，从而促进社会的知识进步。其次，集思广益，一本书在几个作者的共同努力下，其水平一般会比一个人单独创作更高，但这要求各创作人具有一定的水平，而且各自尽自己最大努力写各人擅长的部分。再次，对于著作人来说，其著作成果更容易积累。

但运用这种筹划方法应当注意，由于成立著作组，各人的收入可能会比单独创作时少，虽然少缴了税款，但对于个人来说最终收益减少了。因此，这种筹划方法一般用在著作任务较多，比如有一套书要出，或者成立长期合作的著作组。而且由于长期的合作，节省税款的数额也会由少积多。

【案例5－14】　著作组筹划法

某财经大学专家张教授准备写一本财政学教材，出版社初步同意该书出版之后支付稿费24000元。

如果张教授单独著作，则可能的纳税情况为：

应纳税额＝24000元×（1－20%）×20%×（1－30%）＝2688元，

如果张教授采取著作组筹划法，并假定该著作组共10人，则可能的纳税情况为：

应纳税额＝（2400－800）×20%×（1－30%）×10＝2240元。

（三）费用转移筹划法

根据税法规定，个人取得的稿酬所得只能在一定限额内扣除费用。众所周知，应纳税款的计算是用应纳税所得额乘以税率而得，税率是固定不变的，应纳税所得额越大，应纳税额就越大。如果能在现有扣除标准下，再多扣除一定的费用，或想办法将应纳税所得额减少，就可以减少应纳税额。

一般的做法是和出版社商量，让其提供尽可能多的设备或服务，这样就将费用转移给出版社，自己基本上不负担费用，使自己的稿酬所得相当于享受到两次费用抵扣，从而减少应纳税额。可以考虑由出版社负担的费用有：资料费、稿纸、绘画工具、作图工具、书写工具、其他材料、交通费、住宿费、实验费、用餐、实践费等，有些行业甚至可以要求提供办公室以及电脑等办公设备。

现在普遍对收入明晰化的呼声较大，而且由出版社提供条件容易造成不必要的浪费，出版社可以考虑采用限额报销制，问题就好解决了。

【案例5－15】　费用转移筹划法

某经济学家欲创作一本关于中国经济发展状况与趋势的专业书籍，需要到广东某地区进行实地考察研究，由于该经济学家学术水平很高，预计这本书的销路看好。出版社与他达成协议，全部稿费20万元，预计到广东考察费用支出5万元。他应该如何筹划呢？

（1）如果该经济学家自己负担费用，则

应纳税额＝200000元×（1－20%）×20%×（1－30%）＝22400元。

实际收入 = 200000 元 - 22400 元 - 50000 元 = 127600 元。

（2）如果改由出版社支出费用，限额为 50000 元，则实际支付给该经济学家的稿费为 15 万元。

应纳税额 = 150000 元 ×（1 - 20%）×20% ×（1 - 30%）= 16800 元，

实际收入 = 150000 元 - 16800 元 = 133200 元。

因此，第 2 种方法可以节省税收 5600 元。

三、年终奖金的个人所得税筹划

目前，大部分国家都是按年来征收个人所得税，只有包括中国在内的部分国家是按月征收。为使中国个人所得税缴纳向着人性化、国际化、科学化的方向转变，国家税务总局于 2005 年下发了（国税发［2005］9 号）《国家税务总局关于调整个人取得全年一次性奖金等计算征收个人所得税方法问题的通知》（以下简称通知），重新规范了奖金的个人所得税计算方式，新规定的计算方法与特点可归纳为以下几个方面。

（一）计算方法

1. 如果当月份的薪金已纳税，则将当月份取得的一次性奖金，单独作为一个月的薪金计算纳税。

2. 如果当月份的薪金低于税法规定的费用扣除数，则将一次性的奖金减除当月份的差额后的余额计算为一次性奖金，再单独作为一个月的薪金计算纳税。

3. 将上述两种情况的一次性奖金，除以 12，按其商数确定适用的税率和速算扣除数。

4. 在一个纳税年度，该计算方式只允许采用一次。其他任何名目的奖金（季度奖、半年奖、加班奖、考勤奖等），一律与当月份薪金收入合并，按税法规定的薪金计税方式纳税。

【案例 5 - 16】 年终奖金的个所税筹划

方案 1：A 员工于 2 月份领取薪金 1000 元，同时领取年终奖金 6000 元，则当月份应纳个人所得税为：

（1）当月份薪金应纳税为：（1800 - 1600）×5% = 10 元。

（2）确定年终奖的税率和速算扣除数：6000/12 = 500 元，则其税率为 5%，速算扣除数为 0。

（3）年终奖金应纳税为：6000 ×5% - 0 = 300 元，

（4）2 月份合计应纳税为：10 + 300 = 310 元。

方案 2：A 员工于 2 月份领取薪金 1500 元，同时领取年终奖金 6000 元，则当月份应纳个人所得税为：

（1）当月份薪金应纳税为：0 元（1500 < 1600），

（2）确定年终奖的税率和速算扣除数：6000－（800－700）＝5900元；5900÷12＝492元，则其税率为5%，速算扣除数为0。

（3）年终奖金应纳税为：5900×5%－0＝295元，

（4）2月份合计应纳税为：0＋295＝295元。

（二）特　点

1. 新规定将一次性奖金政策概念从单纯的数月奖金延伸到实行年薪制办法的个人年薪收入、将收入性质相同却计税政策迥异的收入项目合并，从而简化了计算。

2. 全年一次性奖金优惠计算的适用，在一个纳税年度内，对每一个纳税人特指全年只能采用一次，而不能两次以上使用。年度内发放的其他一次性（或称数月）奖金如半年奖、季度奖和各种名目的项目奖金如加班奖、先进工作者奖励等，应当全部并入当月的工资薪金收入中计算个人所得税。如果一年内有多次发放数月奖金行为的，纳税人可以选择对自己最有利的一次。

3. 年薪制下的奖励年薪个人所得税优惠计算办法不再仅限于企业经营者，而是扩大到单位所有职员。

4. 对实行绩效工资制的单位是一种税收政策的支持和鼓励，避免人为进行财务上分解收入或收入挂账的虚假现象发生，企业可以堂堂正正地到年终视经营效益考核员工，予以奖励并据实入账。

5. 机关、事业单位的双薪即第13个月的年终奖励工资收入可以进行合理分摊。

6. 体现出对那些经济效益一般，职工月工资收入较少的职工人性化税收政策。

现在来考虑在新的政策背景下，年终奖金应该如何发放才是最佳节税途径，现有三种发放方式可以选择：

1. 奖金平均到每月中按月发放；

2. 年中与年终都发一次；

3. 年终奖年底一次性发放。

【案例5－17】　奖金的个所税筹划

2006年王先生的每月工资为4500元，该年王先生的奖金预计共有36000元，下面对奖金按月发放、年中和年末两次发放和年终一次性发放三种不同方式进行比较。

（1）奖金按月发放，每月发放3000元

则王先生每月应纳税所得额为4500＋3000－1600＝5900元，适用的税率为20%，于是，每月应纳税额为5900×20%－375＝805元。

年应纳个人所得税总额＝805×12＝9660元。

(2) 年中7月份发放一次半年奖10000元，年末再发放一次全年奖26000元则除7月外，王先生应纳税所得额为4500－1600＝2900元，适用的税率为15%，每月应纳税额＝2900×15%－125＝310元。

7月份发放半年奖时，7月应纳税所得额为4500＋10000－1600＝12900元。

7月份应纳税额＝12800×20%－375＝2205元。

年终奖金为26000元，适用税率和速算扣除数分别为15%和125（根据26000/12＝2167元确定），此时：

年终奖金应纳个人所得税额＝26000×15%－125＝3775元。

此时，年应纳个人所得税总额＝310×11＋2205＋3775＝9390元。

（3）年终一次性发放36000元

王先生每月应纳税所得额为仍4500－1600＝2900元，

每月应纳税额＝2900×15%－125＝310元。

年终一次性发放奖金36000元，适用税率和速算扣除数分别为15%和125（根据36000/12＝3000元确定），于是，年终一次性奖金应纳税额＝36000×15%－125＝5275元。

年度纳个人所得税总额＝310×12＋5275＝8995元。

从上面三种方法可以看出，在新的奖金计税政策下，原先的奖金分期付款方式已成为税收负担最重的情形，比年中年末两次集中发放多纳税款9660－9390＝270元，比年终一次性发放多纳税款9660－8995＝665元。

于是，可以得出这样一个结论。

结论一：应改变原先的为降低税负而采用的奖金分期付款筹划方式，而回归发放半年奖、年终奖的方式筹划纳税。

通过分析，还可以进一步得出几条有用的结论：

结论二：通过合理分配奖金，尽可能降低年终一次性奖金的适用税率。尤其是在求得的（年终奖金/12）的商数高出较低一档税率的临界值不多的时候，减少年终奖金发放金额，使其商调减至该临界值，降低适用税率。这种节税效果极为明显。

结论三：通过合理分配奖金，在尽可能降低年终一次性奖金适用税率的同时，应该注意每月的适用税率，在回归发放半年奖、年终奖的方式筹划纳税的同时，应与奖金分期付款筹划方式相结合，从而达到最佳的组合。

关于季度奖等其他奖金的筹划方式，与半年奖筹划方式类似。可以得出如下结论：按月平均发放工资奖金的做法并不一定是纳税最优的方法。当企业员工平时工资薪金所得纳税的税率与年终奖金纳税税率有差异时，可以结合企业实际情况进行工资奖金发放方法的节税考虑。其主要途径就是，通过发放支付的筹划，尽可能地将员工全年大部分收入控制在一个最低的税率档次中。同时，要尽量避免多次累计发放奖金或补贴，从而形成适用税率提高多缴纳税款的现象。总的原则是，将收入平均实现，以避开高税率，在月收入适用税率不低于年终奖金适用税率条件下，只要不使年终奖金的适用税率提升一级，应尽量将各种奖金都放入年终奖金一起发放。但如果月收入适用税率本身已低于年终奖金适用税率，那又可以将奖金调换入工资收入。这里，临界点是筹划的关键。

四、个人投资的个人所得税筹划

随着经济的发展和个人收入水平的不断提高，个人投资在经济生活中占有越来越重要的地位，个人投资也成为越来越热门的话题。作为个人投资者，在进行投资前必然会对不同的投资方式进行比较，选择最佳方式进行投资。目前，个人可以选择的投资方式主要有：作为个体工商户从事生产经营、从事承包承租业务、成立个人独资企业、组建合伙企业、设立私营企业。在对这些投资方式进行比较时，如果其他因素相同，投资者应承担的税收，尤其是所得税便成为决定投资与否的关键。下面就各种投资方式所应缴纳的所得税作一分析。

（一）个体工商户的税负

个体工商户的生产经营所得和个人对企事业单位的承包经营、承租经营所得，适用5%～35%的五级超额累进税率。某个体工商户年营业收入54万元，营业成本42万元，其他可扣除费用、流转税金2万元，

其年应纳税额为（540000－420000－20000）×35%－6750（个人所得税速算扣除数）＝28250元，

税后收入为100000－28250＝71750元。

个体工商户的实际税负为28.25%（28250÷（540000－420000－20000）×100%）。

（二）个人独资企业的税负及筹划

税收政策规定，从2000年1月1日起，对个人独资企业停止征收企业所得税，个人独资企业投资者的投资所得，比照个体工商户的生产、经营所得征收个人所得税。这样个人独资企业投资者所承担的税负依年应纳税所得额及适用税率的不同而有所不同。例如：年应纳税所得额为6万元，适用税率为35%，应纳个人所得税60000×35%－6750（个人所得税速算扣除数）＝14250元，实际税负为14250/60000×100%＝23.75%。

如果适当进行筹划，就能起到很好的节税效果。

【案例5－18】　个人独资企业的个所税筹划

王某开设了一个经营水暖器材的公司，由其妻负责经营管理。王某也经常承接一些安装维修工程。每年销售水暖器材的收入为4万元，安装维修收入为

2万元。

全年应纳所得税为 60000×35% －6750（个人所得税速算扣除数）＝14250元。

现在王某和妻子决定成立两个个人独资企业，王某的企业专门承接安装维修工程，王妻的公司只销售水暖器材。在这种情况下，假定收入同上，

王某和妻子每年应纳的所得税分别为 20000×20% －1250（个人所得税速算扣除数）＝2750元和 40000×30% －4250＝7750元，

两人合计纳税 2750＋7750＝10500元，每年节税 14250－10500＝3750元。

实际税负由 23.75% 下降到 17.5%（10500/60000×100%），税负下降了 6.25个百分点。

（三）合伙企业的税负及筹划

合伙企业是指依照合伙企业法在中国境内设立的，由各合伙人订立合伙协议，共同出资、合伙经营、共享收益、共担风险，并对合伙企业债务承担无限连带责任的赢利性组织。在合伙企业中合伙损益由合伙人依照合伙协议约定的比例分配和分担。合伙企业成立后，各投资人获取收益和承担责任的比例就已确定。和个人独资企业一样，从2000年1月1日起，对合伙企业停止征收企业所得税，各合伙人的投资所得，比照个体工商户的生产、经营所得征收个人所得税。但是由于合伙企业都有两个及两个以上的合伙人，而每个合伙人仅就其获得的收益缴纳个人所得税。

【案例5－19】　合伙企业的个所税筹划

某合伙企业有5个合伙人，各合伙人的出资比例均为20%，本年度的生产经营所得为30万元，由各合伙人按出资比例均分。这样每个合伙人应纳的个人所得税为 300000×20% ×35% －6750（个人所得税速算扣除数）＝14250元，税后收入为 60000－14250＝45750元。合伙企业每个合伙人的实际税负为 23.75%（14250/60000×100%）。

（四）私营企业的税负及筹划

目前设立私营企业的主要方式是成立有限责任公司，即由两个以上股东共同出资，每个股东以其认缴的出资额对公司承担有限责任，公司以其全部资产对其债务承担责任。作为投资者的个人股东以其出资额占企业实收资本的比例获取相应的股权收入。作为企业法人，企业的利润应缴纳企业所得税。当投资者从企业分得股利时，按股息、红利所得缴纳20%的个人所得税。这样，投资者取得的股利所得就承担了双重税负。由于单个投资者享有的权益只占企业全部权益的一部分，其承担的责任也只占企业全部责任的一部分。但是，因其取得的收益是部分收益，企业缴纳的所得税税负个人投资者也按出资比例承担。

【案例5－20】　私营企业的个所税筹划

个人投资者占私营企业出资额的50%，企业税前所得为12万元，所得税税率为33%，

应纳企业所得税120000×33%＝39600元。

税后所得为120000－39600＝80400元。

个人投资者从企业分得股利为80400×50%＝40200元。

股息、红利所得按20%的税率缴纳个人所得税。

这样投资者缴纳的个人所得税为40200×20%＝8040元。

税后收入为40200－8040＝32160元。

实际税负为（39600×50%＋8040）/（120000×50%）×100%＝46.4%。

在上述几种投资方式中，一般来讲，在收入相同的情况下，个体工商户、个人独资企业、合伙企业的税负是一样的，私营企业的税负最重。但个人独资企业、合伙企业、私营企业三种形式的企业，是法人单位，在发票的申购、纳税人的认定等方面占有优势，比较容易开展业务，经营的范围比较广，并且可以享受国家的一些税收优惠政策。

在三种企业形式中，私营企业以有限责任公司的形式出现，只承担有限责任，风险相对较小；个人独资企业和合伙企业由于要承担无限责任，风险较大。特别是个人独资企业还存在增值税一般纳税人认定等相关法规不健全不易操作的现象，加剧了这类企业的风险。而合伙企业由于由多方共同兴办企业，在资金的筹集等方面存在优势，承担的风险也相对较少。相对于有限责任公司而言，较低的税负有利于个人独资企业、合伙企业的发展。个人投资者在制定投资计划时，应充分考虑各方面的因素，选择最优投资方案。

第二篇

个人投资理财

在第一篇个人理财入门的基础上，本篇主要阐述如何运用各种投资工具进行理财。首先介绍了个人投资的一些基本知识，然后分别介绍了证券投资理财和实物投资理财的运用。其中证券投资理财介绍了股票、债券和证券投资基金理财，实物投资理财介绍了房产、黄金、邮票及其他实物投资理财。

第六章 个人投资基本知识

- 储蓄是投资吗？
- 投资回报越高的工具就一定越好吗？
- 我应该成为怎样的投资者？
- 投资回报率如何计算？

第一节 投资概述

投资是个人理财的一个非常重要的方面。各种理财目标的实现最后都要依靠投资来实现。在学习具体的投资工具运用前，需要了解投资的一些基本知识。

一、投资的概念

投资是指运用持有的资金，购买实物资产或金融资产，或者取得这些资产的权利，以在一定时期内获得资产增值和一定收入（固定的或非固定的）。

投资不同于储蓄，储蓄是将收入中的节余部分，放到安全的地方，如银行等。而投资是使用储蓄，将储蓄资金投资到一定的工具中，获得一定的收益。要实现个人理财目标，必须依靠投资。

二、投资的基本特征

投资具有收益性、风险性和流动性的基本特征。

（一）收益性

投资代表了对一定数额某种资产的所有权或债权，拥有资产的所有权或债券意味着拥有资产的收益权和处置权，因此，具有收益性是投资的基本特征。资产的收益主要来源于两方面：一是资本利得收益，即买卖的价差，例如以10元/股的价格买入股票，后又以18元/股的价格卖出该股票，买卖的价差8元/股就是资本利得；二是收入收益，包括租金、股息、红利、利息等，如投资国债每年可获得的利息就是收入收益。

（二）风险性

投资的收益是考虑投资时的主要指标，但不是收益越高的投资就越好，因为投资具有风险性。投资的风险性是指投资者面临预期收益不能实现，甚至本金遭受损失的可能性。例如张先生打算投资入股朋友的公司，通过分析，张先生认为该投资预期能给他每年带来10%的回报率，目前一年期定期存款利率为2%，该投资能满足他的投资要求，因此他实施了该投资。后来的事实证明，该投资每年只给他带来5%的回报率，虽然没有发生亏损，但是张先生预期的每年10%的回报率并没有实现，这就是一种损失，因为如果张先生开始就知道这项投资每年只能为他带来5%的回报率的话，他可能转向其他回报差不多，但更安全的投资了。当然，这种风险是投资者自己选择的风险，属于风险管理中提到的投机风险。

（三）流动性

流动性是指投资者可按自己的需要灵活地转让投资以换取现金。流动性是投资的生命所在，不同投资的流动性不同。例如股票、债券等标准化，并且具有公开交易市场的投资工具流动性强，而合伙企业、有限责任公司入股投资则流动性差。

三、投资的基本原则

理财者投资时，要充分考虑以下基本原则：

（一）收益风险原则

人们都不喜欢风险，如果有两种投资方式，它们在除了风险以外的其他方面条件都相同，人们肯定选择风险较小的投资。这并不是说人们不敢冒险，而是意味着人们需要更多的收益来弥补其承担的更大风险。

为了促使投资者去冒险，风险高的投资就会得到更高的收益。比如有两种投资方式，其中一个风险高，风险高的投资收益率就会高于风险低的收益率。由此可以得到投资的第一条原则：一项投资的预期收益率随风险递增。投资的风险越大，期望的收益率就会越高。如果期望得到高的收益率就必须承担高风险。

（二）分散投资

根据投资的第一条原则，要获得高收益就必须承担高风险。那么有没有可能在获得高收益的同时降低投资风险？答案是肯定的，可以通过分散投资降低风险。分散投资是指将资金分散在不完全相关的不同投资方式上。用通俗的话来说就是不要把所有的鸡蛋放在一个篮子里，比如不将所有资金投资在一只股票上。

1. 分散投资原理

假定有两种投资方式X和Y，它们的预期收益率如下：X将来一半时间的年预期收益率为20%，另一半时间的年预期收益率为-5%。Y也具有同样的预期收益率，即一半时间是20%，另一半时间是-5%。并假设，X的收益率是20%时，Y的收益率是-5%；X的收益率是-5%时，Y的收益率是20%。换而言之，X和Y完全负相关——也就是说，它们反方向运动，X最好时Y最糟，X最坏时Y最好。投资者有1000元进行投资。

（1）集中投资。投资者把这1000元全部投在X或Y上，X和Y的期望收益率可以用以下公式计算：

X的期望收益率：

$$E(X)=50\%\times20\%+50\%\times(-5\%)=7.5\%$$

Y的期望收益率：

$$E(Y)=50\%\times(-5\%)+50\%\times20\%=7.5\%$$

X和Y获得期望收益率所面临的风险可以用标准差衡量，其计算公式如下：

X的标准差：

$$S(X)=[50\%\times(20\%-7.5\%)^2+50\%\times(-5\%-7.5\%)^2]^{0.5}=12.5\%$$

Y的标准差：

$$S(Y)=[50\%\times(-5\%-7.5\%)^2+50\%\times(20\%-7.5\%)^2]^{0.5}=12.5\%$$

这样，X和Y具有相同的预期收益率（期望收益率）和风险（标准差）。

（2）分散投资。投资者把这1000元平均分配到X和Y上，这样有两种可能性。

1）X的收益率是20%，Y的收益率是-5%，投资的总收益率是：

$$\frac{500\times20\%+500\times(-5\%)}{1000}=7.5\%$$

2）X的收益率是-5%，Y的收益率是20%，投资的总收益率是：

$$\frac{500\times(-5\%)+500\times20\%}{1000}=7.5\%$$

因此，投资收益率为确定的7.5%。这个例子说明，通过分散投资，可以降低投资风险——从12.5%到0——而不牺牲收益，这就是分散投资产生的效益。

值得注意的是，只有各种投资是完全负相关情况下，分散投资后，投资组合的风险才能为零。也就是说，各种投资之间的相关系数越小，分散投资后，投资组合的风险就越低。

2. 分散投资的种类

既然分散投资能够在不降低收益的同时降低投资风险，那么应该怎样进行分散投资呢？分散投资主要有以下种类：

（1）不同投资类型的投资组合

不同投资类型的投资组合是指通过将资金分散在具有不同投资收益和风险的投资类型中，从而降低整个投资组合的投资风险，例如常见的投资方式有银行存款、债券和股票。从长期看，股票的收益率比债券高，债券的收益率比银行存款高，然而短期内投资收益率往往不遵循以上规律。如果人们能够很好地预期在某一时点上何种投资方式会表现最好，他们就会把所有的资金都投资到该投资方式上，以期获得最大回报。但研究表明，如此理想的情况几乎是不可能出现的，更现实的情况是人们无法很好地预期未来哪种投资方式会表现最好，这时正确的方法是将资金分散到各种资产上，即把钱投入到各种投资方式——股票、债券、银行存款中，在不同投资类型上的分散投资，称做资产分配。资产分配之所以有效，是因为各种主要投资方式之间并非完全正相关，当建立一个包括银行存款、债券、股票的投资组合，既可以获得期望的收益率，又可以将风险控制在能接受的范围内。

（2）同种投资类型的多样化资产组合

同一投资类型当中，由于性质等的不同，各种具体投资品种会面临不同的风险，这时可以在这些具体品种之间进行分散投资。

例如同样是股票，股票与股票之间面临不同的投资风险，因此，在股票投资时，可以将资金分配到不同的股票中。那么到底需要买多少只股票呢？根据分析，要想分散股票投资风险，至少应投资 20～30 只股票，具体可以按以下方式操作：1）按照长期投资股票、中期投资股票和短期投资股票分散投资；2）也可以按照所投资的行业分散投资；3）同时购买 20～30 只股票需要投入大量的资金和精力，这对于很多人来说，是非能力所及的事情，这时可以考虑证券投资基金。

再如房地产投资，可以将资金按照以下不同方法分散投资：按照投资地点分散投资；按照房地产种类分散投资；按照地段分散投资；按照户型分散投资等。

（3）全球分散投资

即使在某个国家或地区进行了各种投资类型的分散投资和同种投资类型的分散投资，当一个国家或地区发生如战争、强烈地震、洪水等灾难或经济衰退时，将资金集中在该国家或地区仍会面临巨大的投资风险，这时可以考虑将资金分散在不同国家、不同地区。因为不同国家和地区的经济形势和自然条件等不可能完全正相关。

（4）时间分散投资

在长时间内，高风险项目所面临的风险要远远小于短期投资这些项目所面临的风险，因此可以将资金进行时间分散投资，即长期投资于高风险项目，将降低其投资风险，提高投资效益，如长期投资房地产、股票等。

四、投资者的6个等级

按照投资水平，投资者可以分成6个等级。

（一）一无所有的投资者

这些人没有钱用来投资。他们不是花掉了他们挣来的每一分钱，就是花得比挣得还多。有很多有钱人会处在这个等级，不幸的是，很多成年人属于这个等级。

这些人通过借钱解决财务问题，当他们拥有一些资产时，实际上是他们的债务水平提高了。对于这些人来说，他们对金钱没有意识也没有好的花钱习惯。他们拥有的任何有价值的东西都与负债有关。他们无节制地使用信用卡，把债务转成长期家庭资产贷款，这样他们就能结算他们的信用卡，然后再次开始消费。如果他们的房价上涨，他们将再次使用住房贷款，或者购买一所更大更贵的房子。

他们相信房产的价值只会上涨。那些低首期支付，轻松每月支付的广告词总是吸引他们的注意力。听了这些话，他们经常去购买容易贬值的玩意，如汽车或者去度假。他们把这些容易贬值的东西看成是资产，到银行要求另一项贷款，同时他们奇怪为什么他们的状况变得很糟。购物是他们喜爱的运动方式。他们购买他们并不需要的东西。

他们想，把债务拖延很长时间是明智的。他们欺骗自己，相信自己将来会更加努力地工作，会在某一天付清他们的账单。因此他们花掉挣来的每一分钱，或者更多。他们是彻底的消费者。商店老板和汽车交易商喜欢这些人，如果他们有钱，就花掉它；如果没有，就去借。当被问到他们的问题出在哪儿时，他们会说他们挣的钱不够多。他们认为更多的钱会解决这个问题，其实无论他们挣多少钱，他们还是会欠更多的债。

大多数这样的人都没有意识到，他们今天挣到的钱在昨天对于他们来说是一份幸运或者是一个梦想。但是今天，即使他们得到了昨天作为梦想的收入，他们还是会觉得远远不够。他们看不出问题不在于他们的收入，而是在于他们用钱的习惯。一些人甚至认为他们的状况无法挽救，因而放弃了努力。结果，他们把头埋得更深，并继续做相同的事情。他们生活在严重的财务灾难中，期望他们的财务问题会奇迹般地消失，或者假想他们总会有足够的钱满足他们的购物欲望。这个等级的投资者通常看起来很有钱，他们有宽敞的房子，漂亮的汽车……但是如果检查一下，会发现他们是用借来的钱购物。他们也可能挣到很多的钱，但是他们随时会发生财务危机。

对于这些人来说，更多的收入、更多的钱并不能解决他（她）们面临的财务问题，唯一的办法是改变消费习惯。

【案例6-1】 英国200万人要终生还债

在个人信贷业发达的英国，先花钱后还债的理财观念使数百万人成为负翁和负婆。据英国最大个人债务管理公司无债指导估计，约200万英国人负债严重。

该公司负责个人破产事务的主管德里克·奥克利说：除非彩票中奖或继承亲人遗产，否则他们将永远无法还清债务。

英国包括抵押、个人贷款和信用卡消费等在内的个人债务总额每4分钟就增加100万英镑（约合190万美元）。每7分钟就有一个英国人因债务缠身，无法解脱而破产。

按照这一速度计算，《每日邮报》援引无债指导公司的统计数据说，目前严重负债的人约有200万，相当于伯明翰市人口的两倍。他们已经没有回头路可走，而他们现在的收入也只够交付每月最低还款额，除非大风刮来钱，否则他们将在余生不停还债。

贝克蒂利会计师事务所主管个人破产事务的路易丝·布里顿说，个人债台高筑主要是为错误消费理念所害。

这里发生巨大文化转变。我们生活在一个“现在买，以后还”或“现在买，不用想以后还不还”的社会，布里顿说，有数百万人生活超出他们预期，因为他们认为他们有权这么做。他们靠信用卡生活。

破产咨询从业人员萨拉·南克雷斯说：英国淹没在债务里。

问题是，人们在负债后，把头埋在沙子里，南克雷斯说，大部分向我们寻求帮助的人实际上从未真正计算过他们欠了多少钱，当他们知道巨额数字后，他们震惊了。

资料来源：《都市快报》2006-11-22。

（二）储蓄者

储蓄者与一无所有的投资者不同，他们总是量入为出，并且尽可能存钱，但是他们不懂投资，所以钱都放在银行存款等低收益品种当中，当发生通货膨胀时，他们的资金不但没有升值，反而会贬值。

这些人通常定期地把一小笔钱放起来。这笔钱以低风险，低回报的方式保存，如货币市场基金、储蓄存款或者大额存单。

他们储蓄通常是为了消费而不是为了投资（例如，他们攒钱买新电视、汽车、去度假等）。他们相信现金支付，害怕信用卡和负债，他们喜欢把钱放在银行里的那种安全感。甚至在今天储蓄带来负收益（除去通货膨胀和税收因素后）的经济环境中，他们也不愿去冒险。

这个等级的人经常浪费他们最宝贵的资产——时间，却去试图节省某一分钱。他们花几个小时从报纸上剪下赠券，然后在超市中，排着长队，笨拙地找到那些赠品。

如果不去努力地省钱，而把这些时间用来学习如何投资，若他们在1990年投资到股票市场上，或者投资到房地产中，到2000年可以获得百分之几百甚至几千的收益率。但是，他们对安全感的强烈需求，也是出于恐惧，这迫使他们把储蓄用于低回报投资，如银行的大额存单项目。

储蓄在农业时代是个好观念，但是当进入工业时代时，储蓄就已经不再是明智的选择了。通货膨胀使得简单的储蓄已成为非常糟糕的投资选择。在通货膨胀时期，储蓄的人最终都成了赔钱者。

有些储蓄是件好事，如在银行中保持可支付半年到一年的生活费的现金。但是在这之后，有比银行储蓄好得多也安全的投资工具。把钱放在银行并收取2%的利息，而让别人获得15%或者更多的收益，这种做法无论如何都不能说是一个明智的投资策略。

（三）自以为是的投资者

这类投资者一般都受过良好的教育，他们进行一些投资，对投资有些了解但不是很在行，但他们相信自己的投资能力，只信赖自己的判断，听不进任何的忠告，总是有自己的一套理论，最后在投资上花费了大量时间和金钱，却收获甚微。

（四）长期投资者

这类投资者非常清楚投资的必要性，他们积极地参与自己的投资决策。他们会十分清楚地列出长期计划，并通过该计划达到他们的财务目标。他们在真正投资之前，会投资于他们的自身教育。他们利用周期性投资，并在任何可能的时候最大限度地利用税收的好处。最重要的是，他们向有能力的金融规划师征求意见。尽管投入的时间并不多，他们却正在投资于不动产、企业、商品，或者任何其他投资工具。而且，他们采用保守的长期策略。

有些人不喜欢风险，他宁愿集中精力于他们的专业工作或职业上，也不愿花大量的时间去学习投资。对于这些人来说，如果想过一种成功富裕的生活，应该从以下方面着手，尽快成为长期投资者。

1. 制订理财计划

弄清楚每月投资多少钱，用多长时间按投资收益率获得收益，以最终实现目标——计划在多少岁时停止工作以及每月将需要多少钱。

2. 控制消费习惯，最小化债务

有了长期计划之后，需要控制消费习惯，尽可能减少消费负债，并把一小笔钱（定期地）放在一个绩效最好的证券投资基金上，只要及早地开始并时刻监督自己的行为，那么在积累财富方面将有个良好的开端。

3. 投资简单化

不要频繁地改变花样。忘掉那些复杂的投资，只做绩效好的股票和证券投资基金投资，赶快学会如何购买封闭式基金，不要试图超越市场，要聪明地使用保险工具，把它作为保护措施而不是积累财富的措施。但是始终记住，没有百分之百保险的投资，指数基金同样有其固有的缺陷。

4. 投资从小额交易开始

投资不必等有了大量资金才行动，从小额交易开始。不用担心是对是错，开始做就行了。一旦投了一些钱进去……仅仅用一小笔钱开始，就会学到很多东西。钱可以迅速增加智力，总有机会加入更大的游戏，但是如果不开始，将永远无法挽回在等待做合适的事情或做大额交易时失去的时间和受教育的机会。小额交易通常导致大额交易，但是首先必须开始。

（五）老练的投资者

这些投资者财力充足，能够追寻更积极的或者更有风险的投资战略。他们有良好的财务习惯，坚实的财力基础和卓越的投资智慧。他们实行集中化，而不是通常的多样化投资战略。他们有长期连续的获胜记录，但也赔了很多钱，这给他们带来智慧，而这些智慧只能从犯过的错误中获得。

这些投资者经常进行成批而不是零售投资，就像有些人从零售商那儿购买电脑，而有些人购买元件，然后攒出一台自己的电脑一样，老练的投资者把不同的投资放在一起，组合成他们自己的投资。

他们将全部资产的不到20%用于投机性投资。他们通常在开始时投入很少的钱，这样他们能学会各种投资，如股票、企业取得权、不动产组合、购买抵押品等。如果他们损失了这20%，他们也不会破产或者没钱吃饭。他们会把这次失败看成是一次教训，从中学习，然后再回到游戏中学习更多的东西。

（六）资本家

世界上只有少数人能达到这个投资精英所在的等级境界。这种人通常既是优秀的B，又是优秀的I，因为他或她能够同时创造企业和投资机会。

资本家的目的是通过把别人的钱、别人的智慧和别人的时间和谐地组织在一起，为自己和他人赚取更多的钱。通常他们作为发动者和引导者，用资金创造工作、企业和产品。

老练的投资者通常用他们自己的钱为自己的资产组合创造投资，而真正的资本家通过使用别人的智慧和财富，为自己和他人创造投资。真正的资本家创造投资，然后把它们卖给市场。真正的资本家挣钱不需要自己有钱，因为他们知道如何使用别人的钱和别人的时间。资本家创造投资，他人则购买这些投资。

在运行良好的经济时期，真正的资本家做得很好；在运行不良的经济时期，真正的资本家变得更富。资本家知道，经济混乱意味着新的机遇。他们总是在人们发现到机会的几年前早已参与这种机会产生出来的项目、产品、公司或者国家的有关活动。

与老练的投资者一样，这个等级的投资者也是优秀的金钱管理员。当考察这个等级的大多数人时，常常发现他们对朋友、家人和教育十分慷慨。洛克菲勒帮助创建了芝加哥大学，摩根不只是用钱影响了哈佛，其他资本家用他们的名字命名他们帮助创建的机构，他们不仅是伟大的工业领袖，而且对教育做出了巨大的贡献。

五、投资工具

根据复利终值公式 $FV = PV \times (1+k)^n$，终值 FV 是经过一段时间后要实现的目标，PV 是目前拥有的资产，n 是实现目标的时间，k 是投资收益率。在投资目标确定，实现目标时间确定，目前拥有的资产确定的情况下，要实现目标，必须运用投资工具实现既定的投资收益率。根据形态不同，投资工具主要分为两大类：实物投资工具和金融投资工具。

（一）金融投资工具

金融投资工具是指银行、证券公司等金融机构提供的投资工具，主要包括银行存款、股票、债券、证券投资基金、外汇、期货等，常用的金融投资工具是证券投资工具。

（二）实物投资工具

实物投资工具是指具有实物形态的投资工具，主要包括房地产、黄金珠宝、邮票、古玩、艺术品等。

证券投资理财和实物投资理财将在后面章节中详细介绍，这里就不再赘述。但要强调的一点是，虽然没有一个投资者能够精通所有这些投资工具，但是精通其中的某几种，并且了解每一种投资工具是必要的，因为机会只会给有准备的人，你不熟悉的投资工具中可能隐藏着巨大的投资机会。

【案例6－2】　投资技巧

反潮流投资获益大

美国亿万富翁比尔·盖茨投资致富的秘诀很简单：别人卖出的时候买进，等到别人都在买的时候卖出。大多成功的股民是在股市低迷无人入市时建仓，在股市热热闹闹中卖出获利。

投资者具备了独立思考的勇气和能力，并不需要特别的培训和系统学习，就能得心应手地应用这种反潮流操作的赚钱方法。当市场喜讯频传，经济报道极为乐观诱人之时，可能将很快到达股市顶峰，因为这时股票价格往往很高，如果没有持续上涨的理由和政策支持，那么就应该考虑卖出。市场回升时，不但上市公司利润增加，股价的上涨往往超过公司利润的上涨，这时在股市低迷或经济不景气时购股的投资者可以获得丰厚的收入；反之，当股市一片卖单，人人悲观失望，一切处于低潮时，就是投资良机，因为此时股价往往较低，只要资金尚无较好去处，可大胆介入买股，然后长期持有必有厚利。

很多投资者从众心理极强，一窝蜂地买进、一窝蜂地卖出，有时可能赚些小利，但费时间耗精力，动作稍微一慢，或者被套，或者割肉赔钱。而反潮流买卖股票者，抢先一步买入，抢先一步卖出，轻轻松松赚大钱，当然这需要不凡的勇气，以及对经济大势和上市企业的了解。

投资冷门有高回报

老戴是位玩书画已5年的大学教授，在圈内有一个外号叫反派王，因为他专门收集反派人物的书画作品。以前他也像常人一样热衷于热门的名家书画，如张大千、齐白石、吴昌硕，但不久就陷入了误区：

一是收藏名家作品投资大，动辄几十万元，不仅投入多，而且花钱也难买到；

二是赝品多，不善识别的人往往花了冤枉钱，得不到回报。而反派人物书画水平并不是最高，但因出自政治名人之手，其价位的潜力惊人，且反派人物笔迹遭唾弃，不易保存，反而物以稀为贵。

一位专门收集票证的收藏家私下透露了他的冷门捷径：炒粮票。粮票本无价，但它作为中国特定历史时期的产物，在票证中独树一帜。目前虽关注的人较少，但潜在的增值性不可低估。据说，香港几家邮社以100港元以上的标价大量征集成套粮票，特别是早期文革粮票。有齿、变体、生肖系列及特殊用途的粮票价格不断看涨。

根据自己性格选择投资方式终生受益

敢冒风险的人投资股票。这种人喜欢刺激，把冒风险看成是浪漫生活中的一项重要内容。他们一经决定，就义无反顾地参与炒股活动，甚至终生不渝。

稳重的人投资国债。这种人有坚定的目标，讨厌那种变化无常的生活，不愿冒风险，喜欢购买利息较高，但风险极小的国库券。

脚踏实地的人投资房地产。他们干劲十足，相信自己的未来必须靠自己的艰苦奋斗。他们知道，房地产是长期的、最赚钱的投资。

信心坚定的人选择定期储蓄。这种人在生活中有明确的目标，没有把握的事不干，对社会及朋友也守诺言，不到山穷水尽不改变自我。

井然有序的人投资保险。这种人生活严谨，有板有眼，不期望发财，但满足于眼前，一旦遇到意外，也有生活保障。

审美能力高的人投资收藏。这类人对时髦的事物不感兴趣，对那些稀有而珍贵的东西则爱不释手。

百折不挠的人搞期货。这类人不满足于小钱小富，决心在金融大潮中抓住机遇，即使是失败了，也不灰心，放长线，闯大浪，不达目的不罢休。

总之，投资既是人人想做的事，又是一门学问，投资者只有从实际出发，脚踏实地，发挥自己的专长，善用自己的智慧，才能得到较好的回报。

第二节 投资回报度量

作为一个理性的人，在进行投资决策时，总是会选择投资回报高的项目，那么如何度量投资的回报呢？

一、度量期

银行存款的利率按年计算，股票的投资收益按投资期限（如4个月）计算，由于时间长度不同，难以比较哪项投资更优。为了方便比较不同投资项目的收益情况，需要确定一个相同的期限，就是度量期（通常是1年，有时也用月、星期等）。如1万元存1年定期，可得利息200元；如果买股票，投资4个月，可得100元，换算后，就是一年可得300元，比存银行收益高，应该选择买股票。

二、货币时间价值

任何财务决策都涉及一定跨度的成本和收益计算，必须根据未来的收益评估当前的投资，因而不可避免地要对不同时期的货币价值进行比较。

（一）货币时间价值含义

货币的时间价值是指当前持有的一定量的货币，比未来获得的等量货币具有更高的价值。从经济学理论的角度而言，现在一单位货币之所以与未来一单位货币购买力不同，是因为要节省现在的一单位货币不消费而在未来消费，则在未来必须有大于一单位的货币可供消费，作为对延迟消费的弥补。

（二）货币具有时间价值的原因

货币之所以具有时间价值，至少有3方面的原因：

1. 货币可用以投资，获得收益，从而在未来拥有更多的货币量。货币即使存在银行，也能获得一定收益。例如，1元货币存入银行1年后能变成1.02元，因此，1年前的1元货币价值要大于1年后的1元货币价值。

2. 货币的购买力会因通货膨胀的影响而随时间改变。长时期内总是存在一定的通货膨胀，例如，10年前1斤大米的价格为0.70元，目前，1斤大米的价格为1.60元，10年前的1元钱与10年后的1元钱相比，能买到更多的大米，因此，10年前的等量货币与10年后相比就具有更高的购买力。

3. 未来的预期收入具有不确定性，所以现在一单位货币收入比未来一单位货币收入更值钱。

本章主要考虑货币由于投资所具有的时间价值。

(三) 货币时间价值原理

1. 投资期等于度量期，并且在期初投入本金期末收回本金和收益

张先生在银行中存入1000元，银行存款年利率为2%，1年后他收回了1000元的本金和20元收益，合计1020元。这1020元被称为1000元在2%贴现率（简称k）下1年后的终值（简称FV）。反过来，1000元被称为1020元在2%贴现率下1年前的现值（简称PV），可以将以上概念用公式表示：

终值：$FV = PV \times (1 + k)$

现值：$PV = FV / (1 + k)$

例如：

$FV = 1000 \times (1 + 2\%) = 1020$

$PV = 1020 / (1 + 2\%) = 1000$

实际上，上述两个公式是一个等式，可以根据需要解决问题的不同而变换。如果知道了现值和终值，也可以用上述公式计算贴现率。

2. 投资期大于度量期，并且在期初投入本金期末收回本金和收益

当投资期大于度量期时，就出现了新的问题，即前面获得的收益是否能够继续产生投资收益。例如，张先生将1000元存了3年期定期存款，年利率为2.952%，按年计息。第1年末应得利息29.52元，这29.52元的利息在以后的两年内是否能产生利息呢？根据利息能够产生利息，有两种利息计算方式：单利计息和复利计息。

（1）单利计息

单利计息方式下，每期都按初始本金计算利息，当期利息即使不取出也不计入下期的计息基础，每期的计息基础不变。现行的银行存款计息方法采用的就是单利计息法。因此，上例中张先生存的3年期定期存款第1年、第2年产生的利息不产生新的利息。其终值和现值可用以下公式计算：

单利终值：$FV = PV \times (1 + k \times n)$

复利终值：$PV = FV / (1 + k \times n)$

（2）复利计息

复利计息方式下，每期都按上期期末的本利和作为当期的计息基础，即通常所说的利上加利，不仅要对初始本金计息还要对上期已经产生的利息再计息，每期的计息基础都在变化。投资实务中银行贷款、信用卡贷款等都是按月计收复利，即每个月产生的贷款利息计入下月的计息基础。复利终值和现值可用以下公式计算：

复利终值：$FV = PV \times (1 + k)^n$

复利现值：$PV = FV / (1 + k)^n$

计算复利现值和终值的两个公式运用得非常普遍，通过它们，可以对现在

和未来的任何模式的现金流进行比较。复利终值计算公式中的 $(1+k)^n$ 被称为复利终值系数，附录中提供了一份复利终值系数表，含义是1元货币在不同投资期和不同利率水平下的复利终值。现值计算公式中的 $1/(1+k)^n$ 称为复利现值系数，附录中提供了复利现值系数表，含义是1元货币在不同的投资期和不同利率水平下的复利现值。通过复利终值系数表和现值系数表，可以找到既定利率水平和投资期下对应的系数，再与所对应的资金相乘，就可以方便地得到复利现值和终值。

对于投资者来说，没有什么因素比时间的复利更具影响力了。有一个故事，说的是印第安人要想买回曼哈顿市，到2000年1月1日，他们得支付2.34万亿美元。这个价格正是1626年他们出售的24美元价格以每年7%的复利计算的数字。让财富按照复利方式积累并尽可能免征税收，个人可以有效提高自己的财富数量。

【案例6-3】　投资翻倍的72律

投资实务中的一个很有趣的问题是：在投资收益率给定的情况下，一笔投资需要多长的时间才能翻倍。这个问题用数学表达式可以表示成：

$$(1+k)^n=2$$

通过简单的数学转化，可以算出：

$$n=0.72/k$$

这个公式被称为投资翻倍的72律，表6-1提供了一些投资翻番以及投资收益其他倍数数据备查。

表6-1　　投资成长的大致年份

收益率＼倍数	2	3	4	10
4%	18	28	36	59
10%	7.2	12	15	25
16%	4.5	8	10	16
20%	3.6	7	8	13
30%	2.4	5	6	9

（3）单利计息和复利计息的差别

不同的计息方法下，货币时间价值的计算结果截然不同，下面举例说明两种计息方法的差别。

【案例6-4】　单利计息和复利计息的差别

如将100元钱存入银行，在年利率为10%的情况下，两年后产生的利息（资金时间价值）为多少？

按单利计息法计算：第1年末的利息是100元×10%＝10元，第2年末的利息同样是100元×10%=10元，两年后产生的利息总额为20元。

再按复利计息法计算：第1年末的利息是100元×10%=10元，第2年末的利息则是（100+10）元×10%=11元，两年后产生的利息总额为21元。

显然在复利计息法下，第2年计息的基础已由单利计息法的100元变成了110元，其中100元是初始本金，10元则是第1年产生的利息，体现了不仅要对初始本金计息还要对上期已经产生的利息再计息的复利计息法的特点。

现实生活中，如果要达到复利计息的目的，让钱生出更多的钱，可以将资金存入1年后连本带息取出，然后作为下1年存款本金，存入1年后又连本带息取出，再作为下1年存款本金，以此往复进行，如果计息周期由1年缩短到半年或季度，则差异更明显。当然，这里只是单纯考虑了单利和复利的差别，如果考虑到存3年期定期存款利率（目前税后利率2.952%）大幅高于1年定存利率（2.016%）以及未来短期利率可能变化等因素，结果可能会不同。

虽然复利计息法同单利计息法相比较，计算过程更复杂、计算难度更大。但它不仅考虑了初始资金的时间价值，而且考虑了由初始资金产生的时间价值的时间价值，能更好地诠释资金的时间价值。

3. 年金

以上分析的都是在投资期初投入本金，在投资期末一次性收回本金和收益的情况。现在要介绍另外一种常见的现金流入流出方式——年金，即每隔一定时期收入或支出相等的资金。投资实务中常见的年金有：房东按月收取的租金；零存整取的银行存款；退休后按月领取的退休金；贷款后按月支付的贷款本息等。

要得到年金的现值和终值，不必分别计算每一期的现值和终值，然后再加总，用一些简单的数学推导就可以直接算出年金的现值和终值。

绝大部分年金都在每期期末支付，称为后付年金，如果年金在每期期初支付，称为先付年金。后面提到的有关年金问题都指的是后付年金。事实上，只要将后付年金的现值和终值乘以（1+k）就可以得到先付年金的现值和终值。因为先付年金每次的支付都在期初，相当于先付年金多了一个投资期。

假设年金每期的收付的资金为A。年金终值和现值可用以下公式计算：

年金终值：$FV = A\frac{(1+k)^n - 1}{k}$

年金现值：$FV = A\frac{1-(1+k)^{-n}}{k}$

根据以上公式，也可以计算每期收付的金额A。

【案例6-5】 住房抵押贷款月还款

张先生申请了一笔100000元，期限为10年的住房抵押贷款，月利率为0.4845%，按月征收复利，采用等额本息还款法，即每个月偿还相等的金额，问张先生每个月的还款额。

这是实务中典型的一种后付年金。按月支付固定数额的还款额，期数为 $10\times12=120$ 期。根据年金现值计算公式有：

$$100000=A\frac{1-(1+0.4845\%)^{-120}}{0.4845\%}$$

A = 1100.89 元

也就是说，张先生每个月需要还款 1100.89 元。

三、收　益

收益是在一定时期内，资金所有者所获得的以货币金额计量的报酬。如 1 万元存 1 年定期可获得 200 元收益；如果改为炒股票，4 个月可获得 100 元。将它们都换算成同一度量期的收益后，就可以判断这 1 万元到底是应该存 1 年定期还是买股票。

四、投资收益率

收益指标能直观反映投资者获得的货币报酬，但是对于投入资金不同的两项投资比较就无能为力了。比如 A 投资需要投入 1 万元，预计每年能获得收益 2000 元，B 投资需要投入 30000 元，预计每年能获得收益 3000 元，单从收益来说，B 投资收益高于 A 投资，但 B 投资为获得这些收益所付出的资金也更多，因此，无法单纯用收益来衡量 A 和 B 投资谁更优，需要引入相对的概念来分析。

投资收益率 =（期末资金 - 期初本金）/本金 × 100% = 收益/本金）× 100%，

它用来反映不同投入本金下的投资回报。

如上例中：

A 投资的年投资收益率 = 2000/10000 × 100% = 20%；

B 投资的年投资收益率 = 3000/30000 × 100% = 10%。

可以看出，A 投资优于 B 投资。

以上只是说明了在期初一次性投入本金，一个度量期后获得收益并收回本金的情况，在实际中，会出现许多复杂的情况，如有些投资是期初支付收益；有些投资期限超过一个度量期或少于一个度量期；有些投资投入本金或是收回本金不在一次完成。以下分别就这些情况分析其投资收益率的计算。

（一）投资期等于度量期

1. 实际收益率

如果在期初一次性投入本金，一个度量期后获得收益并收回本金，其投资收益率用实际收益率计算。某一度量期内的实际利率是指该度量期内得到的收益与此度量期开始时投资的本金之比。

【案例6-6】 单期投资实际收益率计算

张先生到银行存入1000元，第1年末他存折上的金额为1050元，第2年末他存折上的金额为1100元，问：张先生第1年、第2年的实际收益率分别为多少?

张先生第1年得到利息收益50元，第2年得到利息收益50元，但第1年投入本金是1000元，第2年投入本金是1050元，因此两年的实际收益率不同。

第1年的实际收益率：(50/1000) ×100% =5%

第2年的实际收益率：(50/1050) ×100% =4.76%

2. 实际贴现率

如果在期初一次性投入本金并提前获得收益，一个度量期后收回本金。其投资收益率用实际贴现率计算。具体计算公式为实际贴现率 = (期末本金 - 期初资金) /期末本金。常见的如短期国债就是用实际贴现率衡量票面利率。

【案例6-7】 单期投资实际贴现率计算

投资者买入一张贴现国债，面值为100元，票面利率为3%，1年期，买入价格97元，一年后收回本金100元。

投资者的买入价格97元是由投入的本金100元减去收到的债券利息3元。票面利率=收益/本金=3/100=3%。

当然，该债券的投资收益率也可以用实际收益率度量。

3/97=3.09%

可以看出，贴现债券的实际收益率大于实际贴现率。

(二) 投资期大于或小于度量期

1. 每期收益相同

在实务中，经常会出现一个度量期内获得收益次数不止一次，或者多个度量期中收益才支付一次的情况，即货币时间价值中所说的年金。为了方便比较，需要将其收益率转化为一个度量期内的收益率，这时，一个度量期(1年)的收益就称为名义的。在期初支付的称为名义利率；在期末支付的称为名义贴现率。

(1) 名义利率

用$i^{(m)}$表示每一度量期支付m次收益的名义利率，m一般为大于1的整数，如银行贷款还款每月支付一次，一年付12次。$i^{(m)}$是指每1/m个度量期(每1/m年)内支付一次收益，因此在每1/m个度量期内，实际利率为$i^{(m)}/m$。

例如，如果以1年为度量期，$i^{(4)}=8\%$的名义利率意味着每年要支付4次利息，每个季度的实际利率为8%/4=2%，而8%可以称为每年支付4次收益的年名义利率。

名义利率为 $i^{(m)}$ 的年投资收益率可以用以下公式计算：

$$k = \left[1 + \frac{i^{(m)}}{m}\right]^m - 1$$

【案例6－8】　住房抵押贷款实际利率

5年期以上住房抵押贷款年名义利率为5.814%，每年复利12次，求银行年实际收益率。

$$k = \left[1 + \frac{5.814\%}{12}\right]^{12} - 1 = 5.97\%$$

即年名义利率为5.814%的住房抵押贷款，其实际年利率为5.97%。

（2）名义贴现率

用 $d^{(m)}$ 表示每一度量期支付m次收益的名义贴现率，名义贴现率为 $d^{(m)}$ 的年投资收益率可以用以下公式计算：

$$d = 1 - \left[1 - \frac{d^{(m)}}{m}\right]^m$$

2. 每期收益不同

以上分析了每年获得m次相等收益的情况，实务中更常见的是每次收益不相等。当某项投资每年的投资收益率不同时，需要计算每年的平均收益率，以方便与其他投资比较。这时可以采用两种方式：算术平均收益率和几何平均收益率。

（1）算术平均收益率

算术平均收益率是将每期的收益率作简单平均，从而算出每期的平均收益率。

$$算术平均收益率 = \sum_{i=1}^{n} \frac{k_i}{n}$$

【案例6－9】　每期收益不同的年平均收益率计算

某项投资的期限为4年，这项投资每年的收益率分别如表6－2所示，求该投资这4年中的年平均投资收益率。

表6－2　投资项目各年的收益率

年　度	收益率（%）
1	17
2	8
3	2
4	15

这项投资的年算术平均收益率为（17%＋8%＋2%＋15%）/4＝10.5%

(2) 几何平均收益率

几何平均收益率 = $[\prod_{i=1}^{n}(1+k_i)]^{\frac{1}{n}}-1$

接上例，该项投资的年几何平均收益率 = $[(1+17\%)(1+8\%)(1+2\%)(1+15\%)]^{1/4}-1=10.34\%$。

(3) 算术平均收益率和几何平均收益率的实际运用

【案例6－10】　在2002年和2003年应该投资股票、基金还是银行存款

这个问题实际上就是要比较股票、证券投资基金和银行存款的年投资收益率。其中银行存款的年收益率直接就可以获得，对于股票和基金，由于上海证券交易所和深圳证券交易所的走势基本一致，因此股票和基金的年投资收益率可以考虑用上证综指和上证基金指数的涨跌来计算。例如股票2002年的投资收益率可以用上证综指2002年末的点数减去2002年初的点数之差，再除以上证综指2002年初的点数。股票、证券投资基金和银行存款2002年和2003年投资收益率的计算如表6－3所示。

表6－3　各年投资收益率计算表

项目		上证综指		上证基金指数		银行存款
		点数	回报率	点数	回报率	利率
2003年	2003－12－31	1497.04	10.27%	1016.96	7.92%	1.584%
	2002－12－31	1357.65		942.33		
2002年	2002－12－31	1357.65	－17.52%	942.33	－20.35%	1.584%
	2001－12－31	1645.97		1183.13		

由于每年的投资收益率不同，采用算术平均和几何平均的方法计算股票、证券投资基金和银行存款的年平均投资收益率，结果如表6－4所示。

表6－4　年平均投资收益率计算表

项目	股票	基金	银行存款
算术平均收益率(%)	－3.63	－6.215	1.584
几何平均收益率(%)	－4.63	－7.29	1.584

从表6－4中可以直观地看出，无论采用算术平均法还是几何平均法，在2002年和2003年投资股票和证券投资基金获得的收益都是负数，不适合投资，不如将资金存入银行。

这是一个简单的应用，人们可以根据自己的分析需要，采用更长的周期或更短的周期，计算各种投资方式的年平均收益率，根据过去的平均收益率预测该投资未来的收益率走势，从而为投资决策提供依据。

(三) 通货膨胀对投资收益率的影响

货币仅仅是交换的媒介，持有货币是为了使用它去购买需要的商品和服务。通货膨胀是商品和服务价格的总体上涨。如果宏观经济存在通货膨胀问题，衡量个人理财成功与否就不在于拥有多少钱，而是货币有多少购买力。

【案例6－11】　通胀如果来临，如何理财

近期，一个久违的词进入了人们的视线——涨价。

小麦价格涨了，钢材价格涨了，食用油价格涨了，鸡蛋价格涨了。央行货币政策司司长戴根有说：在我的家乡连食盐都涨价了。

一时间关于经济是否过热、通胀会否来临成为各方争执不休的热点问题。

2004年10月17日，国家统计局副局长邱晓华在发布第3季度经济数据时，做了相似的表述，他说：中国经济有热的方面，但也有冷的方面，既有通胀因素，也有通缩阴影。但是从国家统计局提供的一系列数据和分析来看，现在就断定中国进入通货膨胀显然还缺少依据，为时过早。

但是作为一个关注经济生活的理财人，应该在不同的宏观经济背景下采取不同的理财策略。在通货膨胀和通货紧缩的时期，人们的理财方式和观念会发生很大的不同，甚至完全相反，因此，就有必要提前知道，通货膨胀时期该怎样理财？

科学分配三种投向

资金无非有储蓄、投资、消费三种投向。那么怎样合理地、科学地分配三种投向的比例呢？传统上有三分的说法：1/3储蓄、1/3投资、1/3消费。但是此法过于教条，静止地处理了运动中的事物。而应该根据所处宏观经济环境的不同调整其分配的比例。那么怎么来衡量、把握尺度呢？可以利用经济增长率、通货膨胀率、利率三个经济指标来分析如何合理地、科学地分配资金投向。

利率上涨时期：减持股票债券

经济的发展是有周期性的，利率水平也会随着经济发展的不同情况上涨或下跌。一般说来，在低利率时期，人们的储蓄意愿会减弱，投资的收益普遍降低，但是由于股票的投资价值高于储蓄的收益，相对而言是个比较好的选择。

当物价开始上涨，出现通货膨胀的苗头时，这一时期经济增长率大幅提高，与之相随的是通货膨胀率的不断上升。众所周知，适度通货膨胀对经济的发展有利，但持续的、明显的、过度的通货膨胀则会对高速、平稳、健康发展的经济产生很恶劣的影响。一般认为，通货膨胀率在3%～5%之间是适度的、正常的，而超过5%则会带来更多的负面影响。

当物价持续上涨、利率也随之上调到5%以上时，尽管投资的利润丰厚，但风险也非常大，不仅要随时承担银根紧缩带来的经济减缓，而且还会因为可能上升的利率使资金成本大大提高，收益大打折扣，因此投资选择时应保持高

度谨慎的态度。由于利率上升的变动，定期存款显然不宜，股票和债券的持有量也应相应减少，而收益率高于储蓄利率的货币市场基金就显得较有优势，因为它的收益水平是灵活变动的，可以随着利率的升高而增加收益。在整个利率上升的过程中，购置房产应该是一个很好的投资途径，因为通货膨胀带来的房价上涨速度会远远高于利率的上升速度，所以买房不仅能保值，还能增值，可以较好地抵御通货膨胀带来的风险和压力。消费方面，尽管在这一时期购买力强劲，物价指数节节攀升，但拼命抢购很大程度上是因为货币流通失衡造成的盲目的、不健康的消费，回过头看，往往是多花钱少办事。20 世纪 80 年代末的抢购风潮已经很好地说明了这个问题。

利率下跌时期：增加长期储蓄和债券

但是，任何一个政府都不会坐视通货膨胀的无限度发展。在通货膨胀时期采取的调高利率等措施会逐步产生效应，通货膨胀率在发展到一定程度后会得到有效抑制，物价逐渐回落，同时经济增长速度放缓，进入衰退期。

在这一时期，货币流通量减少、速率下降，高利率造成的资金成本提高等诸多因素使投资回报下滑，投资难度越来越高，风险越来越大，此时应该减少投资压缩规模，以守代攻；经济衰退使个人的收益减少，尽管物价升势减缓，但因为经济状况的不确定性和个人收益的不确定性，也不宜大举消费，而是要捂紧钱袋以备后用。

因为利率呈逐步下降的趋势，这一时期购买长期的定期储蓄和长期债券就可以享受到稳定的高利率，不用担心降息后的收益损失。收益随利率调整而频繁波动的货币市场基金此时就不让人看好了，而捂在手中的房产此时却到了应及早抛售套现的时机，否则价格就会严重缩水。

当政府有效调控了通货膨胀后，经济增长缺乏动力，经济堕入萧条期。在这一时期，整个经济陷入低谷，货币流通量急剧萎缩，速率缓慢，消费信心指数低落，各行各业都经受着经济危机的严重困扰，通货紧缩的苗头又要显露了。

当银行利率降到低于 5% 甚至更低时，股票等价值高于银行利率的投资又活跃起来，储蓄不再是最合理、最科学的投资方式，适当减少储蓄的份额使之投资于增长较快的品种，提高资本的再生，不失为明智之举。人们在这一时期应该尽量地满足个人消费的需求，该花的钱就花。

第七章 个人证券投资理财

- 股票、债券和证券投资基金的收益和风险相同吗?
- 证券市场上的股票今天有些涨了，有些跌了，如何判断今天整个股市是涨还是跌?
- 如何开始买卖股票、债券和基金?
- 如何选择具体的股票?

学习证券投资需要从三个方面着手，第一是掌握证券投资的基础知识；二是学会证券投资的基本交易操作；三是掌握选择证券投资的基本方法即证券投资分析。本章就是按这三个方面展开。当然，这三个部分仅仅是基础，要真正能用证券投资工具为自己带来满意收益，还要在长期实践中多看、多学，摸清市场的规律，掌握一些必要的技巧，这在每种工具投资理财中会简单说明。

第一节 证券投资基础

证券投资是一门较为复杂的学问。在进行证券投资理财前，首先要了解一些证券投资的基础知识。

一、证券投资基础知识

学习证券投资，要从三个方面开始着手。第一，了解买卖的商品，即证券；第二，了解商品在什么地方买卖，即证券市场；第三，谁参与这个市场交易，即证券市场参与者。

(一) 证券的定义及分类

证券是这个市场交易的商品，但它和普通商品不同，它不是用来满足生活需求的，而是资金需求者为了筹集资金专门发行给投资者的凭证。

1. 证券的定义

证券即有价证券，也称资本证券，是指标有票面金额，证明持有人有权按期取得一定收入，并可自由转让和买卖的所有权或债权凭证。例如债券就是一种有价证券，它的票面金额是100元，持有债券的人可以按期取得利息，到期收回本金，也可以在未到期前将债券转让给其他人，体现的是持有人对债券发行人的债权。有价证券本身没有价值，但由于它代表着一定数量的资产权利，持有人可凭该证券取得一定量的收入，因而可以在证券市场上买卖和流动，客观上具有了交易价格。

2. 证券的分类

证券的种类多种多样，可以按照不同的角度按不同的标准进行分类：

（1）股票、债券和其他证券

按性质不同，证券可分为股票、债券和其他证券。股票和债券是证券市场的两个最基本和最主要的品种。其他证券包括证券投资基金、可转换债券、权证、股指期货金融衍生工具等。

（2）政府证券、金融证券和公司证券

按证券发行主体的不同，证券可分为政府证券、金融证券和公司证券。政府证券通常是指政府债券。金融证券是指银行及非银行金融机构发行的股票、金融债券等，如工商银行就公开上市并发行股票。公司债券是公司发行的有价证券，主要有股票、公司债券等。

（3）上市证券和非上市证券

按上市与否，证券可分为上市证券和非上市证券。

上市证券又称挂牌证券，是指经证券主管机关核准，并在证券交易所注册登记，获得在交易所内公开买卖资格的证券。为了保护投资者的利益，证券交易所对申请上市的证券都有一定的要求。公司发行的股票或债券要想在证券交易所上市，必须符合交易所规定的上市条件，并遵守交易所的规章制度。当上市公司发行的股票或债券不能满足证券交易所关于证券上市的条件时，交易所有权取消该公司证券挂牌上市的资格。证券上市可以扩大发行公司的社会影响，提高公司的名望和声誉，使其以较为有利的条件筹集资本，以扩大经济实力。对投资者来说，购买证券是一种投资行为，由于证券上市提供了一个连续的市场，保持了证券的流动性，同时由于上市公司必须定期公布其经营业绩及财务状况，从而有利于投资者作出正确的决策。

非上市证券也称非挂牌证券，是指未申请上市或不符合证券交易所挂牌交易条件的证券。非上市证券不允许在证券交易所内交易，但可以在其他证券交易市场交易。一般来说，非上市证券的种类比上市证券的种类要多。在非上市证券中，有些是规模大且信誉好的商业银行和保险公司，它们为了免去每年向证券交易所付费及呈送财务报表等，即使符合证券交易所规定的条件，也不愿意在交易所注册上市。

（4）固定收入证券和变动收入证券

按收益是否固定，证券可分为固定收入证券和变动收入证券。固定收益证券是指持有人可以在特定的时间内取得固定的收益，并预先知道取得收益的数量和时间，如固定利率债券、优先股股票等。变动收益证券是指因客观条件的变化，其收益也随之变化的证券，如普通股股票、浮动利率债券等。

(5) 国内证券和国际证券

按发行地域或国家不同，证券可分为国内证券和国际证券。凡是在境内上市的证券均称为国内证券，凡是在境外发行的证券均称为国际证券。

(6) 公募证券和私募证券

按发行方式不同，证券可分为公募证券和私募证券。公募证券是指发行人通过中介机构向不特定的社会公众投资者公开发行的证券。其审核严格并采用公开信息披露制度。私募证券是指向少数特定的投资者发行的证券，其审查条件相对宽松，投资者也较少，不公开信息披露，私募证券的投资者多为与发行人有特定关系的机构投资者，也有发行公司内部的员工。

【案例7-1】　私募基金

金融市场中常说的私募基金或地下基金，是一种非公开宣传的，私下向特定投资人募集资金进行的一种集合投资。其方式基本有两种，一是基于签订委托投资合同的契约型集合投资基金；二是基于共同出资入股成立股份公司的公司型集合投资基金。首先私募基金通过非公开方式募集资金，其次在募集对象上，私募基金的对象只是少数特定的投资者，圈子虽小门槛却不低，再次和公募基金严格的信息披露要求不同，私募基金这方面的要求低得多，加之政府监管也相应比较宽松，因此私募基金的投资更具隐蔽性，运作也更为灵活，相应获得高收益回报的机会也更大。

私募基金一度是20世纪末21世纪初中国股市的大鳄，历来都是强庄股的主要操纵者，在以投机炒卖为赢利手段的年代，私募基金逐渐成长壮大，屡屡在市场里翻云覆雨，崛起了一个又一个著名的庄家集团及超级庄股，德隆系、中科系、复星系、鸿仪系、泰跃系、亿安科技、银广夏、世纪中天、中房集团、百科药业、昌九生化、徐工科技……

3. 证券的特点

(1) 收益性

证券的收益性是指持有证券本身可以获得一定数额的收益，这是投资者转让资本使用权的回报。证券的收益主要来自于两方面：一是资本利得，即证券买卖差价；二是利息（债券）股息（优先股）、红利（普通股）等。

(2) 风险性

证券的风险性是指证券持有者面临着投资收益不能实现，甚至连本金也受到损失的可能性。正常情况下，证券的风险与收益成正比，预期收益越高的证券，风险越大；预期收益越低的证券，风险越小。如通常股票的收益高于债券，相应地，股票的风险也高于债券。

(3) 流动性

证券的流动性是指证券持有人可按自己的需要随时将证券转换为现金。流动性是证券的生命所在，由于证券是高度标准化、有公开交易市场的金融产品，因而能在短时间内迅速出售转让，能极大地满足投资者的临时资金需求，因而成为个人理财的主要工具。

（二）证券市场

1. 证券市场定义

证券市场是股票、债券、基金等有价证券发行和交易的场所。它和普通商品市场不一样，例如大米市场是大米交易的市场，但大米的生产并不在这个市场进行，而证券市场既包括证券的发行（即生产），也包括证券的交易。

2. 证券市场分类

（1）发行市场和交易市场

按纵向结构关系，即证券进入市场的顺序不同，证券市场的构成可分为证券发行市场和证券交易市场。证券发行市场又称一级市场，是证券发行的场所；证券交易市场又称二级市场，是证券交易的场所。普通投资者既可以在发行市场操作，也可以在交易市场操作，通常所说的炒股是指在证券交易市场操作。投资者参与一级市场交易是通过参与新股申购实现的。

【案例7－2】　新股申购收益可观

表7－1列出了2006年新股上市首日涨幅，可以看出，2006年投资者申购新股成功收益非常可观。

表7－1　2006年新股上市首日涨幅

新股上市	发行价格（元）	上市日期	上市首日中间价（元）	上市首日涨幅
海鸥卫浴	8.03	20061124	15.09	87.92%
孚日股份	6.69	20061124	9.115	36.25%
平煤天安	8.16	20061123	9.6	17.65%
栋梁新材	6.36	20061120	10.4	63.52%
中材科技	8.98	20061120	15.255	69.88%
金螳螂	12.8	20061120	20.735	61.99%
太阳纸业	16.7	20061116	21.815	30.63%
苏州固锝	6.39	20061116	12.925	102.27%
大港股份	5.3	20061116	10	88.68%
工商银行	3.12	20061027	3.35	7.37%
雪莱特	6.86	20061025	16.875	145.99%
高新张铜	4.25	20061025	7.9	85.88%
青岛软控	26	20061018	51.78	99.15%
日照港	4.7	20061017	6.485	37.98%
东源电器	7.88	20061018	14.865	88.64%

续 表

新股上市	发行价格（元）	上市日期	上市首日中间价（元）	上市首日涨幅
德棉股份	3.24	20061018	6.015	85.65%
北辰实业	2.4	20061016	3.585	49.38%
江苏宏宝	3.88	20061012	9.125	135.18%
众和股份	8.84	20061012	14.56	64.71%
獐子岛	25	20060928	61.241	44.96%
潞安环能	11	20060922	14.45	31.36%
黑猫股份	7.4	20060915	13.14	77.57%
景兴纸业	4.16	20060915	6.68	60.58%
东华合创	14.5	20060823	23.66	63.17%
瑞泰科技	6.03	20060823	12.84	112.94%
中国国航	2.8	20060818	2.775	-0.89%
远光软件	5.8	20060823	13.15	126.72%
华峰氨纶	6.7	20060823	9.26	38.21%
宏润建设	9.18	20060816	13.91	51.53%
江山化工	6	20060816	9.78	63%
粤水电	5.09	20060810	6.965	36.84%
世博股份	3.6	20060810	7.83	117.50%
大秦铁路	4.95	20060801	5.94	20%
威尔泰	6.08	20060802	10.695	75.91%
天源科技	4.68	20060802	9.895	111.43%
保利地产	13.95	20060731	19.79	41.86%
横店东磁	10.6	20060802	16.11	51.98%
得润电子	7.88	20060725	18.51	34.77%
德美化工	6.2	20060725	11.45	84.68%
中国银行	3.08	20060705	3.92	27.27%
云南盐化	7.3	20060627	13.66	87.12%
大同煤业	6.76	20060623	11.23	66.12%
同洲电子	16	20060627	39.5	146.88%
中工国际	7.4	20060619	32.75	342.57%

当然，由于新股申购成功客观的收益率，吸引了大量的打新资金，使得新股申购中签率非常低。

（2）股票市场、债券市场和基金市场等

按横向结构关系，即证券市场交易的品种不同，证券市场包括股票市场、债券市场、基金市场等。这只是一种主观上的划分，实际上投资者的证券账户既可以买卖股票，也可以买卖债券和基金。

3. 证券市场功能

（1）筹资

这是证券市场最基本的功能。证券市场的筹资功能是指证券市场为资金需求者（即证券发行人）提供资金，同时为资金供给者（投资者）提供投资渠道。

（2）定价

证券市场的定价功能是指证券市场能形成证券的公平价格。因为证券市场中同时有很多人交易，如果投资者认为价格太高就不买入证券，如果认为价格太低就不卖出证券，只有价格合适，投资者才会买入或卖出证券，因此，证券市场上形成的交易价格是很多人都接受的公平价格。

（3）资源配置

证券市场的资源配置功能是指证券市场能引导资金流向效益最好的企业。当某个企业预期收益率提高时，其股票价格就会看涨，社会资金就会流入该企业。

4. 中国证券市场发展

沪、深证券交易所的成立标志着中国证券市场开始形成。1990 年 12 月 19 日，上海证券交易所开业；1991 年 7 月 3 日，深圳证券交易所正式开业。

1992 年，新中国首次向境外投资者发行股票。1992 年 2 月，上海真空电子器件股份有限公司 B 股股票正式在上海证券交易所挂牌交易。

1992 年 10 月，党中央、国务院决定，成立国务院证券委员会和中国证监会，统一监管全国证券市场，同时将发行股票的试点由上海、深圳等少数地方推广到全国。

1992 年年底，国务院颁布《国务院关于进一步加强证券市场宏观管理的通知》，这是深化改革，完善证券管理体制的一项重要决策。

1993 年 9 月，中国内地发生首起通过二级股票市场进行控股的宝延风波，延中实业股票突然停牌，深圳宝安上海公司声明持有延中实业发行的普通股 5% 以上的股份。

1995 年 5 月，中国证监会经国务院同意，暂停国债期货交易试点。

1996 年 12 月，沪、深证券交易所上市的股票交易，实行涨跌幅不超过前日收市价 10% 的限制。

1997 年 11 月，经国务院批准，国务院证券委员会颁布实施《证券投资基金管理暂行办法》。

1998 年 12 月，九届全国人大常委会第六次会议审议通过《证券法》，这一法律于 1999 年 7 月 1 日起正式实施。

1999 年 10 月，国务院批准实施《中国证券监督管理委员会股票发行审核委员会条例》。

2001 年 6 月，国务院发布《减持国有股筹集社会保障资金管理暂行办法》；2001 年 10 月 22 日，中国证监会经报告国务院，决定在具体操作办法出台前，停止执行这一办法；2002 年 6 月 23 日，国务院决定，除企业海外发行上市外，对国内上市公司停止执行《减持国有股筹集社会保障资金管理暂行办法》中关于利用证券市场减持国有股的规定，并不再出台具体实施办法。

2001 年 2 月，经国务院批准，中国证监会决定境内居民可投资 B 股市场。

2002 年 12 月，中国证监会颁布并施行《合格境外机构投资者境内证券投资管理暂行办法》，这标志着中国 QFII 制度正式启动。

2003 年 10 月 28 日，十届全国人大常委会第五次会议通过证券投资基金法，这一法律已于 2004 年 6 月 1 日起施行。

2004 年 1 月 31 日，国务院出台《国务院关于推进资本市场改革开放和稳定发展的若干意见》。

中国证券市场产生 16 年来，发展迅速，从图 7－1 中的上证指数（000001）年 K 线图走势和表 7－2 所示中国证券市场概况可见一斑。

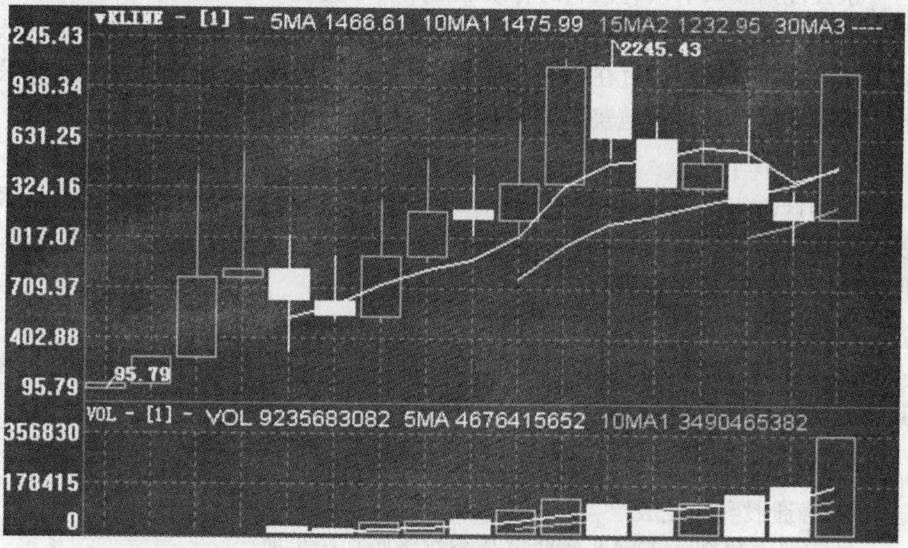

图 7－1　上证指数（000001）年 K 线图

表 7－2　　**中国证券市场概况**（2006－11－24）

项　目	上证交易所	深证交易所
上市公司	841 家	561 家
上市证券	1118 只	747 只
上市股票	885 只	603 只
上市基金	24 只	46 只
上市债券	192 只	90 只
上市权证	17 只	8 只
总市值	53893 亿元	14679 亿元

二、股票投资理财

股票是普通投资者热衷的一种投资理财工具，但也是比较难掌握和运用的一种工具。

（一）股票定义

股票是有价证券的一种主要形式，是指股份有限公司签发的，证明投资者的股东身份和权益并据此获得股息和红利的凭证。

（二）股票特征

股票除了具备一般证券的基本特征——收益性、风险性和流动性外，还具有以下特征：

1. 永久性

永久性指股票所载有权利的有效性是始终不变的，其有效期与股份公司的存续期是并存的。其含义有两点：一是投资者购买了某公司股票后，不能将股票退回给公司，只能通过在证券交易市场转让出售实现其流动性；二是上市公司发行股票后，就永久地获得了一笔资金。

2. 波动性

波动性指由于受公司经营状况、赢利水平、市场利率、投资者心理、经济、政治等多种因素的影响，股价波动比较大。也正是由于股价的上下波动，使得投资者有了更多的机会。

3. 参与性

参与性是指股票的持有人，即股东有权参与公司的重大决策。这种参与权是通过参加股东大会行使的。

（三）股票分类

1. 普通股和优先股

按照股东权利的不同，股票可分为普通股和优先股。

（1）普通股

普通股也称 A 股，是随着企业利润变动而变动的一种股份，是股份公司资本构成中最普通、最基本的股份，普通股的基本特点是其投资收益（股息和分红）不是在购买时约定，而是事后根据股票发行公司的经营业绩来确定。公司的经营业绩好，普通股的收益就高；反之，若经营业绩差，普通股的收益就低。在中国上交所与深交所上市的股票都是普通股。普通股股东享有盈余分配权、剩余资产分配权和重大决策参与权。

（2）优先股

优先股是股份公司发行的在分配红利和剩余财产时比普通股具有优先权的股份。优先股的主要特征有三：一是优先股股息率固定。优先股的股息一般不会根据公司经营情况而增减，而且一般也不能参与公司的分红；二是公司盈余分配和剩余资产分配优先；三是优先股股东一般没有决策参与权。

优先股的种类很多，为了适应一些专门想获取某些优先好处的投资者的需要，优先股有各种各样的分类方式。

2. 国家股、法人股、社会公众股和外资股

根据股票持有人的不同，中国现行的股票可分为国家股、法人股、社会公众股和外资股。

（1）国家股

国家股是有权代表国家投资的部门或机构以国有资产向公司投资形成的股份。例如，全民所有制企业改制成为股份公司后，全民所有制企业的资产就折算成国家股。

（2）法人股

法人股是企业法人、具有法人资格的事业单位和社会团体以其可支配的资产投入公司形成的非上市流通的股份。

（3）社会公众股

社会公众股是社会公众依法用自己的财产投入公司形成的可上市流通的股份。在社会募集的情况下，除了发起人认购的股份外，其余股份需要向社会公众公开发行。中国《公司法》规定，社会募集发起设立的股份有限公司向社会公众发行的股份不得少于总数的25%。公司股本总额在4亿元以上的，这一比例为15%以上。

（4）外资股

外资股是股份公司向外国或中国的港澳台地区投资者发行的股票。外资股根据上市地点的不同，可分为境内上市外资股和境外上市外资股。

境内上市外资股是在国内上市的外资股，又称B股，其中在上海交易所上市的以美元计价，在深圳上市的以港币计价。

境外上市外资股是指在国外或中国香港上市的外资股，以上市地名称英文首字母命名，如在香港上市的称H股，在纽约上市的称N股，在新加坡上市的称S股。如中国电信、中国移动都在纽约上市。

中国还有一些特殊的股票，包括：

（1）ST股票

ST股票是特别处理股票。ST是英文Special Treatment的缩写，意即特别处理。该政策自1998年4月22日起实行。针对的对象是出现财务状况或其他状况异常的上市公司。所谓财务状况异常主要指上市公司连续两年亏损或每股净资产低于股票面值，如辽物资A（即现在的银基发展）就因1997、1998年连续两年亏损成为首批实行特别处理的股票。

（2）S股票

S 股票是指还未完成股改的股票。股改是指股权分置改革，简单地说，就是将上市公司原来不能上市交易的国有股份变为可流通股份。

（四）股票投资技巧

在掌握了股票的基础知识后，很多人都想到到股市里去一显身手。但作为一个新手，应该去股市中先观察个一年半载再动手。

作为新手，尽量多看少动，盯着三四只股票天天看，看它的每日分时走势图，看它的 K 线图，看它的技术指标（选几样指标，比如 KDJ，0BV 等），看上个一年半载的，再找两本书学学，那样学得才快，也就能看出点名堂了，知道这只股票的股性。然后试着去做这几只熟悉的股票，成功率会高的多。另外长期看着一只股票，也能看出一个庄家的吃货，休整，震荡，拉高，出货，对自己以后选择股票有极大的好处。

很多新手做股票，买卖很频繁，有时一个月的资金流动是自己原始资金的好几倍，小打小闹很长时间，一只股票没买好，就成为股东了。所以新手应该先把自己的资金分配好，多少钱做中线，多少钱做短线。比如 80% 资金做中线，20% 资金做短线。投资不要分散，本来自己的钱就不多，再买入七八种股票，没有多少意义。

作为新手，不要太多听信消息，可以说股市上太多的消息都是假的，自己多看，自己多想。给自己定个原则，坚决按自己的原则去做。下面举几个案例说明股票投资时的一些基本技巧，包括如何进行短线和长线投资、牛市中如何操作以及被套牢后如何补仓等常用的技巧。

【案例 7－3】　长线与短线

许多投资者在从事股票交易时，并无投资偏好之分，更无自身的风格特长，认为无论什么方法，只要能赚钱就行，这本身就说明此类投资者缺乏股市中的术。更多的则是赢利了做短线，受套了做长线，前者赚取的蝇头小利，永远弥补不了后者的累累亏损。

有时大盘单边涨幅接近 60%，翻番股票不计其数，但普通投资者中能取得超越大盘涨幅以上收益的寥寥无几，还有更多的投资者处于减亏的状态，这就是赢利时主动做短线，亏损时被动做长线的缘故。

短线与长线本无优劣之分，只要适应就行，只要擅长就是。在有风险控制手段的前提下，短线的积少成多，在一轮行情中也能取得超额收益。在选对股票的前提下，长线更能取得非常稳健的高收益。

有人形象地说，短线交易者是艺术家，因为无论行情涨跌，他（她）时刻需要保持对行情的热情，并始终处于紧张和兴奋的状态。而长线交易者是工程师，他（她）需要对整个过程进行控制与修正，并且需要忍受期间市场的合理调整与异常时期的宽幅震荡，以及市场低迷时期的寂寞与孤独。因此，前者需要的是激情，后者需要的是理性。

在一轮行情收局的时候，短线投资者往往羡慕长线投资者取得的丰厚收益，面对在底部曾经被自己买卖过，目前已经翻番，乃至翻几番的股票也往往后悔不已，或者自嘲一番。然而，短线投资者又怎么能够理解长线投资者在此期间的付出与痛苦？

（1）长线投资者要忍受投资期间市场大幅波动时乘电梯的折磨，要忍受原本已经取得的账面利润被阶段性缩减的痛苦。

（2）长线投资者在行情运行过程中要放弃其他许多自认为非常有把握的投资机会；必须要忍受其他个股轮番涨停的诱惑与刺激下的痛苦。

（3）长线投资者既必须时刻关注着各类市场信息动态，又必须长时间按兵不动。一年或者几年时间里只有很少的几次买卖时机，但时时经受着各种市场噪声。

（4）在局部时间里，当别的投资者享受着赢利乐趣的时候，长线投资者可能要经受阶段性亏损的打击，这种折磨足以使许多长线投资者半途而废，前功尽弃。

（5）在市场极度低迷或者狂热的时期，长线投资者需要长时间保持着自身的冷静与豁达的情绪，以及客观和理性的思维，并且需要时刻坚守着既定的投资纪律。

长线投资者每一次成功投资所取得的回报是令人向往的，但期间的艰辛与付出也是令人畏惧的。正因此，市场中有着太多不成功的临时工投资者，而成功的长线投资者总是出类拔萃的。

【案例7－4】　被套牢后如何补仓

补仓是被套牢后的一种被动应变策略，它本身不是一个解套的好办法，但在某些特定情况下它是最合适的方法。股市中没有最好的方法，只有最合适的方法。只要运用得法，它将是反败为胜的利器；如果运用不得法，它也会成为作茧自缚的温床。因此，在具体应用补仓技巧的时候要注意以下要点：

第一，熊市初期不能补仓

这道理炒股的人都懂，但有些投资者无法区分牛熊转折点怎么办？有一个很简单的办法：股价跌得不深坚决不补仓。如果股票现价比买入价低5%就不用补仓，因为随便一次盘中震荡都可能解套。要是现价比买入价低20%～30%以上，甚至有的股价被腰斩时，就可以考虑补仓，后市进一步下跌的空间已经相对有限。

第二，大盘未稳不补仓

大盘处于下跌通道中或中继反弹时都不能补仓，因为，股指进一步下跌时会拖累绝大多数个股一起走下坡路，只有极少数逆市走强的个股可以例外。补仓的最佳时机是在指数位于相对低位或刚刚向上反转时。这时上涨的潜力巨大，下跌的可能最小，补仓较为安全。

第三，弱势股不补

特别是那些大盘涨它不涨，大盘跌它跟着跌的无庄股。因为，补仓的目的是希望用后来补仓的股票赢利弥补前面被套股的损失，既然这样大可不必限制自己一定要补原来被套的品种。补仓补什么品种不关键，关键是补仓的品种要取得最大的赢利，这才是要重点考虑的。所以，补仓要补就补强势股，不能补弱势股。

第四，前期暴涨过的超级黑马不补

历史曾经有许多独领风骚的龙头，在发出短暂耀眼的光芒后，从此步入漫漫长夜的黑暗中。如：四川长虹、深发展、中国嘉陵、青岛海尔、济南轻骑等，它们下跌周期长，往往深跌后还能深跌，探底后还有更深的底部。投资者摊平这类股，只会越补越套，而且越套越深，最终将身陷泥潭。

第五，把握好补仓的时机

力求一次成功。千万不能分段补仓、逐级补仓。首先，普通投资者的资金有限，无法经受得起多次摊平操作。其次，补仓是对前一次错误买入行为的弥补，它本身就不应该再成为第二次错误的交易。所谓逐级补仓是在为不谨慎的买入行为作辩护，多次补仓，越买越套的结果必将使自己陷入无法自拔的境地。

【案例7-5】　牛市操作技巧

在牛市中，虽然股指出现反复上涨，许多个股也纷纷创造了巨大的财富效应。但不少投资者由于没有及时变成牛市操作思路和策略，非但没有获取较好的收益，有的还亏损。牛市要有牛市的操作策略。

第　，敢于持续看多

在实际操作中，要想正确应对大的牛市，首先是在思想上要敢于看多，克服恐高症，摈弃一涨就卖的思维方式。因为一旦行情得以确立，在消息面、资金面没有根本改变前，行情就不会轻易结束。本次行情得到政策、资金配合，持续走高，如果总是不敢看多，势必会失去很多赚钱机会。

第二，紧盯龙头品种

一般而言，一波上涨行情当中，上涨幅度最大的肯定是领涨品种，因此在牛市操作过程中，一定要紧紧抓住龙头品种，并在资金配置上加大龙头品种的买入比例，只有这样，才能跑赢大盘。

第三，把握联动机会

如果在行情的初期，或者在领涨的龙头品种启动后没有及时介入，也没有太大关系。因为一个板块成为主流板块之后，在领涨龙头品种持续上涨的带动下，其他个股将会出现联动上涨，选择有重组题材或流通市值小的相同板块股票，一样可以获得较大收益。

第四，中线持股为主

操作过程中，一旦买入主流品种，就要抱着中线持股的心态，不宜频繁换股，更不宜短线操作。因为主流品种往往会走出持续上涨的行情，这种股票很少有短线机会，一旦过早卖出，便很难买回，结果是错过极好的获利机会。

第五，及时调换股票

在行情初期，往往很难看清谁是龙头品种。但一旦看清主流板块和品种，就要把自己持有的非主流板块及时换成主流品种，比如在有色金属启动之后，及时把钢铁、电力等非主流品种进行换股，相信会获得较好的收益。如果一味拿着非主流热点股票不动，不去换股操作，即使大盘涨了许多，也只能落个赚指数不赚钱的结果。

第六，善于追涨抢进

主流品种往往会持续上涨，操作中要善于追涨龙头品种，比如在其刚刚出现放量拉升或在其刚刚突破一个平台时追进，也是很好的策略。操作中最忌讳的是因为龙头股有了一定涨幅而不敢追进，或不愿意买入，这将失去难得的机会。

第七，在调整时抄底

牛市中还要学会在调整中大胆抄底，尤其是对于领涨的主流品种，在其出现第一次大调整过程中，一旦出现缩量走稳，便可大胆介入。因为主流品种的第一次上涨往往都是建仓过程或是脱离主力资金成本过程，调整后才会展开最具爆发力的拉升行情，如果在调整末期及时抄底，随后的涨幅也相当大。同时，在一波行情尚无见顶迹象之前，期间的调整都是不错的介入机会，至今股指的多次短线调整，也给介入创造了良好的机会。

最后要强调的是，股票是一种高风险投资工具，个人理财时不能将所有资金都投资到股票中，而应在各种风险工具按比例分配，风险承受能力高的人，股票可以多分配些资金；风险承受能力低的人，则要降低股票投资资金。

三、债券投资理财

债券投资工具因为收益稳定安全，历来受到中老年投资者及稳健型投资者的追捧。对于风险承受能力强的投资者，债券也可以作为投资组合的一部分。

（一）债券定义

债券是发行人依照法定程序发行，并约定在一定期限还本付息的有价证券。债券是反映发行者和投资者之间的债权债务关系的法律凭证，其中发行人是介入资金的主体，投资者是出借资金的主体，发行人需要在一定时期还本付息。

（二）债券的票面要素

债券作为证明债权债务关系的凭证，一般都是以有一定格式的票面形式来表现。通常，债券票面上的基本要素有四个：

1. 票面价值

债券的票面价值包括币种和票面金额。中国债券的票面金额都是100元。

2. 偿还期限

债券偿还期限指债券从发行之日起到偿清本息日止的时间。各种债券有着不同的偿还期限，短则几个月，多则几十年。对于长期债券，期限越长，投资者面临的风险就越大，因此，为了弥补投资者的风险，一般情况下，长期债券的利率都要高于短期债券。

3. 票面利率

债券的票面利率是指债券年利息与债券票面金额的比率，用百分比表示。

4. 债券的发行主体

这一要素指明了债券的债务主体。

需要说明的是，现在债券一般都采用无纸化交易，上面这四个要素虽然是债券的基本要素，但往往并不印制出来，而是采用公告的形式。

（三）债券特征

债券除了一般证券的基本特征外，还具备以下特征：

1. 偿还性

偿还性是债券的最重要特征，债券必须按期偿还利息，到期必须偿还本金。

2. 安全性

由于债券具有偿还性，因此债券相对股票而言较为安全，但这并不是说债券就没有风险，债券的风险主要在于债券债务人不履行还债义务，以及债券价格波动的风险。

（四）债券种类

1. 政府债券、金融债券、公司债券

债券按发行主体可分为政府债券、金融债券、公司债券三类，其中由中央政府发行的债券称为国债。

2. 单利债券、复利债券、贴现债券和累进利率债券

债券按计息方式可分为单利债券、复利债券、贴现债券、累进利率债券四类。单利债券是指在债券偿还期限内，债券的利息不产生新的利息。复利债券是指前面的债券利息也可以产生新的利息。贴现债券是在债券发行时先支付利息。累进利率债券是指每年的利率逐年递增，这主要是债券发行人为了鼓励投资者长期持有债券。

【案例7-6】　单利、复利、贴现和累进利率债券的区别

投资者购买了一张债券，该债券面额为100元，按面额发行，票面利率为

3%，偿还期限为 3 年，到期一次还本付息，问：如果该债券分别采用单利、复利、贴现和累进利率（每年在此利率上递增 0.5%）计息方式，投资者每年应得的利息分别是多少？采用不同计息方式，投资者每年应得的利息分别如表 7-3 所示。

表 7-3　债券利息计算　（单位：元）

计息方式	第 1 年	第 2 年	第 3 年
单利	3	3	3
复利	3	3.09	3.18
贴现	3	0	0
累进利率	3	3.5	4

注：①投资者在购买贴现债券时，需支付 100－100×3%＝97 元，到期获得 100 元。

②累进利率债券利率第 1 年为 3%，第二年为 3.5%，第三年为 4%。

3. 固定利率债券、浮动利率债券

债券按利率是否固定可分固定利率债券和浮动利率债券。

固定利率债券是指在偿还期限内债券利率保持固定不变的债券。当遇到利率下降时，固定利率债券收益会增加；当遇到利率上升时，固定利率债券收益会减少。例如市场利率为 2%，固定利率债券利率为 3%，固定利率债券有 1% 的风险收益率。后来，市场利率若提高到 4%，固定利率债券利率不变，仍为 3%，相对市场利率而言，投资固定利率债券反而要亏损 1%；若市场利率降低到 1%，相对市场利率而言，投资固定利率债券有额外的 1% 收益。可以看出，由于利率固定，使得固定利率债券要承受利率风险。

浮动利率债券是指在偿还期限内债券利率随市场利率变动而变动的债券。浮动利率债券可以有效地规避利率风险。

当预计利率要上升时，投资者应该投资浮动利率债券。相反的，当预计利率要下降时，投资者应该投资固定利率债券。

【案例 7-7】　固定债券投资时代和浮动利率投资时代

20 世纪 90 年代，中国经历了一次通货膨胀，为了消除通货膨胀，市场利率不断上升，在此背景下发行的 1996 年第 6 期国债，期限 10 年，采用固定利率，年利率高达 11.83%，投资者如果在那时能够正确分析当时的形势，并判断未来利率会下降，就可以大量买入该国债并作长期投资。

与此相反，在 2004 年左右，中国又经历了一次通货紧缩，一年期定期存款利率降到历史最低——2.25%（扣除利息税后 1.8%），股市也处于中期熊市，人们纷纷排长队购买利率相对高一点的国债，这些国债的利率也不过 2%～4%，从 2006 年以来，央行不断上调利率，并在未来还有继续上调之势，这些在前两年购买了长期低利率的投资者就要蒙受巨大的利息损失。

4. 实物债券、凭证式债券和记账式债券

债券按债券形态可分为实物债券、凭证式债券和记账式债券三类。

实物债券是指有标准实物券面格式的债券，如同百元钞票，每一张钞票印制的内容都完全相同，拥有三张就意味着有三百元钱。由于发行实物债券成本太高，所以现在已基本不用。

凭证式债券是一种印有购买金额的收款凭证。就如同银行定期存单一样，不管存入多少钱，都收到一张写有存款金额的存单。一般银行发行的债券多采用凭证式债券。

记账式债券是只在电脑账户中记录买入债券金额的一种债券。目前证券交易所交易的债券都采用记账式债券。

（五）债券投资技巧

根据投资目的的不同，个人投资者的债券投资方法可分为以下三种：

1. 完全消极投资（购买持有法）

完全消极投资即投资者购买债券的目的是储蓄，获取较稳定的投资利息。这类投资者往往不是没有时间对债券投资进行分析和关注，就是对债券和市场基本没有认识，其投资方法就是购买一定的债券，并一直持有到期，获得定期支付的利息收入。适合这类投资者投资的债券有凭证式国债、记账式国债和资信较好的企业债。如果资金不是非常充裕，这类投资者最好购买容易变现的记账式国债和在交易所上市交易的企业债。这种投资方法风险较小，收益率波动性较小。

2. 完全主动投资

即投资者投资债券的目的是获取市场波动所引起价格波动带来的收益。这类投资者对债券和市场有较深的认识，属于比较专业的投资者，对市场和各债券走势有较强的预测能力，其投资方法是在对市场和各债券做出判断和预测后，采取低买高卖的手法进行债券买卖。如预计未来债券价格（净价，下同）上涨，则买入债券等到价格上涨后卖出；如预计未来债券价格下跌，则将手中持有的该债券出售，并在价格下跌时再购入债券。这种投资方法债券投资收益较高，但也面临较高的波动性风险。

【案例 7－8】　债券申购高收益

债券作为固定收益的产品，其价格上下波动的幅度远小于股票，而且不少人更是以持有到期收息为主，所以普通投资者对于债券往往兴趣不大。其实债券投资有时也能获得很高的收益率。申购企业债券就是一种获得高收益的途径。例如 2005 年杭州市城市建设发展有限公司发行的公司债券，为 10 年期固定利率债券，利率为 5.02%，扣除利息税后年收益率为 4.016%，虽然高于当时的一年期定期存款利率（税后 1.8%），但考虑其 10 年的投资期限，对很多投资者还是缺乏吸引力。该债券发行日期是 2005－06－20，按面值 100 元申购，上市日期是 2005 - 12 - 29，上市当日开盘价 111.50 元，最高价 112.50 元，收盘价 111.22 元，后一路走高，最高达 114.50 元。如果在发行日申购，在上市当天卖出该债券，持有时间 6 个月，投资者可获得 12% 左右的收益率。并且实现该收益率所承担的风险极低（因为至少可以获得每年 4.016% 的利率）。

3. 部分主动投资

部分主动投资，即投资者购买债券的目的主要是获取利息，但同时把握价格波动的机会获取收益。这类投资者对债券和市场有一定的认识，但对债券市场关注和分析的时间有限，其投资方法就是买入债券，并在债券价格上涨时将债券卖出，获取差价收入；如债券价格没有上涨，则持有到期获取利息收入。该投资方法下债券投资的风险和预期收益高于完全消极投资，但低于完全积极投资。

四、证券投资基金投资理财

证券投资基金是个人理财常用的一种工具，无论是子女教育规划还是退休规划，都可以运用证券投资基金。

（一）证券投资基金的定义和特征

虽然投资股票等高风险工具能获得很高收益，但普通人由于以下几方面的原因投资股票难以成功：（1）不懂投资，难以准确把握投资对象和投资时机；（2）没有时间，由于工作忙碌，很多人没有时间经常去研究股票；（3）资金不足，难以满足投资需求，而且也无法实现通过将资金分散在 20 ~ 30 只股票中，以降低投资风险。在这种情况下，普通投资者可以转而投资证券投资基金（以下简称基金），基金面值为 1 元，每份基金单位交易价格在 0.5 元到 1、2 元之间，购买 1 手基金只需要几十到一两百元，投资起点低；这些资金筹集起来后交给基金管理公司中的专业人士，投资到各种股票和债券中，投资者不必自己花时间学习和研究股票，通过购买基金就间接地购买了股票和债券；由于基金规模往往很大，而且投资很专业，因此能够实现有效的分散投资，降低投资风险。

综上所述，证券投资基金是指一种利益共享、风险共担的集合投资方式。即通过发行基金单位，集中投资者的资金，由基金托管人托管（托管人一般由银行担任，主要起到管理资金和监督运作的作用），由基金管理人（基金管理公司）管理和运用资金，从事股票、债券等金融工具投资，并将投资收益按基金投资者的投资比例进行分配的一种间接投资方式。具有规模效益、分散风险、专家管理的特征。

（二）证券投资基金的分类

从不同角度，证券投资基金可以有不同的分类，掌握这些基本的分类对于学习基金理财必不可少。

1. 契约型基金与公司型基金

按其法律地位不同，证券投资基金可分为契约型与公司型两大基本类型。契约型基金是根据基金契约成立的基金，没有法人资格，基金投资者是受益人，基金按照基金契约终止。公司型基金依据《公司法》成立，具有法人资格，投资者是基金的股东，基金可以永久存在，目前中国的基金都是契约型基金。

2. 封闭式基金和开放式基金

按是否可自由赎回，证券投资基金可分为封闭式基金和开放式基金。中国目前既有封闭式基金，也有开放式基金。封闭式基金和开放式基金的主要区别如表7－4所示。

表7－4　封闭式基金和开放式基金的区别

项　目	封闭式基金	开放式基金
期限	5年～15年	无
发行规模	固定	不固定
基金单位交易方式	证券交易所转让	一般在管理人或代理人处交易
交易价格	市场供求关系	基金单位资产净值
交易费用	手续费	申购费和赎回费
投资策略	长期投资	不能全部用于长期投资

（1）期限、发行规模和投资策略

封闭式基金有固定封闭期限，通常在5年以上，一般为10～15年，经批准可适当延期；在封闭期内规模不变；由于在存续期内基金份额数不变，资本不会减少，基金资产的投资组合能有效地在预定计划内进行，因而可以采用长期投资策略。开放式基金没有规定期限，投资者可随时赎回（即将基金份额卖回给基金管理人）；基金份额随投资者的认购或赎回规模不断变化；因基金单位可随时赎回，为应付投资者随时赎回兑现，基金资产不能全部用来进行长线投资，必须保持基金资产的流动性，在投资组合上需保留一部分现金和高流动性的金融工具。

（2）基金单位交易方式

封闭式基金和股票一样，在证券交易所交易转让；由于在证交所交易，因此封闭式基金买卖价格受供求关系影响，常出现溢价或折价现象，并不必然反映基金的净资产值；买进和卖出要缴纳手续费。开放式基金一般在管理人或代理人处交易；交易价格取决于基金单位资产净值的大小，其申购价一般是基金单位资产净值加一定的申购费，赎回价是基金单位资产净值减一定的赎回费，不直接受市场供求关系的影响；买进交申购费，卖出交赎回费。

值得注意的是，目前已经开始有可以上市交易的开放式基金了。

3. 股票基金、国债基金和其他投资基金

根据投资对象的不同，证券投资基金可分为股票基金（主要投资于股票）、国债基金（主要投资于国债）和其他投资基金（货币市场基金、黄金基金、衍生证券投资基金），其中货币市场基金是指投资于货币市场（即投资工具的期限在1年以下）的基金，是一年期定期存款的良好替代投资品种。

由于投资对象的不同，股票基金的收益和风险要高于债券基金。

4. 成长型基金、收入型基金和平衡型基金

根据投资目标不同，证券投资基金可划分为成长型基金（追求基金资产的长期增值）、收入型基金（以获取当期的最大收入为目的）和平衡型基金（在资产的长期增值和当期收入最大化之间谋求平衡）。

由于投资目标的不同，成长型基金、平衡型基金和收入型基金的投资收益和风险依次递减。

（三）基金单位资产净值

基金单位资产净值是基金的核心指标。基金单位资产净值计算由基金管理人根据上一个交易日的收盘价来计算基金所拥有的金融资产，包括股票、债券、期货合约等的总值，加上现金资产，然后除以已售出的基金单位总额，得出每个基金单位的资产净值。

（四）基金投资技巧

1. 选择好的基金管理公司和基金经理

基金的业绩表现和服务好坏都与基金管理公司的管理和基金经理的运作分不开，所以选择业绩良好、管理规范、服务全面、竞争实力雄厚的基金管理公司和具有优良基金管理业绩的基金经理，是投资者进行基金投资时需要优先考虑的因素。

2. 根据资金的特点和自己的风险承受度和能力确定投资组合和选择基金类型

虽然证券投资基金作为非常高效的理论模式受到许多投资者的青睐，但是由于证券投资基金品种类别众多，所以必须充分理解资金的特点和自己的风险承担能力，选择最适合的基金进行投资。投资者在投资基金前首先要分析自己的风险承受能力，如果风险承受能力强，可以选择股票型基金；如果风险承受能力弱，可以选择债券型基金。如果资金可使用的期限长，可以选择成长型基金；如果只能短期使用，则可选择收入型基金或平衡型基金。

3. 根据净值成长、折价和分红情况选择具体基金

基金单位资产净值是衡量基金价值的关键因素，基金的面值都为1元，单位净值越高，说明基金管理得越好。分红越高，一方面说明基金经营得越好，

另一方面也说明基金对投资者负责。折价率反映了基金价格和价值的差距。所以，应该尽量选择基金单位资产净值较高、折价率较高、分红持续稳定的基金。

【案例7-9】 封闭式基金投资的机会来了

国际市场封闭式基金的折价率平均在5%~15%之间，而中国市场近年来的平均折价率，无论是小盘基金还是大盘基金都明显过高，根据有关公司的最新统计显示，目前，中国封闭式基金的最高折价率有的已经突破50%；另外有6只基金的折价率在49%~50%之间；总计有25只基金的折价率超过40%。一方面是封闭式基金的大幅折价；另一方面是小盘基金的到期日逐渐临近，套利空间渐渐加大。

在目前封闭式基金存续期内缺乏套利机制的情况下，到期清算与到期封转开的套利机会尤其值得关注。正是由于小盘基金到期套利可能性的增加，QFII在2005年上半年较大幅度增持了小盘封闭式基金。

机构投资者的追捧有助于折价率的降低。在净值稳定或增长的前提下，折价率的缩小意味着投资机会来临。小额投资者根本不必为银行理财门槛提高而苦恼，封闭式基金里面有黄金。

综合来看，投资者应重点关注折价率、净值较高的品种及到期日逐渐临近的小盘基金。即将到期的封闭式基金如表7-5所示。

表7-5　　54只封闭基基金到期列表

公司名称	基金名称	基金代码	总份额（亿份）	设立时间	终止上市日期
南方基金	基金开元	184688	20	1998.3.27	2013.3.27
	基金天元	184698	30	1999.8.25	2014.8.25
	基金金元	500010	5	2000.3.28	2007.5.27
	基金隆元	184710	5	2000.7.24	2007.12.29
国泰基金	基金金泰	500001	20	1998.3.27	2013.3.27
	基金金鑫	500011	30	1999.10.21	2014.10.21
	基金金盛	184703	5	2000.4.26	2009.11.30
	基金金鼎	500021	5	2000.5.16	2007.5.31
华夏基金	基金兴华	500008	20	1998.4.28	2013.4.28
	基金兴和	500018	30	1999.7.14	2014.7.13
	基金兴科	184708	5	2000.4.8	2007.5.30
	基金兴安	184718	5	2000.7.20	2007.12.29
	基金兴业	500028	5	2000.8.18	2006.11.14
华安基金	基金安信	500003	20	1998.6.22	2013.6.22
	基金安顺	500009	30	1999.6.15	2014.6.14
	基金安久	184709	5	2000.7.4	2007.8.30
	基金安瑞	500013	5	2000.7.18	2007.4.28

续表

公司名称	基金名称	基金代码	总份额（亿份）	设立时间	终止上市日期
博时基金	基金裕阳	500006	20	1998.7.25	2013.7.15
	基金裕隆	184692	30	1999.6.15	2014.6.14
	基金裕元	500016	15	1999.9.17	2007.5.31
	基金裕华	184696	5	1999.11.10	2007.12.31
	基金裕泽	184705	5	2000.3.27	2011.5.31
鹏华基金	基金普惠	184689	20	1999.1.6	2014.1.6
	基金普丰	184693	30	1999.7.14	2014.7.14
	基金普润	500019	5	2000.8.8	2007.5.8
	基金普华	184711	5	2000.11.6	2007.5.28
嘉实基金	基金泰和	500002	20	1999.4.8	2014.4.7
	基金丰和	184721	30	2002.3.22	2017.3.22
长盛基金	基金同益	184690	20	1999.4.8	2014.4.8
	基金同盛	184699	30	1999.11.5	2014.11.5
	基金同智	184702	5	2000.3.8	2007.3.13
	基金同德	500039	5	2000.10.20	2007.11.30
大成基金	基金景宏	184691	20	1999.5.4	2014.5.5
	基金景博	84695	10	1999.11.12	2007.6.30
	基金景阳	500007	10	1999.11.12	2007.12.31
	基金景福	184701	30	1999.12.30	2014.12.30
	基金景业	500017	5	2000.6.22	2007.3.30
富国基金	基金汉盛	500005	20	1999.5.10	2014.5.10
	基金汉兴	500015	30	1999.12.30	2014.12.30
	基金汉鼎	500025	5	2000.6.30	2013.12.31
	基金汉博	500035	5	2000.7.12	2007.5.29
银华基金	基金天华	184706	25	2000.7.21	2009.7.11
易方达	基金科翔	184713	8	2001.4.20	2008.12.13
	基金科讯	500029	8	2001.4.20	2008.1.11
	基金科汇	184712	8	2001.4.20	2008.12.13
	基金科瑞	500056	30	2002.3.12	2017.3.12
宝盈基金	基金鸿飞	184700	5	2001.5.18	2008.4.14
	基金鸿阳	184728	20	2001.12.10	2016.12.9
融通基金	基金通宝	184738	5	2001.5.16	2007.5.30
	基金通乾	500038	20	2001.8.29	2016.8.28
长城基金	基金久富	184720	5	2001.12.18	2017.7.4
	基金久嘉	184722	20	2002.7.5	2008.2.4
银河基金	基黄金丰	500058	30	2002.8.15	2017.8.14
国投瑞银	基金融鑫	184719	8	2002.6.13	2008.2.2

4. 长期投资

在资金比较充足的情况下，应尽量采取长期投资，长期投资可以减少买卖费用，降低基金投资成本；不必过多关注基金的短期波动，只要资本市场长期向好，那么长期持有就能分享更多收益，想步步踏准的短期操作往往会失去最大的获利时机，踏空风险很大。

五、金融衍生工具理财

现在国内的金融工具不断推陈出新，除了股票、债券和基金外，还出现了很多的金融衍生工具，了解这些金融衍生工具对于拓宽投资渠道，寻找投资机会大有益处。

（一）金融衍生工具

1. 金融衍生工具定义

金融衍生工具，是指建立在基础金融工具（如股票）或金融变量（如利率）上，其价格取决于后者价格变动的衍生产品。

2. 金融衍生工具特点

金融衍生工具最主要的特点有两点：

（1）跨期交易

金融衍生工具交易过程中，买卖双方达成协议和最后价款、证券转移在不同时间，而一般的商品交易都是在双方达成协议的同时，进行价款和商品的转移。

（2）杠杆交易

普通的金融工具交易，如股票交易中，投资者在买入股票前必须先在资金账户中存入足够的资金，才能买入股票。而金融衍生工具交易，如期货交易中，投资者往往只需要投入所买商品价格的5%就可以，也就是说，可以控制20倍于所投金额的合约资产，也就可以放大投资收益和风险20倍。

3. 金融衍生工具种类

根据交易方式的不同，金融衍生工具可分为金融远期、金融期货、金融期权和金融互换，普通投资者可能用到的通常是金融期货和金融期权。

（1）金融期货

金融期货是约定买方在未来某个时间以当前约定的价格买入或卖出某种金融资产。金融期货买卖双方权利义务相等，也就是不管将来价格怎么变化，买卖双方都要进行价款和证券的交割。根据买卖方向不同，金融期货可分为买入期货和卖出期货，根据基础金融资产不同，金融期货可分为货币期货、利率期货、股票指数期货和股票期货四种。目前中国正在进行股指期货的试运行，准备在2007年初推出股指期货，除股指期货外的其他金融期货目前还没有推出。

（2）金融期权

金融期权给予期权的买方在未来某个时间以当前约定的价格买入或卖出某种金融资产的权利。金融期货买卖双方权利义务不相等，买方拥有更大的权利，也就是，到时如果价格对买方有利，买方就行使权利；如果价格对买方不利，买方就放弃权利，但买方为获得更多的权利需要支付权利金。中国目前有的金融期权有权证和可转换债券。

（二）权 证

权证在国内虽然也曾推出，但真正让人们领略到其魅力是在 2005 年股改开始时。

1. 权证定义

权证是一种有价证券，投资者付出权利金购买后，有权利（而非义务）在某一特定期间（或特定时点）按约定价格向发行人购买或者出售标的证券。截至 2006 年 11 月，上海证券交易所共有未到期权证 17 只，如表 7－6 所示。

表 7－6 上海证券交易所的权证列表

序号	权证交易代码	权证交易简称	标的证券代码	标的证券简称	权证到期日
1	580002	包钢 JTB	1600010	包钢股份	2007.3.30
2	580003	邯钢 JTB1	600001	邯郸钢铁	2007.4.4
3	580004	首创 JTB1	600008	首创股份	2007.4.23
4	580005	万华 HXB1	600309	烟台万华	2007.4.26
5	580006	雅戈 QCB1	600177	雅戈尔	2007.5.21
6	580007	长电 CWB1	600900	长江电力	2007.5.24
7	580008	国电 JTB1	600795	国电电力	2007.9.4
8	580009	伊利 CWB1	600887	伊利股份	2007.11.14
9	580990	茅台 JCP1	600519	贵州茅台	2007.5.29
10	580991	海尔 JTP1	600690	青岛海尔	2007.5.16
11	580992	雅戈 QCP1	600177	雅戈尔	2007.5.21
12	580993	万华 HXP1	600309	烟台万华	2007.4.26
13	580994	原水 CTP1	600649	原水股份	2007.2.12
14	580995	包钢 JTP1	600010	包钢股份	2007.3.30
15	580996	沪场 JTP1	600009	上海机场	2007.3.6
16	580997	招行 CMP1	600036	招商银行	2007.9.1
17	580998	机场 JTP1	600004	白云机场	2006.12.22

2. 权证分类

权证根据不同的划分标准有不同的分类：

（1）认购权证和认沽权证

按买卖方向分为认购权证和认沽权证。认购权证持有人有权按约定价格在特定期限内或到期日向发行人买入标的证券，认沽权证持有人则有权卖出标的证券。

(2) 欧式权证和美式权证

按权利行使期限分为欧式权证和美式权证，美式权证的持有人在权证到期日前的任何交易时间均可行使其权利，欧式权证持有人只可以在权证到期日当日行使其权利。

3. 权证要素

权证的各要素都会在发行公告书中得到反映，举例来说：A公司发行以该公司股票为标的证券的权证，假定发行时股票市场价格为15元，发行公告书列举的发行条件如下：

(1) 发行日期：2005年8月8日

(2) 存续期间：6个月

(3) 权证种类：欧式认购权证

(4) 发行数量：50000000份

(5) 发行价格：0.66元

(6) 行权价格：18.00元

(7) 行权期限：到期日

(8) 行权结算方式：证券给付结算

(9) 行权比例：1∶1

上述条款告诉投资者由A公司发行的权证是一种股本认购权证，该权证每份权利金是0.66元，发行总额为5千万份，权证可以在六个月内买卖，但行权则必须在六个月后的到期日进行。如果到期时A公司股票市场价格为20元，高于权证的行权价18元，投资者可以18元/股的价格向发行人认购市价20元的A公司股票，每股净赚1.34元（20－18－0.66＝1.34）；如果到期时A公司股价为15元，低于行权价18元，投资者可以不行权，从而仅损失权利金0.66元/股。

4. 分析权证的主要指标

分析权证的价格趋势，必须要用的几个重要指标是：

(1) 正股价格：即权证对应正股的交易价格，它是个动态数值，是随着二级市场交易而波动的。

(2) 权证价金：是指获取权证而支付的成本，包括两种情况：权证发行时的发行价格或者从二级市场购买权证而支付的价格。

(3) 行权价格：是指权证规定持有人有权在行权日按照约定买入或者卖出相应的正股时所需支付的价格，该数据在权证条款里已经规定。

(4) 溢价比：溢价百分比是持有权证的额外代价，是现货价格到盈亏平衡点之间的差价百分比。溢价比越高，意味着权证风险越大，是投资者选择权证产品时对风险承受力权衡的一个指标。

(5) 成交量：由于权证的交易价格最低以厘计，实际交易中的权证价格可能会很低，从而会造成一定资金买入卖出权证计算出来的权证数量非常庞大。

【案例7－10】　炒宝钢权证，一年一个账户赚了1918万

宝钢权证已经谢幕。上海证券交易所的数据显示，过去的一年多时间里，在宝钢权证上获利最多的一个账户共赚得1918万元，而亏损最多的账户亏损了217万元。这些账户应当属于个人大户，因为机构参与宝钢权证的极少，输赢不会如此大。宝钢权证在一年的交易过程中波动巨大，投资者有赢有输都属于正常现象。但从整体而言，所有参与者最后的输赢相加应当等于0。

获利最大的群体应当是在股改中获赠宝钢权证的原始持有者。上证所统计数据显示，原始持有者大约有16.6万人，其中超过16万人都在二级市场中抛出，平均抛售价格为1.46元。此外，市场中流传的大户在行权前集体胜利大逃亡说法也被数据否定。截至行权时，持有宝钢权证的账户还有44465个，其中持有量最大的前1000名账户持有量占宝钢权证总规模的77%，平均每个账户的持有量高达29万份。这说明有相当部分的大户成为最终的接盘者。

5. 权证投资风险

权证是一种高风险高收益的投资品种，投资者在买卖权证时应充分树立风险意识。

第一，价格剧烈波动的风险

由于权证的高杠杆性，其价格只占标的证券价格的较小比例，可能出现权证价格剧烈波动的情况。比如T－1日权证的收盘价是2元，标的股票的收盘价是10元。T日，标的股票跌至9元，如果权证也跌停，按《权证管理暂行办法》规定，T日权证的跌停价格为2－（10－9）×125%＝0.75元。一天之内权证下跌62.5%，跌幅超过股票。当然，标的股票上涨，权证也有相同的效应，所以权证的价格波动很大，高收益与高风险并存。

第二，权证的涨跌停板幅度是变化的

其计算公式为：权证涨幅价格＝权证前一日收盘价格＋（标的证券当日涨幅价格－标的证券前一日收盘价）×125%×行权比例；权证跌幅价格＝权证前一日收盘价格－（标的证券前一日收盘价－标的证券当日跌幅价格）×125%×行权比例，当计算结果小于等于零时，权证跌幅价格为零。因此，当正股位于不同价位时，权证的涨跌停板幅度就会不一样，而不像股票那样固定在10%。

第三，时效性风险

权证是有一定期限的，持有者应及时在到期日或此之前对价内证行权，因为期满后权证就没有任何价值了。

第四，履约风险

权证实质是发行人和持有人之间的一种契约，存在权证发行人违约的风险。目前设计的权证方案，对发行人的履约安排了充分的担保，违约风险较低。

第五，计算权证的价值并不是简单等于股价减去行权价

决定权证价值的因素很多，包括正股股价、正股的波动率、权证的剩余期限、无风险利率、行权价格、红利收益率等。投资者可以利用权证计算器来计算权证的理论价值。

(三) 可转换债券

可转换债券是一种兼有股票和债券性质的债券，在国内推出已有多年。

1. 可转换债券定义

可转换债券是以公司债券的形式发行，可根据债权人（持有者）的要求，按发行时所订立的条件转换成该公司股票的公司债券。由于其具有可转换性，可转换债券的利率比普通债券的利率低。投资者有三种处置可转换债券的方法：一是持有债券至到期；二是中途将可转换债券卖出；三是将债券转为股票。当股票价格上涨时，持有人行使转换权利比较有利。因此，可转换债券实质上是普通股的一种看涨期权。

2. 转换比例和转换价格

转换比例 = 可转换债券面值（100 元）/转换价格

3. 可转换债券投资

对于投资者，可转换债券提供了多一个投资品种的选择，也多了一条规避风险的渠道。

(1) 当股市向好，可转换债券随市上升超出其原有成本价时，持有者可以卖出转债，直接获取收益；

(2) 当股市由弱转强，或发行可转换债券的公司业绩转好，其股票价格预计有较大提高时，投资者可选择将债券按照发行公司规定的转换价格转换为股票，以享受公司较好的业绩分红或公司股票攀升的利益；

(3) 当股市低迷，可转换债券和其发行公司的股票价格双双下跌，卖出可转换债券及将转债转换为股票都不合适时，持券者可选择保留转债，作为债券获取到期的固定利息。可转换债券提供了股票和债券最好的属性，结合了股票的长期增长潜力和债券的安全和收入优势，投资者可依据上述情况选择合适的投资时期。

第二节 证券交易操作

掌握了证券投资基础知识后，就可以开始学习如何进行证券交易操作。简单地说，证券交易操作就是证券买卖操作。

一、证券交易流程

证券交易是指已发行证券的流通转让活动。证券交易程序主要包括开户、下委托单、成交、清算交割和过户五个步骤。

(一) 开　户

在进行证券交易前，投资者首先要选择一家证券公司开立证券账户和资金账户。

1. 选择证券公司

(1) 选择开户证券公司

由于只有会员单位才能进入证券交易所交易，因此如果个人要进行证券交易，必须选择一家证券公司代理自己的证券买卖，选择证券公司考虑的主要因素有：

1) 证券公司交易系统稳定可靠

投资者在开始交易前也许并不知道哪家证券公司的交易系统稳定可靠，比较有效的方法是先了解几家比较知名的大公司，然后下载这些公司的交易软件（一般都是免费软件），接下来连续几天在开市时和收盘后运行这些交易软件，观察软件运行是否正常，数据是否正确。或者在开户后试着用电话、网络下一些委托单，看成交速度如何。

2) 证券公司售后服务良好

在进行证券交易时，往往会遇到各种疑难问题需要解决，这时最好的方法是寻求开户证券公司帮助，了解证券公司售后服务的好方法是打这些公司的售后服务电话，提一些比较有难度的问题，看它们如何处理这些问题，以此判断其服务态度、服务意识和服务水准。

(2) 改变开户证券公司

上海交易所采用指定交易制度，即投资者只能选择一家证券公司作为买卖上交所证券的证券公司。而投资者在深圳交易所买卖的股票可以选择多家证券公司托管，但在某一营业部买入的股票只能在该证券公司卖出。

如果投资者要改变开户证券公司，则必须到原开户证券营业部，办理有关转户手续。包括：有深圳股票的办理转托管，上海撤销指定交易，然后再到所要开户的证券营业部办理有关手续即可。

2. 开立证券账户

证券账户是存储、管理投资者所持证券的账户，无论是买入还是卖出的证券都存在此账户上。证券账户有深圳、上海交易所之区别，例如投资者持有上海交易所的证券账户则只能购买上海交易所的证券。

证券账户一般由证券公司代为办理。投资者必须持有本人有效的身份证件（一般为居民身份证）到证券公司营业部开立证券账户。如果请人代办，代办人还须提供身份证。一张身份证在每个交易所只能办理一个证券账户。

3. 开立资金账户

资金账户是存储投资者买卖证券资金的账户，投资者在开立证券账户后，必须在证券公司指定银行开立资金账户。并且在交易前存入足够进行证券买卖和支付交易税费的资金。当投资者买入股票时，资金会从资金账户中扣除；当投资者卖出股票时，所得资金会进入该账户。

（二）下委托单

开户并在资金账户中存入足够的资金之后，投资者就可以下委托单买卖证券了。

1. 委托方式

投资者可以根据自己的喜好，选择在开户营业部现场进行交易，也可以通过电话委托、互联网、手机炒股等非现场方式进行交易。不过目前现场交易已经比较少用。

（1）网上交易

投资者通过网上交易有两种方式：一种是进入证券公司网站下委托单交易；另一种是从证券公司网站下载交易软件到自己的电脑，然后通过交易软件进行交易，由于可以同时方便查看交易行情，目前一般都采取这种方式进行交易。

（2）电话委托交易

每个证券公司营业部都有自己的电话委托号码，将这个号码记住，在上网不方便或出差时，可以用电话进行委托交易。

（3）手机交易

对于手机可以上网的投资者，在电脑上网不方便时，另一种替代方式是用手机进行证券交易。

2. 委托内容

（1）证券名称

证券名称有全称、简称和代码三种，证券市场的每一种证券都有唯一的全称、简称和代码。例如上海证券交易所有一只股票，其全称、简称和代码分别如下：

证券全称：上海浦东发展银行股份有限公司

证券简称：浦发银行

证券代码：600000

1）证券代码

证券代码由6位阿拉伯数字组成，每一类证券代码起始范围如表7－7所示。

表 7－7　　证券代码表

证券类别	起始代码	结束代码	证券类别	起始代码	结束代码
上证 A 股	600000	699999	深证债券	100000	199999
深证 A 股	000001	099999	上证配股	700000	700999
上证 B 股	900900	900999	深证配股	300000	399999
深证 B 股	200000	200999	上证认购权证	580000	580799
上证基金	500000	500999	上证认沽权证	580900	580999
深证基金	180000	189999	深证认购权证	030001	032999
上证债券	000000	199999	深证认沽权证	038001	039999

2）证券简称

证券简称一般由三到四个汉字或大写字母构成，一般都是从全称中提炼出的，如东风汽车、深发展 A。比较特殊的情况有两种：

第一，有些股票简称的前都有一个大写字母 S，表示该股票还未进行股改。

第二，权证的简称。其代码简称的 8 个字位（四个汉字）中：第 1 至第 4 个字位用汉字、拼音或数字表示标的证券；第 5 个至第 6 个字位用两个大写字母表示发行人；第 7 字位用一个字母 B 或 P 表示认购或认沽；第 8 个字位用一个数字或字母表示以标的证券发行的第几只权证，当超过 9 只时用 A 到 Z 表示第 10 只至第 35 只。例如甲乙 ZJBX 表示以甲乙为标的证券认购权证的第 33 只。如宝钢权证交易代码为 580000，简称宝钢 JTB1。

（2）证券数量

证券交易的数量单位为手。根据上海、深圳交易所规定：对于 A 股、B 股、基金，1 手＝100 股或 100 份基金单位；对于债券，1 手＝1000 元面值，委托买卖的数量通常为 1 手或 1 手的整数倍。数量不足 1 手的证券称为零股。零股可以一次性卖出，但买入委托中的数量必须是 1 手的整数倍。

（3）委托出价方式

下委托单时，投资者必须填写买入或卖出证券的价格。目前中国采用的委托出价方式主要有市价委托和限价委托。

1）市价委托

即按目前市场价格买进或卖出证券，按照市价委托，不论目前市场价格是涨还是跌，投资者的委托单都能成交。这种委托方式的优势在于，当证券价格快速涨跌，而投资者又非常想成交时，可以保证能够成交；劣势在于投资者不能控制自己的交易成本。

2）限价委托

即按照限定的价格买进或卖出证券。当市场价格低于委托价格时，投资者的买入委托能够成交，投资者的卖出委托不能够成交；当市场价格高于委托价格时，投资者的买入委托不能够成交，投资者的卖出委托能够成交。

如投资者下一委托单，以9.45元/股的价格买入浦发银行（600000），如果目前该股市价为9.30元，则该委托单能成交；如果目前该股市价为9.80元，则该委托单不能成交。

如投资者下一委托单，以9.45元/股的价格卖出浦发银行（600000），如果目前该股市价为9.30元，则该委托单不能成交；如果目前该股市价为9.80元，则该委托单能成交。

这种委托方式的优势在于，投资者能够将投资成本控制在自己的允许范围内；劣势在于，当证券价格快速上涨和下跌时，投资者可能会因为价格涨跌过快而不能买入或卖出证券。

（4）委托有效期限

委托有效期限是指投资者所下的委托单在多长时间内可以参加成交。目前中国采取的是当天有效方式，即在下委托单的当天，如果遇到合适的价格就可以成交，如果当天没有成交，第二天该委托单就自动失效，如果投资者要买卖该证券，则需要重新下委托单。例如投资者下了一委托单，以16.48元的价格买入上港集箱（600018），但当天上港集箱的价格都在16.50～16.90元之间，由于当天没有遇到合适的价格，该委托单没有成交，第二天投资者如果还想买入G上港，就必须重新下委托单。

（5）交割方式

交割指投资者证券买卖成交后，在约定时间内进行证券和价款的收付。目前中国采用T+1交割方式，实务中的具体操作是：投资者下了买入委托单后，其资金账户中的相应资金就会被冻结，如果当天未成交，则这部分资金会在收盘后回到投资者资金账户；如果当天成交，则第二天买入的证券会进入投资者的证券账户。投资者下了卖出委托单后，其证券账户中的相应证券就会被冻结，如果当天未成交，则这部分股票会在收市后回到投资者证券账户，如果当天成交，则当天卖出证券所得资金会进入投资者的资金账户。这种交割方式意味着投资者当日买入的证券第二天才能卖出，而当日卖出证券所得资金当日就可重新购买证券。买卖证券时账户资金和证券的具体变动时间如图7－2所示。

（三）竞价成交

投资者下了委托单后，该委托单就进入证券交易所的电脑系统进行配对成交。

1. 成交方式

证券交易竞价成交包括两个阶段：一是集合竞价，即在每个交易日上午9：25，由交易所电脑主机对在9：15～9：25时间段内接受的买卖申报一次集中撮合成交，形成唯一的一个价格，即开盘价；二是连续竞价，即在每个交易日上午9：30～11：30和下午1：00～3：00，是指对买卖申报逐笔连续

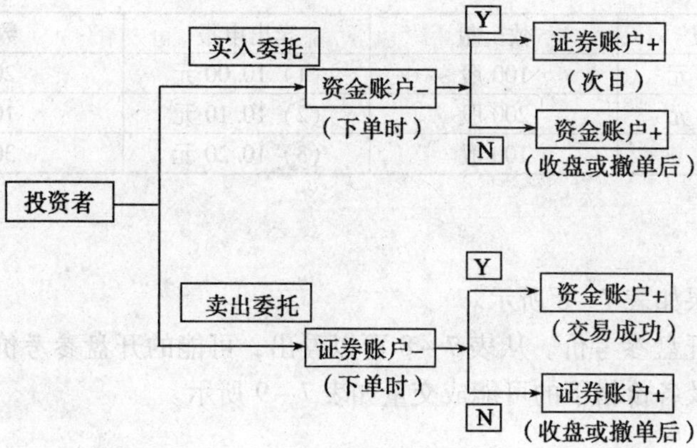

图7－2　证券交割

撮合成交，形成连续的成交价格。

（1）集合竞价

1）集合竞价原则

①成交量最大原则——即以此价格成交，能够得到最大成交量；

②高于选取价格的买入申报和低于选取价格的卖出申报必须全部成交；

③与选取价格相同价位的申报，其中买入申报和卖出申报必须有一方能全部成交。

2）集合竞价过程

①排队。由于同一证券买卖申报人数众多，因此委托单进入交易所后，电脑首先对委托单进行排队，排队的基本原则是价格优先，时间优先，以此来确定谁先成交。对买入申报，按申报价格从高到低排列；对卖出申报，申报价格从低到高排列；对申报价格相同的委托单，按其进入系统时间排列；

②产生开盘参考价；

③撮合成交；

④未能成交的委托申报进入连续竞价。

3）案例分析

【案例7－11】　集合竞价

某年某月某日，上午9：15～9：25，浦发银行（600001）共有3笔买入申报和3笔卖出申报，价格和数量分别如表7－8所示。

表 7－8　　G 浦发集合竞价买卖申报

买入申报	数　量	卖出申报	数　量
（1）10.10 元	100 股	（1）10.00 元	200 股
（2）10.00 元	200 股	（2）10.10 元	100 股
（3）9.9 元	100 股	（3）10.20 元	300 股

①排队

排队结果如表 7－8 所示。

②产生开盘参考价。从表 7－8 可以看出，可能的开盘参考价有 4 个，各开盘参考价及各价格下的可能成交量如表 7－9 所示。

表 7－9　　集合竞价撮合成交

项　目	1	2	3	4
开盘参考价（元）	10.20	10.10	10.00	9.90
买方可成交数量（股）	0	100	300	400
卖方可成交数量（股）	600	300	200	0
实际可成交数量（股）	0	100	200	0

从表 7－9 可以看出，当开盘价为 10.00 元时，实际可成交数量最大，因此 10.00 元就是最终的开盘价，在该开盘价下，第一笔买入申报全部成交，第二笔买入申报成交 100 股，其余 100 股买入申报和第三笔买入申报进入连续竞价；第一笔卖出申报全部成交，第二笔和第三笔卖出申报进入连续竞价。

（2）连续竞价

成交价格的确定原则如表 7－10 所示。

表 7－10　　成交价格的确定原则

申报价位	成交价
最高买入申报价格＝最低卖出申报价格	买入、卖出申报价格
最高买入申报价格＞最低卖出申报价格	最低卖出申报价格
最高买入申报价格＜最低卖出申报价格	最高买入申报价格

【案例 7－12】　连续竞价

某股票目前的价格申报情况如表 7－11 所示（目前处于连续竞价时间段）。

表 7－11　　某股票目前的价格申报情况

	价格（元）	数量（手）
卖一（最低卖出申报价格）	6.54	100
买一（最高买入申报价格）	6.52	50

此时买一和卖一之间不能成交。

如果出现一个 6.50 元的买入申报（低于最低卖出申报价格），该买入申报和卖一之间不能成交。

如果出现一个 6.56 元的买入申报（高于最低卖出申报价格），该买入申报和卖一之间能成交，成交价格为 6.54 元。

如果出现一个 6.54 元的卖出申报（高于最高买入申报价格），该卖出申报和买一之间不能成交。

如果出现一个 6.50 元的卖出申报（低于最高买入申报价格），该卖出申报和买一之间能成交，成交价格为 6.52 元。

（四）清算交割

清算指投资者证券买卖成交后，在约定时间内进行证券和价款的计算。交割指投资者证券买卖成交后，在约定时间内进行证券和价款的收付。清算和交割都包括两个方面：一是证券交易所和证券公司之间的清算交割；二是证券公司和客户之间的清算交割。

（五）过　户

过户即办理变更持有人名册，虽然清算交割完成以后，购买的证券已经归投资者所有，但是发行人那里的信息还没有更改，如果发生分红等事项，就无法确定应该将红利分给老投资者还是新投资者，因此每次交易完成后，都要更改持有人名册。

二、证券交易规则

证券交易主要遵循以下规则：

（一）交易费用

证券交易过程中发生的主要税费有：上交给国家的印花税；上交给证券交易所和证券公司的佣金；证券过户给其他人时发生的过户费；将证券从一家证券公司转移到另一家证券公司的转托管费。各类证券交易费用及费率如表 7－12 所示。

表 7-12　　　　证券交易费用一览表

费　用	上证 A 股	深证 A 股	封闭式基金	权证	可转换债券、国债、企业债
印花税	1‰	1‰	无	无	无
佣金	≤3‰，起点 5 元				1‰
过户费	无	1‰（按股数计算，起点：1 元）	无	无	无
转托管费	30 元	无	无	无	无

（二）证券投资收益

1. 证券投资收益种类

证券投资收益主要有两种：一是资本利得，即证券买卖差价收入，例如投资者以 5 元/股的价格买入某股票，后又以 8 元/股的价格卖出该股票，该投资者可以获得 8 - 5 = 3 元/股的资本利得收入；二是利息股息红利。即由上市公司向投资者发放股票或现金等，债券投资者获得的是债券利息，优先股股东获得的是股息，普通股股东获得的股票是股票红利（即送红股或转赠股本），普通股股东获得的现金是现金红利（即派息）。

2. 上市公司红利分配

根据上市公司收益分配的方式不同，中国上市公司的红利分配方式主要可分为派息、送红股和转增股本。

（1）派息

派息是上市公司以现金的形式向投资者发放的红利，如 10 派 0.5 指的是投资者每持有 10 股股票即可获得 0.5 元，也即每股股票获得 0.05 元。

（2）送红股

送红股是上市公司将本年的利润留在公司里，发放股票作为红利，如 10 送 2 指的是投资者每持有 10 股股票可免费得到 2 股股票。

（3）转增股本

转增股本与送红股相似，只是其资金来源于公司资本公积，如 10 转 3 指的是投资者每持有 10 股股票可免费得到 3 股股票。

（4）配股和增发

配股和增发并不是分红，但为了与以上概念对比，我们将这两个概念放在这里一起介绍。配股和增发是上市公司融资的方式。配股是指上市公司以低于市价的价格向原有股东配售股票，股东可以选择是否购买这些配售的股票。增发是指上市公司以市价向所有投资者发行新股票。

3. 与红利分配有关的几个重要日期

（1）股权登记日

上市公司的股东随时都在发生变化，到底哪些股东能够分红呢？为了解决这一问题，需要引入股权登记日的概念。公司在进行分红派息和配股时，会规定某一交易日为股权登记日，只有在该日收盘后持有该股票的投资者才有获得分红派息和配股的权利。

（2）除权除息日

除权是指除去股票中领取股票股息和取得配股权的权利；除息是指除去股票中领取现金股息的权利。股权登记日的下一个交易日为除权或除息日，该日交易的股票已被除权或除息处理，拥有这种股票不再享有分红派息和配股的权利。

该日被除权或除息的股票，沪市用 XR 表示除权，XD 表示除息，DR 为同时除权和除息，深市则无标记。沪市送股到账和上市交易日为 R+1 日，现金股息的到账日为 R+2 日，配股缴款起始日为 R+1 日，缴款期通常为 10 个交易日。

深市送股到账和上市交易日以及现金股息的到账日均为 R+2 日，配股缴款起始日也是 R+2 日，缴款期通常也是 10 个交易日。

三、证券投资分析软件

查看证券市场行情可以在各网站上搜索，但更便捷的方式是在电脑上下载和安装证券投资分析软件，目前各家证券公司以及一些专业软件公司都有自己的证券交易软件，各种基本功能和基本操作都差不多，当然各种软件都有自己的独特之处，有的擅长行情揭示，有的精于指标分析，有的精通资讯信息，还有的以电脑选股操盘来引人入胜，投资者可以在实践中找到最适合自己的软件，比较理想的是配备两套软件：一套从自己开户证券公司网站下载和安装使用，主要用作网上交易；另一套则选择比较适合自己的专业软件，用作证券投资分析使用。下面以最早的证券投资分析系统——钱龙旗舰版软件为例，来说明证券投资分析软件的安装和使用。

（一）证券投资分析软件下载和安装

1. 打开网页，在地址栏中输入网址 www.qianlong.com.cn，进入钱龙资讯网。
2. 进入下载专区。
3. 在个人用户下载下面点击旗舰版 2006 免费。
4. 点击立即下载旗舰 2006 免费。
5. 点击保存到桌面。
6. 双击桌面文件“instqj_ 2006b45.exe”安装。

（二）证券行情术语

1. 卖一、卖二、卖三、卖四、卖五

卖一、卖二、卖三、卖四、卖五是该个股当前时刻委托卖出的最低/次低/第三低/第四低/第五低价格。其中卖一的出价最低，也是最易成交的一笔卖出委托。卖一、卖二、卖三、卖四、卖五旁边的数字为对应的委托手数。

如

卖五	6.46	100
卖四	6.45	1000
卖三	6.44	420
卖二	6.42	50
卖一	6.41	2600

2. 买一、买二、买三、买四、买五

该个股当前时刻委托买入的最高/次高/第三高/第四高/第五高价格。其中买一的出价最高，也是最易成交的一笔买入委托。买一、买二、买三、买四、买五旁边的数字为对应的委托手数。

如

买一	6.40	6000
买二	6.38	420
买三	6.37	50
买四	6.36	100
买五	6.35	200

3. 委比

委比后面有两个数字，其中一个是委比，另一个是委买卖差。

$$委比=\frac{委买五档手数之和-委卖五档手数之和}{委买五档手数之和+委卖五档手数之和}\times 100\%$$

委比数值的变化范围是 $-100\% \sim +100\%$。

委买卖差＝委买五档手数之和－委卖五档手数之和

委比 >0 表示买方力量大于卖方力量，股价上涨的几率大

委比 <0 表示买方力量小于卖方力量，股价下跌的几率大

4. 成交（价）

成交（大盘）：大盘最近 1 分钟的指数。

成交（个股）该股最近一笔的成交价格。

5. 开盘价（开盘）和收盘价（收盘）

开盘价是个股当日第 1 笔成交价格，由集合竞价产生。

收盘价是个股最后一分钟内加权成交平均价。

【案例 7－13】　股票收盘价计算

某股票某日最后一分钟共成交八笔，其成交价和成交量分别如表 7－13 所示。

表 7－13　　股票收盘价分析计算

成交委托	1	2	3	4	5	6	7	8
成交价格（元）	5.00	5.02	5.03	5.04	5.05	5.05	5.06	5.20
成交数量（股）	10000	10000	12000	14000	13000	10000	10000	1000
成交价格×成交数量（元）	500	502	603.6	705.6	656.6	505	506	52
总成交金额（元）	403080							
总成交数量（股）	80000							
收盘价（元）	5.04							

6. 最高价（最高）和最低价（最低）

最高价是当日到最近 1 笔为止该个股成交的最高价格。

最低价是当日到最近 1 笔为止该个股成交的最低价格。

7. 成交金额（金额）

成交金额 = $\sum$成交价格 × 成交量

大盘：到目前为止所有股票累计成交金额的总和，单位为万元。

个股：到最近 1 笔成交为止该个股的累计成交金额，单位为元。

8. 成交均价（均价）

$$成交均价 = \frac{该股当日成交金额}{该股当日成交量}$$

【案例 7－14】　股票均价计算

某股票当日共成交 5 笔，成交价和成交量分别如表 7－14 所示。

表 7－14　　股票成交均价分析计算

成交委托	1	2	3	4	5
成交价（元）	6.40	6.41	6.42	6.43	6.44
成交量（股）	1000	2000	3000	4000	5000
总成交金额（元）	96400				
总成交数量（股）	15000				
成交均价（元）	6.43				

9. 现手（现量）

现手是该股最近一笔成交手数。

10. 总手（总量）

总手是当日成交手数的总和。对大盘，其单位为万手，对个股，其单位为手。

与总手相关的还有两个概念：成交量和交易量。

成交量是总成交股数，它是单边计算，而交易量也是指总成交股数，它是双边计算。

例如，某只股票成交量显示为1000股，这是表示以买卖双方意愿达成的，即：买方买进了1000股，同时卖方卖出了1000股。在计算时成交量是1000股。但如果计算交易量，则双边计算，买方1000股加买方1000股，计为2000股。

11. 涨跌

涨跌＝成交价－昨收盘价。昨收盘价表示上一交易日收盘价。

12. 幅度

幅度＝涨跌/昨收盘价×100%

对股票来说，普通股票单日涨跌幅度不能超过10%，而ST股票单日涨跌幅度不能超过5%。

13. 涨停

为抑制投机行为，证监会对每交易日中每只股票的成交价格，相对于前一交易日收盘价的最大升跌幅度作了一个限制，此即涨跌幅限制。普通股票的涨跌幅度限制是10%，ST股票的涨跌幅度限制是5%。例如普通股票的涨跌幅度限制是10%，即当日成交价只能在前一交易日收市价±10%内，当成交价为前一交易日收市价＋10%时，此成交价即为涨停板，亦即涨停。

14. 跌停

和涨停类似，跌停是上市证券当日可以下跌到的最低价格。例如普通股票的涨跌幅度限制是10%，即当日成交价只能在前一交易日收市价±10%内，当成交价为前一交易日收市价－10%时，此成交价即为跌停板，亦即跌停。

15. 换手率

换手率是该股最近5日成交量的总和（股数）/普通股股份总数。

换手率高，反映主力大量吸货，今后拉高可能性大。

【案例7－15】　换手率指标运用

邯郸钢铁（600001）流通股本3.2亿股，1998年1月22日上市当天成交股数达10919.24万股。因此当日换手率为34%（10919.24/32000），换手率不高，仅有34%（高的一般达70%）。因此其股价1998年全年一直在7～8元徘徊。

将换手率与股价走势相结合，可以对未来的股价做出一定的预测和判断。

某只股票的换手率突然上升，成交量放大，可能意味着有投资者在大量买进，股价可能会随之上扬。

如果某只股票持续上涨了一个时期后，换手率又迅速上升，则可能意味着一些获利者要套现，股价可能会下跌。

16. 市盈率

市盈率＝股票每股市价/每股收益

公式中的每股市场价是指每股普通股在证券市场上的买卖价格。市盈率是估计普通股价值的最基本、最重要的指标之一。一般认为该比率保持在20～30之间是正常的，数值小说明股价低、风险小、值得购买；过大则说明股价高、风险大、购买时应谨慎。但高市盈率股票多为热门股，低市盈率股票可能为冷门股。

每股收益=净利润/股数。它是估计普通股价值最基本、最重要的指标之一。

17. 量比

$$量比=\frac{\dfrac{该股当日开市到目前的成交量}{今日开市到现时分钟数}\times 240}{最近5日平均成交量}$$

量比是评价当日累积成交量的指标。它反映按照目前的成交量估计的当天成交量与前5天的平均成交量的比值。

量比>1表示目前成交量比前5天成交量放大（放量）。

量比<1表示目前成交量比前5天成交量缩小（缩量）。

18. 外盘和内盘

外盘是到最近1笔为止，当日所有靠近委卖价成交的手数总和。

内盘是到最近1笔为止，当日所有靠近委买价成交的手数总和。

【案例7－16】　外盘和内盘分析

某股票行情揭示如下：

买一	委托数量	卖一	委托数量
25.07	27	25.17	562

目前买一和卖一无法撮合成交，如要要成交，只有买方提高申报价格或者卖方降低申报价格，这时出现一个以25.17元买入的申报，它能和卖一成交，属于买方提高申报价格，以靠近卖方价格成交，这笔交易的手数被记入外盘；如果这时出现一个以25.07元卖出的申报，它能和买一成交，属于卖方降低申报价格，以靠近买方价格成交，这笔交易手数被记入内盘。

当外盘很大时说明买方意愿更强，力量较大；当内盘很大时，说明意愿更强，卖方力量较大；当内盘和外盘大体相近时，则买卖力量相当。

19. 全价

全价是国债的含息价格，等于净值+应计利息额。

20. 净值

净值是不含应计利息的国债价格。

21. 利息

利息是指国债的自上次付息日至当前的票面利息。

22. 溢价

溢价是指标的股票涨幅多少时刚好覆盖权证的成本，一般代表了权证内含的时间价值。也就是说，如果离到期日还有一段时间，那么就有可能存在机会，这个机会的大小会通过市场定价折算成一个价格。

认购证的溢价 =（认股证现价/行权比例 + 行权价格 - 正股价格）/正股价格 ×100%；

认沽证的溢价 =（认股证现价/行权比例 - 行权价格 + 正股价格）/正股价格 ×100%。

（三）证券投资分析软件常用操作

1. 基本界面元素

钱龙软件界面如图 7－3 所示。

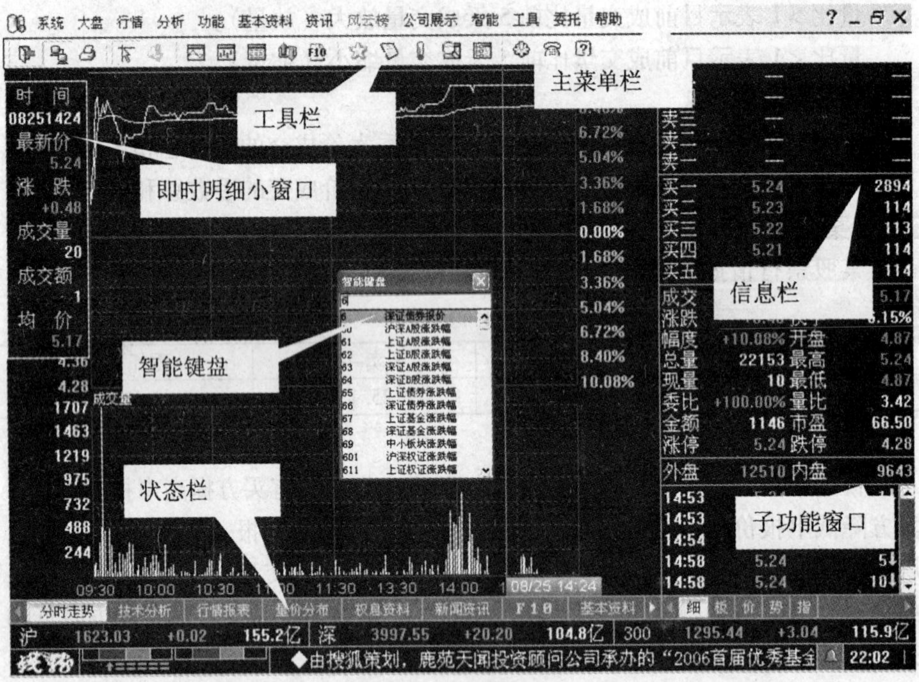

图 7－3　钱龙软件界面介绍

（1）主菜单栏

单击菜单栏上的各个功能项目，即可使用相应的功能。

（2）工具栏

工具栏中聚集了菜单中的一些最常用的功能，点一下图标就可以直接调用这些功能。工具栏默认状态是悬浮式的，也就是说一般情况下看不到工具栏，只有将鼠标移到它上面的标题栏上，它才会弹出来，鼠标一挪开，它又会缩回去了。通过主菜单栏上系统/视图/快捷工具栏，可以将工具栏状态切换到固定、隐藏两种显示方式。前者让工具栏一直在上面，而后者则不允许工具栏出现。

(3) 状态栏

1) 红绿箭头

红色箭头表示现在正处于领先指标红色的区域，绿色箭头表示现在正处于领先指标绿色的区域。

如果箭头向上，表示领先指标与之同色的柱状线正在变长；如果箭头向下，表示领先指标与之同色的柱状线正在变短。

2) 跑马灯

证券公司或合作资讯厂商可以利用跑马灯来发布消息，文字会以滚动的形式播出。

3) 警示灯

当有符合所设置的警示条件，警示灯就会闪烁，单击警示灯即可查看具体信息。

4) 信号接收小棍子

小棍子在旋转，就说明有新的行情数据到达；小棍子不动，则说明没有行情数据。

(4) 即时明细小窗口

明细小窗口在画面的左方，在分时走势画面和技术分析画面，单击鼠标左键，或按 Esc、Enter 键，就可以让它显示或隐藏。

明细小窗口是游标所在位置那一分钟的信息。

1) 分时走势画面显示数据有：

①时间：游标所在的时间；

②最新价：游标所在位置的价格；

③涨跌：游标所在位置的价格 - 昨收；

④成交手数：游标所在位置的成交手数；

⑤成交金额：游标所在位置的成交金额；

⑥均价：累计成交额/累计成交量。

2) 技术分析画面显示数据有：

①时间：游标所在位置的时间；

②开盘：游标所在当日的开盘指数；

③最高：游标所在当日的最高指数；

④最低：游标所在当日的最低指数；

⑤收盘：游标所在当日的收盘指数；

⑥成交量：游标所在当日的成交手数之和；

⑦成交金额：游标所在当日的成交金额之和；

⑧涨跌幅度：游标所在位置的价格 - 昨收；

⑨流通股：游标所在位置的流通 A 股 + 流通 B 股；

⑩换手率：游标所在位置的最近 5 日成交量的总和（股数）/普通股股份总数。

（5）信息栏

信息栏在信息窗口在画面的右上方。这个窗口显示了当天该商品的各种信息，几乎所有的数据都要看这个地方。大盘指数和个股画面中的信息窗口所显示的数据信息是不一样的。

1）大盘的信息窗口显示数据

大盘的信息窗口显示数据有：最新指数、指数涨跌、涨跌幅度、昨日收盘、今日开盘、今日最高、今日最低、总成交量、总成交金额、委比、委买卖差、上涨家数、平盘家数、下跌家数。其中绝大部分在本书行情术语部分已详细介绍，这里只介绍以下几个指标：

①最新指数：最近 1 分钟的指数；

②上涨家数：最近 1 分钟内上涨的家数；

③平盘家数：最近 1 分钟内平盘的家数；

④下跌家数：最近 1 分钟内下跌的家数。

2）个股信息窗口显示数据

个股信息窗口显示数据可以看到：卖五/卖四/卖三/卖二/卖一、买一/买二/买三/买四/买五；

成交、涨跌、幅度、总量、现量、委比、金额、涨停、均价、换手/全价/模净、开盘、最高、最低、量比、市盈/净值/利息/溢价、跌停；内盘、外盘。这些指标在本书行情术语部分都已介绍，这里就不再一一介绍。

（6）智能键盘

只要按了键盘上任意一个字母、数字或没有特殊用途的符号，都会弹出一个智能键盘。

可以在智能键盘中输入中英文和数字搜索想要的类别。智能键盘可以：

①选择商品：智能键盘内的文字显示为蓝色；

②选择指标：智能键盘内的文字显示为绿色；

③选择特殊画面：智能键盘内的文字显示为红色。

1）选择商品

输入商品代码、商品名称的首字母或直接用中文输入商品名称，都能在智能键盘中搜索到该商品，按 Enter 后就可以直接进入这个商品的画面。

注意，用首字母检索商品，在连续输入字母的时候，智能键盘会把所有读音符合的词都检索出来，不管它在商品名称中是在开头还是后面。

就算记不得股票全名，也记不得它的第一个字，只要记得其中 1 个词照样可以迅速定位。

例如，输入 pf，智能键盘会检索到两个商品：基金普丰 jjpf 和浦发银行 pfyx。

如果记得的字不连续也没有关系，用通配符．（点），这个符号可以代替任何字母。

例如，输入 q. k，智能键盘会检索到两个商品：大庆华科 dqhk 和青旅控股 qlkg。

2）选择指标

输入指标的代码（英文或中文），就能在智能键盘中搜索到该指标，按 Enter 后，等于变换当前激活指标窗口的指标。

如，键入 kdj 即可将激活指标窗口的指标变换为 KDJ 指标图。

3）选择特殊画面

很多股民都有一些经常习惯查看的画面，比如上证 A 股涨跌幅排名、自选股报价分析等，如果每次都要从菜单一个一个找过去，那可真是太麻烦了。为了解决这个问题，可以用画面热键寻找，只要在智能键盘中打几个数字，Enter 后就可以直接跳到想去的画面。比如想看上证 A 股涨跌幅排名，就按 61 + Enter；想看自选股报价分析，就按 06 + Enter。并且这些热键在各种证券投资分析系统中基本都是通用的，常用画面操作热键一览表见表 7 – 15 和 7 – 16。

表 7 – 15　　常用画面操作热键一览表（一）

	快捷热键	热键的含义
报价分析	1 + Enter	上证 A 股报价分析
	2 + Enter	上证 B 股报价分析
	3 + Enter	深证 A 股报价分析
	4 + Enter	深证 B 股报价分析
	5 + Enter	上证债券报价分析
	6 + Enter	深证债券报价分析
	180 + Enter	180 板块商品报价分析
资讯	00 + Enter	财经直播室
	001 + Enter	今日焦点
	17 + Enter	走势画面，切换至财经直播室内关于该商品的所有个股点评

续表

	快捷热键	热键的含义
	03 + Enter（F3）	上证领先指标分时走势画面
	04 + Enter（F4）	深证领先指标分时走势画面
大盘涨跌幅排名	61 + Enter	上证 A 股涨跌幅排名
	62 + Enter	上证 B 股涨跌幅排名
	63 + Enter	深证 A 股涨跌幅排名
	64 + Enter	深证 B 股涨跌幅排名
	65 + Enter	上证债券涨跌幅排名
	66 + Enter	深证债券涨跌幅排名
	67 + Enter	上证基金涨跌幅排名
	68 + Enter	深证基金涨跌幅排名
	69 + Enter	中小企业板涨跌幅排名
公告信息	70 + Enter	钱龙信息
	71 + Enter	上海证交所信息
	72 + Enter	深圳证交所信息
	73 + Enter	股份转让公告
	74 + Enter	券商信息
	75 + Enter	上海证交所公告
	76 + Enter	深圳证交所公告
综合指标排名	81 + Enter	上证 A 股综合指标排名
	82 + Enter	上证 B 股综合指标排名
	83 + Enter	深证 A 股综合指标排名
	84 + Enter	深证 B 股综合指标排名
	85 + Enter	上证债券综合指标排名
	86 + Enter	深证债券综合指标排名
	87 + Enter	上证基金综合指标排名
	88 + Enter	深证基金综合指标排名
	89 + Enter	中小企业版综合指标排名

表 7－16　常用画面操作热键一览表（二）

操作热键	热键功能	备　注
Ctrl－P、 Ctrl－N	切至前一天、后一天 在以天为单位的画面中（例如：涨跌幅排名等），按这两个组合键，就可以把画面往前或往后切一天	

续　表

操作热键	热键功能	备　注
–	自动翻页开关 如果在某一个画面中按了自动翻页开关 –，这个画面就会开始每隔若干秒翻一页再按一下开关 –，它就会停止翻页 其实，它就相当于系统每隔若干秒帮按一下 PageDown	自动翻页时间可在系统工具/系统配置工具中进行设置
↑、↓	技术分析画面中放大、缩小图形	
←、→	左右移动游标	
Home、End	游标移至最前、最后	
PageUp、PageDown	上一个股票、下一个股票或者上一页、下一页	
*、/	技术分析画面中上一个指标、下一个指标	
Esc	关闭当前窗口一般情况下都是指关闭整个画面窗口。 不过也有例外的：在技术分析画面中，如果曾经单击鼠标，显示出明细小窗口，在这种情况下按 Esc 键，就是把这个明细小窗口隐藏起来	
+	通过 + 可以切换子功能窗口的显示内容	
Tab	在个股分析画面和智能报表画面，通过 Tab 依次切换画面下方的标签	
Alt – F10	权息校正	
Alt – P	打印当前画面	先在系统工具中设定打印机类型
Alt – Z	将当前商品加入到自选股板块	
Ctrl – Z	将当前商品加入到板块	
Ctrl – F1	于技术分析画面显示当前指标说明	
Shift – F1	显示当前画面的系统操作说明	
F10	当前商品的 F10 资料	
11 + Enter	当前商品的基本资料（财务数据简表）	
15 + Enter	信息雷达之公告信息	
16 + Enter	信息雷达之实时资讯/历史资讯	
01 + Enter（F1）	即时分析画面切换至分笔成交明细 技术分析画面切换至每日成交明细	
02 + Enter（F2）	即时分析画面切换至价量分布图	
05 + Enter（F5）	即时走势画面、技术分析画面、多周期同列画面间循环切换	
08 + Enter（F8）	在技术分析画面切换周期类型	

(7) 子功能窗口

子功能窗口在信息窗口的右下方，可以通过子功能按钮或+进行以下几种切换：

1) 细——成交明细

大盘指数状态下，查看各分类指数的数据，包括指数名称、最新指数。

个股状态下，查看个股分时成交明细，包括时间、成交价、成交量。

2) 板——所属板块

列出当前股票属于那些板块，包括所属板块、家数、上涨、排名四栏信息。

3) 价——多空停损

查看多空停损、获利、止损的指标。

4) 势——当日走势

显示当前商品的分时走势图。

5) 指——大盘指数

显示当前商品所属大盘指数的分时走势图。

2. 分时走势图

分时走势图如图 7-4 所示。

分时走势图由两大走势图组成：上方为该股票的分时走势图，下方为动态指标图。

(1) 分时走势图

1) 个股分时走势图

个股分时走势图中有两条线，白色为分时走势曲线，黄色为均价线。

分时走势曲线：每分钟内最后一笔成交的价格构成的曲线。

均价线：顾名思义，就是均价构成的曲线，均价=截止当前分钟该股票的当日累计成交金额/截止当前分钟该股票的当日累计成交量。

2) 大盘分时走势图

大盘分时走势图也由两条线构成，一条是指数曲线（白色），是由每一分钟指数所构成的曲线；一条是不加权的指数曲线（黄色），是由每一分钟不加权的指数构成的曲线。

因为黄线和白线的计算方法不同，因此在将它们作比较时，黄线更能代表小盘股的走势，而白线则更能代表大盘股。

当指数上涨时：黄线在白线上面表示小盘股涨幅更大；白线在黄线上面表示大盘股涨幅更大。

当指数下跌时：黄线在白线下面表示小盘股跌幅更大；白线在黄线下面表示大盘股跌幅更大。

指标红绿柱：红柱代表上涨的强弱度，绿柱代表下跌的强弱度；当红/绿

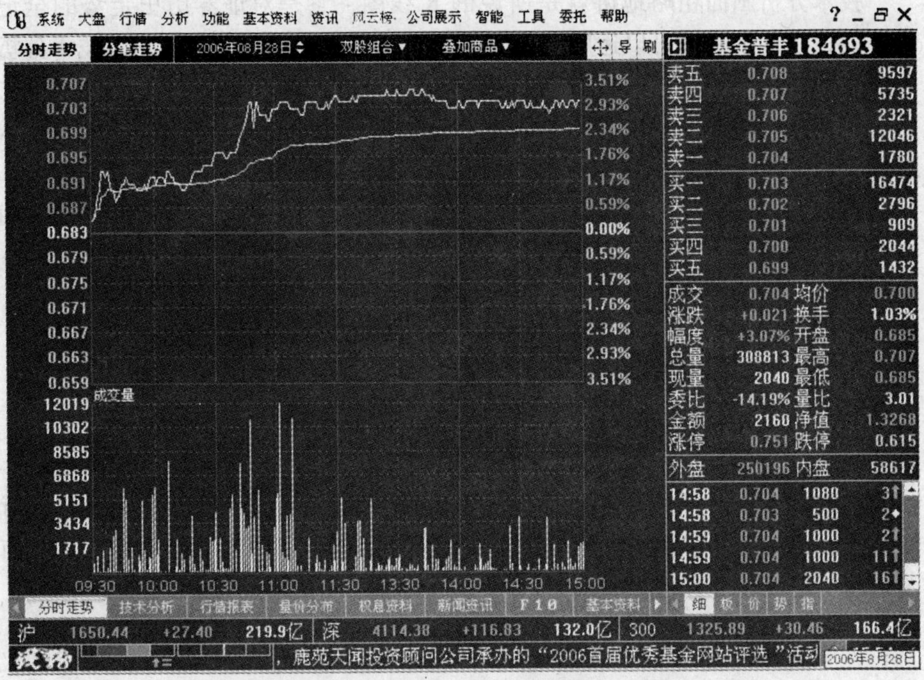

图7-4　分时走势图

柱渐长时，表示上涨/下跌的力量渐渐增强；当红/绿柱渐短时，表示上涨/下跌的力量渐渐减弱。

(2) 动态指标图

下方的动态指标图，可通过右键菜单切换为成交量、成交额、量比、买卖力道、走势图。

1) 量比

若是突然出现放量，量比指标图会有一个向上突破，越陡说明放量越大(刚开市时可忽略不计)。若出现缩量，量比指标会向下走。

量比数值大于1，说明当日每分钟的平均成交量大于过去5个交易日的平均数值，成交放大；

量比数值小于1，表明现在的成交比不上过去5日的平均水平，成交萎缩。

2) 买卖力道

若是红柱多且高，说明买方力量强大，反之则卖方力量强大。

委买曲线和委卖曲线离0轴越远、数值越大，说明市场越活跃。

通过买卖力道图，可以定性地判断大盘实时的多空对比的态势。

3. 技术分析图

技术分析画面粗略地讲就是所说的K线图，它是对证券历史走势的全记录。因为在这个画面可以运用大量的技术指标进行分析，所以称它为技术分析画面。

技术分析画面，默认的设置是由3个技术指标图组成，从上到下依次是K线图、成交量图和MACD指标图。画面中的每一个指标图都可以更换。

方法一：直接键入指标的热键，如KDJ，窗口马上就会给您定位到KDJ指标上（最方便、快捷的方法）。

方法二：在右键菜单中选择变换指标，在弹出的窗口中选中需要的指标，确定即可。

第三节　证券投资分析

在进行证券投资尤其是股票投资前，要先决定到底买什么股票以及什么时候买卖，这就需要应用到证券投资分析。限于篇幅，不可能详细介绍，只是简单地说明证券投资分析方法。

一、证券投资分析概述

证券投资分析，简单地说，就是通过分析选择证券投资的对象和证券投资的时机，即确定应该买什么，什么时候应该买。证券投资分析主要包括基本分析和技术分析。

基本分析研究的是股票的价值。例如通过分析得出股票价值为每股价值20元，而目前该股市场价格仅为10元，则股票价值大于价格，根据价值规律，未来股票价格应该会上升到20元/股，因此可以买入该股票。又如某一事件（如加息）发生，则分析加息会有什么影响，这些影响将波及哪些股票，哪些股票价格会上升，哪些股票价格会下跌，从而作出正确的买卖决策。

技术分析则不考虑股票的价值，也不研究到底是什么因素推动股价的上涨和下跌，只分析股价运动本身的规律，从而找出买入、卖出的最佳时机。

二、基本分析

基本分析主要包括三个方面的内容：（1）宏观分析。宏观分析主要探讨经济运行和经济政策以及证券市场供求对证券价格的影响，如银行紧缩银根股市会上涨还是下跌，它研究整个市场的变化趋势；（2）行业分析。行业分析是介于宏观分析与公司分析之间的中观层次的分析，主要研究股票所处的行业是否具有投资价值，以及哪些因素会影响该行业的发展；（3）公司分析。公司分析是基本分析的重点，研究发行股票的上市公司是否具有投资价值。公司分析主要包括公司基本面分析和公司财务分析。分别从公司运作和财务方面分析公司投资价值，如一个经营太阳能产品的公司，如果其技术独一无二，并且非常领先，那么该公司就能对产品价格有一定的控制力，就能获得超额利润，也就有投资价值。

基本分析的优点主要在于能够比较全面地把握证券价格的基本走势；并且应用起来相对简单。基本分析的缺点在于预测的时间跨度相对较长，对短线投资者的指导作用比较弱；预测的精确度相对较低。基本分析主要适用于：周期相对比较长的证券价格预测；相对成熟的证券市场；适用于预测精确度要求不高的领域。

【案例 7 - 17】　加息对股市影响到底有多大

央行宣布自 2006 年 8 月 19 日起上调金融机构人民币存贷款基准利率，金融机构一年期存款基准利率上调 0.27 个百分点，由现行的 2.25% 提高到 2.52%；一年期贷款基准利率上调 0.27 个百分点，由现行的 5.85% 提高到 6.12%；其他各档次存贷款基准利率也相应调整，长期利率上调幅度大于短期利率上调幅度。

继亚洲重要经济国家日本宣布近十年来第一次加息，从而打破零利率政策之后，中国央行在 18 日晚间突然宣布的加息似乎与 2 周前美联储的加息暂停消息公布有些神似。毕竟，从众人预料之中的政策出台来看，其对于市场的影响程度究竟有多少，并不一定取决于政策本身所带来的威力，而是在于时间点位的处理上。

回顾本次加息的理由，其实不外乎 CPI（居民消费价格指数）的居高不下，以及在投资比重中，固定投资在局部地区依然出现较大增速有关。而这些的矛头，从国际经济学角度来讲，是针对在国家经济比重中过大的对外投资。其实质依然是国家政策中倡导的绿色经济，注重内部需求等要领。那么这些因素与结果，对于股市具有什么样的影响呢？

1. 短期偏多，中期偏空

毫无疑问，加息的影响是多方面的，股市也不能例外。一般说来，利率会与股市形成杠杆效应，利率上升，股市会下跌；利率下调，股市会上涨。那么，本次加息对股市到底会有多大的影响呢？

本次加息的性质上是短期偏多，中期偏空。许多人或许看不明白，为什么这么讲呢？实际上，聪明的投资人应该明白利空出尽的道理。本次加息，由于是在调整准备金率实施之后，因此众人对于加息的预期非常之大。而预期的快速兑现，虽然会给一部分没有准备的投资人带来片刻的恐慌，但更多的是给予有准备的冷静投资者一次很好的买入优质个股的绝好机会。因此，毫无疑问，短期利空的快速兑现所造成的下跌，既是一次实验市场人气的绝佳机会，更是一次难得的低买的良机。但是，必须注意到，利息之门一旦敞开，那么类似美国的点加式的可能会非常之大。而由此对于企业运营财务的影响，对于一些中小企业将会非常棘手。

对于股市的影响。由于股市是资本市场中的重要一环，因此对于股市的影响，可以把它纳入资本市场进行整体考虑。债券、股市、房地产，这三大中国经济中目前的主流，都会不同程度受到影响。而其中，由于股市在反映中国整体经济状况的程度上最高，因此中期受到的冲击最大。0.27%的幅度，虽然等同于2004年10月底的加息，但更大意义上似乎是对于国内有关权威人士对于加息有利于反向抑制人民币过度炒作所形成的一种共识。另外，近期中美贸易会谈的临近与近期人民币震荡幅度的异常扩大，似乎是对于本次加息的一种征兆。不管如何，对于目前股市来说，加息更多的可以看做是为了长期走牛的市场制造一种良好的基本面提供的服务。

2. 行业冷暖各自知

当然，加息对每个行业的影响是不一样的。关联度高的行业影响肯定要大一些，比如金融和房地产；而关联度低的行业相对而言影响会小些，比如食品、电子元器件等。作为具体的上市公司来说，资产负债率越高，财务费用将大增，其影响就越大，反之就越小，其影响最终会体现到年终业绩上。加息对不同的行业和上市公司会有不同的结果，在这个问题上并不能一刀切。

同时，资本依赖程度比较高的行业和一些依然依靠融资谋求发展的中小企业受到的冲击显而易见。不论是国家三令五申严格审批的有色金属、钢铁，还是航空、电力等资本大项目。对于这些贷款利息支出比例比较高的企业，今后的负担将会逐级升级，而业绩也会由此影响而存在调低评级的可能。而与此相反，一些行业性防守类非周期性企业，例如医药与水资源和消费类企业与科技企业。加息可能更多的是带来一次发展再次增速的机会。而由此所发展开的人民币短期升值概念，将会带动市场更全面、更理智地审视在处于人民币升值背景下市场的整体布局。有理由相信，房地产依然会是争议的一个重要焦点。出色的房地产公司，将会面临再次腾飞的机会。

【案例7-18】　高油价震动股市

2005年8月29日，受国际原油价格突破70美元大关消息的影响，国内股市受中国石化（600028）蓝筹大跌影响，大盘全线下挫。

引发价值调整。浪潮原油价格高涨引发了上市公司的价值调整浪潮。尽管中国石化2005年中期业绩达到每股0.208元，净利润同比增长了近20%，但该股盘中的最大跌幅达到了惊人的7.36%，收盘下跌了3.46%。石化板块中扬子石化、上海石化的跌幅均超过了3%。而原油价格的高涨也使得投资者对刚刚复苏的汽车行业前景比较担忧，这也使汽车行业及其相关企业遭受了重创。

不过，辽河油田、中原油气等石油开采企业、天发石油等成品油销售企业以及市场游资借油价上涨挖掘的新能源板块保持了强势。但这根本无力阻止高油价引发的权重股下跌浪潮，当天两市股指均以中阴线报收。

油价高企使得市场担心世界经济出现衰退，进而影响国内经济发展和上市公司业绩，上半年公司赢利增幅小幅回落亦加重了市场这种担心，导致投资者操作明显谨慎。但结合目前股改的背景，市场调整幅度有限。

炼油企业处境艰难。中国的进口原油比重较高，国际原油价格的飙升对整个中国的经济运行不利，同时也使得与宏观经济密切相关的石化石油行业承受着成本上升与需求不畅的双重压力。

国际原油价格近期的异常表现已经脱离了供求关系。油价高涨，国内石油石化产业链中的各个企业利润将发生变化，对国内上游的原油开采企业比较有利，而像交通、运输等下游行业则因为成品油价格的管制以及政府的补贴受到影响并不大。只是对于炼油这样的中游行业来说，自今年 4 月以来的全行业亏损还会加大，且炼油行业的成本是放开的，而产品价格则受到政策的抑制，因此它们的处境将比较艰难。

三、技术分析

技术分析方法有很多，K 线分析是通过研究多空双方的力量对比，来推测未来股价上涨和下跌的可能性。切线理论是用辅助线分析股价运动趋势。形态分析是研究股价图形走出的形态所具有的规律。指标分析是人为设计一些指标分析股价走势。

技术分析的优点是同市场接近，考虑问题比较直接。缺点是眼光太短，考虑问题的范围相对较窄，对市场长远的趋势不能进行有益的判断，因为有很多东西是技术分析所无能为力的。技术分析适用于短期的行情预测。一般实务中是将基本分析和技术分析结合起来，用基本分析判断股票投资价值和选股，用技术分析选择具体买卖时机。但具体的分析方法有很多，没有一个人能将所有方法都学会并精通，那么应该怎样选择具体的分析方法呢？

【案例 7－19】　均线卖出法可控制风险

很多投资人因为缺乏股票的专业投资知识或是心态不好，在大盘和个股见顶后的回落过程中死捂股票，很容易造成巨大亏损。

在大盘进入弱势时，均线卖出法可锁定获利控制风险。中线投资人可在个股走势图上设定 20 日均线（即月线），该股 20 日均线由上升趋势进入到走平或下降时，如果股价击破 20 日均线，则宜抓住盘中反弹的机会卖出。

短线投资人可在个股走势图上设定 5 日或 10 日均线（视个人操作习惯和股票涨幅大小而定），该股 5 日或 10 日均线由上升趋势进入到走平或下降时，如果股价跌破 5 日或 10 日均线，则也在盘中反弹时卖出。

用此法卖股票，虽不能卖在最高价位，但可以确保非专业投资人在股票趋势变坏时，保住一定赢利，或者将风险控制在一定范围内而不至于被深套。

【案例7－20】 权证投资要看分时K线

在股票投资中比较流行的K线技法不能简单应用于权证投资中，比如低位长阳买进，高位长阴卖出。由于权证是一种典型的短线投机品种，因此参与时要重点关注分时K线，而不能只关注于日K线。

通常情况下，权证的日K线出现长阳线时表示已接近卖出时机，等到出现长阴线时再考虑卖出则往往为时已晚。在权证投资中，要将日K线分析放在次要位置，以分时K线中的5分钟K线和15分钟K线作为主要的分析对象。

在K线分析中，投资者使用最多的K线是日K线，其次是周、月K线，而对于分时K线则使用较少。很多人以为分时K线变化过快，是短线高手最适宜使用的，其实，投资者即使参与中长线投资也离不开对分时K线的研判，因为任何投资都需要进行买卖操作。而在权证投资中，分时K线可以使投资者更好地把握投资机会。

分时K线在权证投资中的作用主要有三个：①分时K线有助于投资者从微观的角度分析权证走势，是对权证行情分析的一种补充。②可以帮助投资者准确判断权证的买卖时机。③可以在投资权证上市初期提供有效的帮助。

分时K线分析与其他分析方法结合起来运用，可以起到更好的投资效果，其中以分时K线与均线的配合使用是最关键的。当分时K线以最快的速度（通常是一两根分时K线）向上穿越多条均线时，可以果断买进；当分时K线以最快的速度（通常是一两根分时K线）向下跌穿多条均线时，则要坚决卖出。

四、选择适合自己的投资方法

从前，有一个渔民、一个书生和一个商人，都想去大海南边的一个好地方谋生。有经验的老渔民告诉他们，那个地方很远很远，渡海时一定要带上指南针，免得迷路。于是，渔民和书生各买了一只指南针，唯独商人不相信，认为自己没有指南针，照样可以闯南走北。因此，他买了船，装足了食物，就跟着出发了。走到半路，海面上起了大雾，看不清方向，商人和他的伙伴失去了联系，结果闯进了急流，落了个船翻人亡。

渔民和书生闯过了大雾，碰见了一片礁林。渔民说：快绕开，不然礁石就会把船碰翻。书生指着指南针，摇摇头说：使不得，方向不能改变！他不听劝阻，眼睛盯住指南针，径直将船驶进了礁林，结果触礁翻船，落个和商人一样的下场。只有那个渔民，绕过了片片礁林，闯过了重重风浪，终于到达了目的地。

这个故事告诉人们，要做好一件事，第一要有一个好的工具；第二，有了工具，还要学会灵活运用，在大方向正确的前提下，求变创新才能适者生存。

股票市场犹如浩瀚的大海，是一个方向性很强，变化又非常快的市场。只有认准一个有效的工具，才能在复杂多变市场中赚钱。

现在 A 股市场的股票有 1300 余个，随着不断扩容和创新，股票还会继续增加，基本面不断变化，甚至还陆续增加诸如 ETF、权证和股指期货等新品种，仅凭个人赤手空拳，怎么能赢利?

有了一个好的工具，还要学会灵活运用。软件作为工具，是为了客观公正地去评价市场和捕捉牛股，最终作出决定的，还是人脑。

股市的魅力在于创新。想要适应这个时时刻刻都在不断变化着的股市，必须经常观察研究新思路、新特点、新理论，积极挖掘未知区域。想别人所未想，做别人所未做，不能简单的重复已有的结论，模仿已有的方法，而要在原有的结论和方法的基础上加入自己的特色，求变创新才能适应这个市场。

无论是道氏理论、波浪理论、还是江恩理论等诸多的分析方式，都不能否定它们曾经辉煌，但同样不能只停留在过去辉煌的回忆之中。需要对这些理论创新，需要运用软件工具增加自己的东西。

有人偏爱短线，有的人说长线是金，有人说技术面重要，也有人单爱基本面分析。其实，无论哪种分析方式和操作手法，都没有绝对的正确或错误。你认为是破烂一堆的垃圾股，别人可能就是赚钱的大黑马。重要的是，一定要根据自己的性格、能力还有自己的心理承受能力、心理素质等，挑选一种最适合的投资方式。

第八章　个人实物投资理财

- 在通货膨胀加剧时期，您是否考虑过您的资产的保值增值？
- 房产是资产还是负债？
- 如果您是一个收藏爱好者，您是否考虑过以收藏来投资？
- 高档首饰应该当做投资工具还是奢侈品？

第一节　房产投资

房产是一种兼具消费和投资功能的产品。房产可以在消费的同时，实现价值提升，是一种受到普通投资者喜爱的高收益高风险投资产品。

一、房产投资的优势和劣势

房产作为一种投资工具，既有优势也有劣势。

（一）房产投资优势

房产投资具有以下优势：

1. 收益可观

从房产需求来说，中国人口众多，并且正逐渐向工业化、城市化转型，房产将在长时间内保持旺盛需求；从供给来说，城市不可能无限制扩张，城市的土地供给总是有限的，供给小于需求，只要不发生战争等意外事件，房产具有很高的升值空间。

2. 抵御通货膨胀

投资房地产的收益主要来源于持有者的租金收入和买卖差价。在通货膨胀时期，一方面，由于建材、工资等的上涨使得新建住房的成本大幅上升，从而使得房产价格上涨。另一方面，通货膨胀也使得各项消费成本上升，租房成本也随之上升。另外，通货膨胀还会带来有利于借款者的财富重新分配。通货膨胀中，贷款利率并不与物价同样上升，因此房地产价格和租金上升时，贷款本金和利息不变，因此投资者会发现其债务负担和付息压力实际上大大减轻，个人净资产也相应增加。

3. 具有杠杆效应

因为购买房产可申请住房抵押贷款。由于财务杠杆的作用，投资者可以用较少的资金获取较大的收益。例如，投资者以30万元的价格买入一套57平方米的房产，首付9万元，贷款210000元，两年后，投资者将该房产以45万元的价格卖出，持有房产的两年中，投资者共支付贷款本金2万元，利息1万元，不考虑货币时间价值，投资者的投资收益率为116.67%（(45-30-1)/(9+3)），如果当时投资者选择一次性付款，投资收益率只有50%（(45-30)/30），由于运用了贷款，投资者的收益率提高了133.34%（(116.67%-50%)/50%）。

(二) 房地产投资的劣势

房产作为投资工具，虽然有它的优势，也有自身的劣势。

1. 缺乏流动性

房产投资最大的缺陷就是流动性不强。世界上没有两套完全一模一样的房子，房产不可能是标准化产品，因此买卖双方需要花费大量的时间、精力去寻找合适的交易对手和进行价格谈判。此外，房地产转让要支付很高的交易成本。投资者万一急需用钱，很难在短时间内以满意的价格出售。

2. 房地产周期的不利影响

虽然在最近几年，中国的房地产市场都非常繁荣，但房地产市场也有明显的周期性特征，在房地产市场周期中的衰退期，房产价格和房租都会大幅下降，并且房产的出售和出租都会非常困难。而且，由于很多投资者是依靠贷款进行投资的，在房产价格上升时财务杠杆非常有利于投资者，可以放大投资者的收益，但是房地产价格下降时，财务杠杆同样地会放大投资损失，可能出现房产价格低于贷款本金的情况，使投资者蒙受巨大损失。

3. 受外界不利影响

房地产的地理位置和固有特征一般是难以改变的。这样，当一些不利的变化发生时，房地产的市场价格和租金会大幅下降。比如，城市区划的改变，政府增加房产税，附近新建高架桥等。其次，在经济衰退时期，房地产投资的下跌速度与其他投资的下跌速度一样，有时甚至更快，此时房地产投资可能还不如银行存款，与此同时，抵御通货膨胀时的优势——作为债务人的债务转移分配效应，此时也变成了劣势。

【案例8-1】　世界历史上的三次房地产大泡沫

20世纪是世界经济快速发展的100年，房地产业的兴盛无疑是刺激这100年间经济增长的重要因素。然而由于各种复杂的原因，在一些国家和地区曾出现过可怕的房地产泡沫，结果使无数投资者转瞬间一贫如洗，从而留下一幕幕悲剧。

（1）美国房地产泡沫：7.5万人口的城市竟出现2.5万名房地产经纪人

20世纪20年代中期，美国经济出现了短暂的繁荣，建筑业日渐兴盛。在这种背景下，拥有特殊地理位置的佛罗里达州出现了前所未有的房地产泡沫。

佛罗里达州位于美国东南端，地理位置优越，冬季气候温暖而湿润。第一次世界大战结束后，这里迅速成为普通百姓的冬日度假胜地。由于佛罗里达的地价一直远低于美国其他州，因此该州成为了理想的投资地。许多美国人来到这里，迫不及待地购买房地产。随着需求的增加，佛罗里达的土地价格开始逐渐升值。尤其在1923年~1926年间，佛罗里达的地价出现了惊人的升幅。例如棕榈海滩上的一块土地，1923年值80万美元，1924年达150万美元，1925年则高达400万美元。一股炒卖房地产的狂潮越来越汹涌澎湃。据统计，到1925年，迈阿密市居然出现了2000多家地产公司，当时该市仅有7.5万人口，其中竟有2.5万名房地产经纪人，平均每三位居民就有一位专做地产买卖。当时，地价每上升10%，炒家的利润几乎就会翻一倍。在那几年，人们的口头禅就是：今天不买，明天就买不到了！在这种狂潮的催动下，一向保守冷静的银行界也纷纷加入炒房者行列。

然而好景不长，到1926年，佛罗里达房地产泡沫迅速破碎，许多破产的企业家、银行家或自杀、或发疯，有的则沦为乞丐。据说美国商界大名鼎鼎的麦当劳之父雷·克洛克，当年也因此一贫如洗，此后被迫做了17年的纸杯推销员。紧接着，这场泡沫又激化了美国的经济危机，结果引发了华尔街股市的崩溃，最终导致了20世纪30年代的世界经济大危机。

(2) 日本房地产泡沫：东京都的地价超过了美国全国地价总和

20世纪30年代以后的60年间，世界房地产领域基本上没有出现大的波澜，但进入90年代后，日本的房地产泡沫再度震惊了世界。

20世纪80年代后期，为刺激经济的发展，日本中央银行采取了非常宽松的金融政策，鼓励资金流入房地产以及股票市场，致使房地产价格暴涨。1985年9月，美国、联邦德国、日本、法国、英国五国财长签订了广场协议，决定同意美元贬值。美元贬值后，大量国际资本进入日本的房地产业，更加刺激了房价的上涨。从1986年到1989年，日本的房价整整涨了两倍。

受房价骤涨的诱惑，许多日本人开始失去耐心。他们发现炒股票和炒房地产来钱更快，于是纷纷拿出积蓄进行投机。到1989年，日本的房地产价格已飙升到十分荒唐的程度。当时，国土面积相当于美国加利福尼亚州的日本，其地价市值总额竟相当于整个美国地价总额的4倍。到1990年，仅东京都的地价就相当于美国全国的总地价。一般工薪阶层即使花费毕生储蓄也无力在大城市买下一套住宅，能买得起住宅的只有亿万富翁和极少数大公司的高管。

所有泡沫总有破灭的时候。1991年后，随着国际资本获利后撤离，由外来资本推动的日本房地产泡沫迅速破灭，房地产价格随即暴跌。到1993年，日本房地产业全面崩溃，企业纷纷倒闭，遗留下来的坏账高达6000亿美元。

从后果上看，20 世纪 90 年代破灭的日本房地产泡沫是历史上影响时间最长的一次。这次泡沫不但沉重打击了房地产业，还直接引发了严重的财政危机。受此影响，日本迎来历史上最为漫长的经济衰退期，陷入了长达 15 年的萧条和低迷。即使到现在，日本经济也未能彻底走出阴影。无怪乎人们常称这次房地产泡沫是“二战”后日本的又一次战败，把 20 世纪 90 年代视为日本失去的十年。

（3）东南亚、香港房地产泡沫：香港业主平均损失 267 万港元

继日本之后，泰国、马来西亚、印度尼西亚等东南亚国家的房地产泡沫也是一次惨痛的经历，而其中以泰国尤为突出。20 世纪 80 年代中期，泰国政府把房地产作为优先投资的领域，并陆续出台了一系列刺激性政策，由此促生了房地产市场的繁荣。海湾战争结束后，大量开发商和投机者纷纷涌入了房地产市场，加上银行信贷政策的放任，促成了房地产泡沫的出现。与此同时，大量外国资本也进入东南亚其他国家的房地产市场进行投机性活动。遗憾的是，当时这些国家没有很好地进行调控，最终导致房地产市场供给大大超过需求，构成了巨大的泡沫。在金融危机爆发以前的 1996 年，泰国的房地产业已处于全面危险的境地，房屋空置率持续升高，其中办公楼空置率竟达 50%。随着 1997 年东南亚金融危机的爆发，泰国等东南亚国家的房地产泡沫彻底破灭，并直接导致各国经济严重衰退。

东南亚金融危机还直接导致了香港房地产泡沫的破灭。香港的房地产热最早可以追溯到 20 世纪 70 年代。当时，李嘉诚、包玉刚等商界巨子纷纷投资房地产领域，香港十大房地产公司也先后公开上市，而来自日本、东南亚和澳大利亚等地的资金也蜂拥而入。在各种因素的推动下，香港的房价和地价急剧上升。到 1981 年，香港已成为仅次于日本的全世界房价最高的地区。

1984 ~1997 年，香港房价年平均增长超过 20%。中环、尖沙咀等中心区域每平方米房价高达十几万港元，一些黄金地段的写字楼甚至到了每平方米近 20 万港元的天价。受房价飞涨的刺激，香港的房地产投机迅速盛行起来，出现了一大批近乎疯狂的炒楼族。当时的香港，人们盲目地投资房地产。为了抓住机遇，许多人往往仅凭地产经纪人电话中的描述，就草草决定购买豪宅。一些经纪人甚至会对顾客说出这样的话：什么？你要考虑一两天？当然不行，有很多人在等，你不买的话，过 3 分钟就没了！1996 年，香港竟出现买房前必须先花 150 万港元买一个号的怪事。

就在香港的房地产泡沫达到顶峰时，东南亚金融危机降临了。1998 ~2004 年，香港楼价大幅下跌，如著名的中产阶级居住社区太古城，楼价就从最高时的 1.3 万港元每平方英尺下跌到四五千元每平方英尺。据专家计算，从 1997 年到 2002 年的 5 年时间里，香港房地产和股市总市值共损失约 8 万亿港元，比同期香港的生产总值还多。而对于普通香港市民而言，房地产泡沫的破灭更

是不堪回首。在这场泡沫中，香港平均每位业主损失267万港元，有十多万人由百万富翁一夜之间变成了百万负翁。

可以说，发生在20个世纪的3次房地产大泡沫，对当时和后来的世界经济发展造成了深远的影响。它们给世界经济造成了惨痛的损失，也留下了宝贵的经验教训，而这些教训在世界各国房地产热高烧不退的今天显得尤为珍贵。

二、房产投资案例分析

【案例8-2】 月光族房产投资理财

在打工族中，活跃着一大批白领月光族。所谓月光族，就是每月将月收入全部花光的那些人。不仅单身年轻人容易发生这种现象，当一对大手大脚的男女走到一起时，月光家庭也就随之诞生了。由于花钱的随意性，这样的家庭前半个月潇洒时尚，后半个月却捉襟见肘。购房买车的计划一年一年地推迟。

那么，该如何正确而巧妙地理财，才能使自己置业无忧、养家不愁，真正做到三十而立呢？20~35岁的年轻人在实施置业理财计划时，可以每5年为一周期，有步骤地分三个阶段进行。

第一步：月光族变首付族

月光族案例：在公司做行政工作的小董，今年24岁，大学毕业已有2年，月薪3000元。原以为没有存款没什么大不了，每个月工资都花得精光，因为反正身边有的朋友也是这样。然而，他到了后来开始盘算是不是该买房的时候才发现，自己工作后竟然一分钱都没能存下来，连按揭买房最基本的首期款都付不了。懊恼不已的小董对于自己现在的财务状况很是头疼。

其实，月光族的真正问题并不都在于收入的高低，而更多的在于使用金钱的方法。很多年轻朋友认为，钱是挣出来的，不是攒出来的。这似乎是很有道理的话，但只说对了一半。不积细流无以成江海。广开财源自然是好事，但能够节流可以更主动地把握住今天有限的资金。

月光族变为首付族的理财法宝：掌握自身资金状况，确立理财目标，逐渐储备，积少成多。工作几年下来，也能打下一定的经济基础，在准备买楼的时候也就不会出现类似小董那样望楼兴叹的苦恼了。

第二步：供楼族变理财族

供楼族案例：28岁的张先生是一机关单位的公务员，2002年10月以按揭方式买了一套总价35万元的二手房，安置了新婚家庭。可张先生表示新婚后二人世界过得并不很惬意，每个月都感觉似乎被供楼贷款弄得手头很紧，苦称自己变成了一个痛苦的供楼族——按时付款，揭不开锅。

类似张先生这样的供楼族多数存在一个通病，就是申请买楼按揭时预算不充分。这主要是贷款额高，但按揭年限短，导致月还款额很高，几乎占家庭月收入七成以上。月收入不足万元的家庭，其按揭月供款额最多不应超过家庭收入的五成。按揭置业不只是简单的供楼，或每月还款，它应作为一种消费理财的技术手段，其运用是否合理，对置业者而言是十分重要的。应明智、客观、灵活地选择最适合自己的按揭方式，拟订适合自己的还款计划。

25～30岁之间的年轻人选择置业时，不宜好大喜贵，应抛弃置业必须一步到位的思想，根据自身所能承受的范围，做出合理的决策。尤其是在选择按揭方式时，不宜过分要求年限短，或急着想尽快还清贷款，而过分压缩日常生活开支，降低原本应该保持的生活质量。

第三步：置业族变投资族

投资族案例：刚刚过完34岁生日的谢先生发现自己原先的房屋已经无法满足现在生活的需要了。于是，他准备卖掉原有房屋，再买一套新居。可听到地产人士分析说，原有的这套房子仍有很大的升值潜力，现在卖掉很不划算。但旧房若不卖，买新房需投入的资金较多，很容易增加家庭经济负担，处理不好还可能出现赤字。谢先生还真不知道如何是好，希望能有一个一举两得解决问题的好方法。

事实上，谢先生现在面临的选择，是许多准备二次置业人士经常会遇到的问题。而谢先生所希望的两全其美的解决问题方法，也是可实现的。近几年，银行、按揭机构相继推出许多房产按揭新金融产品，能为置业者提供符合个性化需求的服务。对于类似谢先生这样的置业者来说，可考虑押旧买新贷款业务，解决买新房的资金问题；同时再将旧房出租，以租养供。

第二节　黄金投资理财

黄金以其耐用、美观和稀有的特性，自古以来就是人们保值增值的有效工具。近年来，黄金投资更是风靡全球，广受投资者追捧。

普通投资者参与黄金品种的投资交易，在当今整个世界形势动荡不安和中国经济与世界经济联系越来越密切的大背景下，不失为闲散资金的一个新的投资渠道。事实上，从资产的安全性、变现性考虑，将黄金作为一种投资对象而纳入整个家庭资产的组成部分，已成为许多家庭在投资理财时的重要选择。

一、黄金投资品种

黄金根据形态不同，可以分为金条金块、纯金币、黄金纪念币和黄金饰品。不同的黄金品种具有不同的特性。

（一）金条金块

金条和金块的加工费用低廉，附加支出不高（主要是佣金等，不过如果是纪念性质的金条金块，如曾经热销的千禧纪念金条之类，溢价幅度就比较高），变现性强，在全世界范围内都可以方便地买卖，并且大多数地区都不征交易税，还可以在世界各地及时地得到报价。但缺点是，投资金条金块会占用较多的现金和保管费用，并且从安全性角度考虑，让人比较费心。

（二）纯金币

金币有两种，即纯金币和黄金纪念币。

纯金币的价值基本与黄金含量一致，价格也基本随国际金价波动。纯金币主要为满足集币爱好者收藏。有的国家纯金币标有面值，如加拿大曾铸造有50元面值的金币，但有的国家纯金币不标面值。由于纯金币与黄金价格基本保持一致，其出售时溢价幅度不高（即所含黄金价值与出售金币间价格差异），投资增值功能不大，但其具有美观、鉴赏、流通表现能力强和保值功能，所以仍对一些收藏者有吸引力。总体来说，投资纯金币与投资金条金块的差别不是很大。通常情况下，投资者在购买纯金币时要注意金币上是否铸有面额，有面额的纯金币要比没有面额的价值高。

其投资优点是：纯金币的大小、重量不一，所以投资者选择的余地比较大，即使很少的资金也可以用来投资，并且变现性强，不存在兑现难的问题。但投资纯金币的缺点是，保管的难度要比金条金块大，购买金币需要注意最好要购买知名企业的，要妥善保存有关单据，要保证金币外观，包括包装材料和金币本身不受损坏，以便将来出手方便。

（三）黄金纪念币

虽然黄金纪念币是以黄金为原料加工制造而成的，但由于其严格的选料、高难度的工艺设计水准和制造，以及丰富的内容、画面与相对较少的发行量，使得黄金纪念币具有较高的艺术品美学特征和投资价值。

黄金纪念币由于较大的溢价幅度，具有比较大的增值潜力，其收藏投资价值要远大于纯金币。黄金纪念币的价格主要由三方面因素决定：一是数量越少价格越高；二是铸造年代越久远，价值越高；三是目前的品相越完整越值钱。黄金纪念币一般都是流通性金币，都标有面值，比纯金币流通性更强，不需要按黄金含量换算兑现。由于黄金纪念币发行数量比较少，具有鉴赏和历史意义，其职能已经大大超越流通职能，投资者多为投资增值和收藏、鉴赏，投资意义比较大。如一枚50美元面值的纪念金币，可能含有当时市价40美元的黄金，但发行后价格可以大大高于50美元的面值。投资纪念金币虽有较大的增值潜力，但投资这类金币有一定的难度，首先要有一定的专业知识，对品相鉴定和发行数量，纪念意义，市场走势都要了解，而且还要选择良好的机构进行交易。

（四）黄金饰品

黄金饰品实用性大、美学价值高，但是从投资角度来看，投资黄金饰品的收益较低，所以，一般不提倡选择投资黄金首饰。其原因是，黄金首饰的价格在买入和卖出时相距较大，而且许多黄金首饰的价格与内在价值差异也较大，因为从金块到金饰，金匠或珠宝商要花不少心血进行加工，生产出来后，作为一种工艺美术品，还要被征税，最终到达购买者手中时，还要加上制造商、批发商、零售商的利润，这一切费用都将由消费者承担。此外，黄金首饰在日常使用中，总会受到不同程度的磨损或碰撞，如果将旧的黄金饰品变现时，其价格自然要比购买时跌去不少。不过对于收入不高的居民来讲，购买金首饰除了美观外，也可以有应急的作用，如果在饰金价格比较低的阶段购买，保值和升值的作用也比较明显。当然，对于职业投资者来讲，饰金是不具备投资价值的。

（五）纸黄金

纸黄金也叫黄金凭证。就是在黄金市场上买卖双方交易的标的物是一张黄金所有权的凭证而不是黄金实物。

（六）黄金股票

黄金股票又称金矿公司股票，指的是金矿公司向社会公开发行的上市或不上市的股票。如目前在证券交易所上市的中金黄金和山东黄金。

（七）黄金基金

黄金基金是专门以黄金或黄金类衍生品种作为投资媒体，以获取投资收益的一种共同基金，黄金基金分为开发式基金或封闭式基金。

二、黄金交易

（一）金币交易

1. 金币交易的渠道

目前中国市场上金币交易的渠道主要有5种，其中的3种与金饰回购的渠道相同。

（1）珠宝商家

这是黄金制品的传统回购平台。这些主营金饰业务的商家一般会以低于市场零售价格45%到55%的价格收购金币，多数金币被回收后都当成了原材料重新铸造，而纪念或工艺价值在商家眼里几乎等于零。

（2）黄金交易营业厅

这是刚刚在广州兴起的黄金回购平台，由官方授权的金币藏品企业投资经营，按照当天上海黄金交易所的价格回购，另外加收6%的交易手续费。该回购渠道的好处是方便快捷，公正合理，但也或多或少地抹杀了金币的工艺收藏价值。比如，2000年发行的1.9盎司熊猫金币，目前的市场价格已达1.3万元，而按重量折算只有不到60克，拿到黄金交易营业厅去销售就只能卖到8946元左右，投资者至少损失了30%的收益。

(3) 小型黄金投资公司

从2005年兴起的这些小型黄金投资公司、收藏咨询公司，由于经营比较灵活，往往能根据金币的成色、种类、工艺与市场行情来综合决定其回购价格。一般情况下，纪念型金币的工艺溢价空间较大，回购价一般为市场价格的65%至75%，投资型金币的回购价一般为市场价格的75%至85%。

(4) 网络平台或收藏协会

这是金币回购区别于金饰回购的渠道之一，也是国内交易种类最为丰富、价格浮动范围最大的金币交易平台。该渠道的金币回购价格一般会比珠宝商略高，而比小型投资公司的价格略低。这是因为，该平台提供了买卖双方直接交易的机会，而且收藏行家云集，价格相对公允。另外，由于强调的是金币的收藏价值，因此该平台的计价单位也与别的渠道有所区别，很少以元/克来计算，而是以套、块来计算。

(5) 邮币卡二级市场

在全国各地都有不少邮币卡交易的二级市场，这些市场一般都兼营金币回购业务；而且与上述第四种交易平台类似，对金币的回购通常也是以块、套为单位。比如青藏铁路全线通车纪念币刚上市时的市场价是2000多元，到后来二级市场售价达4800元的时候，二级市场的回购价也相应上涨到了4500元左右。二级市场金币的回购价一般为当时市场售价的七八折左右，根据题材和品相的不同而有所差异。该平台的优点是金币能被当做藏品整个回购，较能体现金币的收藏价值，并且有讨价还价空间。

只有把金币当成收藏品出售时，才可以物有所值，卖出一个好价钱。许多投资者手里的所谓金币虽是纯金铸造，却是工艺赝品，即不法商家按照正规发行金币的外形仿造的，其收藏价值很低，不如直接拿到黄金交易营业部当原材料卖出了事。如果手里的金币确为正规藏品且在市场上正当升值，则卖给从事收藏的行家为好；如果金币虽为正品却在相对跌价之中，则拿到小型投资公司中去出售比较划算。

2. 上海黄金交易所黄金交易

(1) 上海黄金交易所的历史及与国际黄金市场的联系

上海黄金交易所于2002年10月30日开业，当时的交易量每天只有几百公斤，交易品种也只有现货的两个品种，经过近4年的发展，目前的黄金交易所日交易量已经基本达到四到五吨。目前的交易品种已经有6个之多，其中现货4个品种，分别是Au9999标准金、Au9995标准金、Pt9995标准金、Au50g小金条，延期交收业务品种两个，分别是Au (T+5)、Au (T+D)，至今年的8月末，金交所所有品种的成交量是797954.8公斤，交易额12742930.44万元。

国内的黄金市场因为目前仍然为以现货为主的市场，其交易量同国际黄金市场的交易量相比悬殊，所以受国际黄金市场的影响是非常大的，基本上是国际市场的影子市场，但在涨跌幅度比较大的交易日，则相对波动幅度要小，具体表现为上涨时比国际折算成的人民币价格要低1元左右，而下跌时又高1元左右，交易基本品种如表8－1所示。

表8－1　　交易品种表

<table>
<tr><td>交易品种</td><td colspan="5">黄金(Au)</td><td>银(Ag)</td><td>铂(Pt)</td></tr>
<tr><td>合　约</td><td>Au99.99</td><td>Au99.95</td><td>Au50g</td><td>Au(T+5)、Pt(T+5)</td><td>Au(T+D)</td><td>Ag(YQ)</td><td>Pt99.95</td></tr>
<tr><td>交易保证金</td><td colspan="3">100%</td><td colspan="3">10%</td><td>107%</td></tr>
<tr><td>交易单位</td><td>0.1千克/手</td><td>1千克/手</td><td>50克/手</td><td colspan="4">1千克/手</td></tr>
<tr><td>报价单位</td><td colspan="5">元/克</td><td>元/千克</td><td>元/克</td></tr>
<tr><td>最小变动价位</td><td colspan="5">0.01元/克</td><td>1元/千克</td><td>0.01元/克</td></tr>
<tr><td>交易时间</td><td colspan="3">10：00－11：30
13：30－15：30</td><td colspan="3">9：45－11：30
13：30－15：30</td><td>10：00－11：30
13：30－15：00</td></tr>
<tr><td>可交割条块</td><td>1千克</td><td>3千克</td><td>50克</td><td colspan="2">1千克、3千克</td><td>15千克</td><td>0.5、1、3、4、5、6千克</td></tr>
<tr><td>可交割成色</td><td>99.99%</td><td>99.95%以上</td><td>99.99%</td><td colspan="2">99.95%以上</td><td>99.9%以上</td><td>99.95%以上</td></tr>
<tr><td>最小提货量</td><td>1千克</td><td>3千克</td><td>50克</td><td colspan="2">1千克、3千克</td><td>15千克</td><td>3千克</td></tr>
<tr><td>交易方式</td><td colspan="7">自由报价、撮合成交</td></tr>
<tr><td>提货方式</td><td colspan="2">择库存货、择库取货（任意指定仓库存取）</td><td>择库存货、定库取货（指定仓库存取）</td><td colspan="2">择库存货、择库取货（任意指定仓库存取）</td><td>择库存货、择库取货（任意指定仓库存取）</td><td>定库存货、定库取货（指定仓库）</td></tr>
<tr><td>交割期</td><td colspan="3">成交即时</td><td>成交后第5个工作日</td><td colspan="2">交割申请日</td><td>成交即时</td></tr>
</table>

（2）交易规则

1）交易时间：每周一至周五（国家法定假日除外）上午10：00～11：30，下午13：30～15：30，夜市：21：00～23：30。

2）交易方式：报价单位为元/克，人民币元以后保留两位小数，最小加价单位为分。按照价格优先、时间优先的原则，采取自由报价，撮合成交，集中清算，统一配送的交易方式。

3）交易品种：现货实盘交易和现货保证金交易

①现货实盘交易品种

Au9999（成色为99.99%以上的1公斤标准金锭，每手为100克）

Au9995（成色为99.95%以上的3公斤标准金锭，每手为1000克）

Au50（成色为99.99%以上的50克标准金条，每手为50克）

Pt9995（成色为99.95%以上的1、3、4、5公斤标准铂金锭，每手为1000克）

以上各品种全部为全额交易（标准铂金因为其交易时冻结102%的资金，二次清算结束后返还多余款项），即买方必须在交易前将交易的全额资金存入交易所指定账户；卖方必须在交易前将交易的全部实物存放于交易所指定的金库；实行T+0交易方式及二次资金清算方式（所谓的二次清算是指，第一次清算在交易时实时冻结资金及交易手续费，第二次清算在收盘后买卖双方针对重量溢短（交易所无成色溢短）、运输保险费再次清算，经过这两次清算才真正地做到钱货两清。如买方要提取现货，可在全国自由选择交易所指定的近50家银行的金库提货（铂金则只能在上海与深圳提货），提货的重量必须为各标准金锭（条）标准重量的整数倍。

②现货保证金交易品种：Au（T+5）、Au（T+D）

Au（T+5）交易是指实行固定交收期的分期付款交易方式，交收期为5个工作日（包括交易当日）。买卖双方以一定比例的保证金（合约总金额的15%）确立买卖合约，合约不能转让，只能开新仓，到期的合约净头寸即相同交收期的买卖合约轧差后的头寸必须进行实物交收，如买卖双方一方违约，则必须支付另一方合同总金额7%的违约金，如双方都违约，则双方都必须支付7%的违约金给黄金交易所。

Au（T+D）交易是指以保证金的方式进行的一种现货延期交收业务，买卖双方以一定比例的保证金（合约总金额的10%）确立买卖合约，与Au（T+5）交易方式不同的是该合约可以不必实物交收，买卖双方可以根据市场的变化情况，买入或者卖出以平掉持有的合约，在持仓期间将会发生每天合约总金额万分之二的递延费（其支付方向要根据当日交收申报的情况来定，例如如果客户持有买入合约，而当日交收申报的情况是收货数量多于交货数量，那么客户就会得到递延费，反之则要支付）。如果持仓超过20天，则交易所要加收按每个交易日计算的万分之一的超期费（目前是先收后退），如果买卖双方选择实物交收方式平仓，则此合约就转变成全额交易方式，在交收申报成功后，如买卖双方一方违约，则必须支付另一方合同总金额7%的违约金，如双方都违约，则双方都必须支付7%的违约金给黄金交易所。

(3) 盈亏计算

盈亏 = ［（卖出成交价 - 当日结算价）×卖出量］+［（当日结算价 - 买入成交价）×买入量］+（上日交易结算价 - 当日结算价）×上日净持仓

（二）银行纸黄金交易

与实物黄金交易相比，纸黄金交易不存在仓储费、运输费和鉴定费等额外的交易费用，投资成本较低，同时也不会遇到实物黄金交易通常存在的买易卖难的窘境。目前国内主要的纸黄金理财产品有：中行的黄金宝、工行的金行家以及建行的账户金3种。

1. 纸黄金交易品种

（1）中行黄金宝

中国银行的黄金宝分为本币金和美元金，投资者可动用存在一本通账户上的人民币或美元投资买卖国际金融市场上的黄金。本币金和美元金的报价均参考国际金融市场黄金报价，通过即时汇率折算成人民币报价得到。

黄金宝的交易时间为24小时不间断交易，因此在不同的时间段，报价所依据的国际市场也会有所不同。例如在白天的交易时间段，报价来自东京的黄金交易市场；晚间时段，报价来自伦敦的黄金交易时间；而夜间则取决于纽约的市场报价。

黄金宝业务单边的交易点差（银行所收取的手续费）为0.4元/克。比如国际市场的即时价格折算成人民币为160元/克，那么黄金宝的即时报价就为投资者买入价160.4元/克，卖出价159.6元/克。单笔投资量只要达到10克就可以进行黄金投资。

（2）工行金行家

工行推出的人民币账户金业务的报价方式则略复杂些。在金交所的交易时间段，人民币账户金的报价是以金交所提供Au99.99的即时交易报价为基准；在此外的时间段里，报价采用即时的国际市场报价折算成人民币报价的方式来确立。

而美元账户金的报价就比较简单，由于直接按照美元来计价，因此采用的是综合国际市场报价的方式，也就是不同时间段根据不同国际市场的即时行情，经过汇率换算后来确立。交易时间上，投资者可以从周一8时到周六凌晨4时不间断地进行交易。人民币账户金的单边点差为0.4元/克，美元账户金的单边点差为3美元/盎司，与中行差不多，属于较低的收费标准。

（3）建行账户金

建行账户金相对比较落后一些。账户金业务目前的交易时间确定在白天10：00~15：30，因此直接采用了依据金交所的Au99.99和Au99.95的实时报价为基准的报价方式。账户金的单边交易点差为0.5元/克。单笔投资量只要达到10克就可进行交易。目前这种业务还只能通过银行网点办理。但是建行提供了委托服务，投资者可以通过业务委托，便不用亲自到网点交易。

（4）纸黄金产品选择

在选择纸黄金产品时要对以下几个方面进行比较，再做选择。1）交易时间。对于投资者来说，银行的交易时间开放得越长越好。这样投资者可以随时根据金价的变动进行交易。2）交易点差。纸黄金投资就是通过金价差来获得利益的，因此金价差减去银行收取的交易点差便是投资回报。这样看来，选择低的交易点差能让自己的收益率更高。3）投资门槛。如果投资门槛低，对于手头资金不宽裕，或者经验不足，又想涉足黄金投资领域的投资者来说是一个重要的影响因素。4）交易渠道。相比实物黄金，纸黄金的交易渠道显得尤为重要。金价在不断变化，交易渠道越广泛，选择买入和卖出的效率更高。5）委托功能。投资者需要时刻关注金价的变动，因此需要花费较多的时间和精力。对于那些时间比较少的投资者来说，在选择产品时要注意该产品是否提供委托服务。

2. 纸黄金交易规则

中国银行上海市分行从2003年11月18日起，在全国率先推出了个人黄金实盘买卖业务，简称黄金宝。黄金宝交易起点低，为10克纸黄金，投资者只需千把块人民币就能进行投资，同时黄金宝的报价由国际黄金市场价格直接折算，更加贴近市场变化。2005年，黄金宝实现了24小时交易，黄金宝本币金交易规则如表8－2所示。

表8－2　　黄金宝本币金交易规则

交易品种	本币金，人民币
交易计量	元/克（1盎司＝31.1035克）
交易起点	每笔申报交易起点数额为10克，买卖申报是10克及大于10克的整克数量
交易时间	全天交易，周一8点至周六凌晨3点，每日凌晨3点至4点账务处理，如遇国际、国内节假日休市，将提前通知客户
交易方式	柜台、电话银行、网上银行、自助终端等
中间价	中间价＝国际市场黄金价格×当日美元兑人民币即期结售汇中间价/31.1035（盎司与克之间的换算单位，1盎司＝31.1035克）

三、黄金投资

（一）影响金价因素

影响黄金价格的因素很多，其中经常发生变化的主要有以下几个方面：

1. 保值需要

黄金储备一向被央行用作防范国内通胀、调节市场的重要手段。而对于普通投资者，投资黄金主要是在通货膨胀情况下，达到保值的目的。在经济不景气的态势下，由于黄金相对于货币资产保险，导致对黄金的需求上升，金价上涨。例如：在“二战”后的三次美元危机中，由于美国的国际收支逆差趋势严重，各国持有的美元大量增加，市场对美元币值的信心动摇，投资者大量抢购黄金，直接导致布雷顿森林体系破产。1987年因为美元贬值，美国赤字增加，中东形势不稳等也都促使国际金价大幅上升。

2. 投机性需求

投机者根据国际国内形势，利用黄金市场上的金价波动，加上黄金期货市场的交易体制，大量沽空或补进黄金，人为地制造黄金需求假象。在黄金市场上，几乎每次大的下跌都与对冲基金公司借入短期黄金在即期黄金市场抛售和在 COMEX 黄金期货交易所构筑大量的空仓有关。在 1999 年 7 月份黄金价格跌至 20 年低点的时候，美国商品期货交易委员会（CFTC）公布的数据显示在 COMEX 投机性空头接近 900 万盎司（近 300 吨）。当触发大量的止损卖盘后，黄金价格下泻，基金公司乘机回补获利，当金价略有反弹时，来自生产商的套期保值远期卖盘压制黄金价格进一步上升，同时给基金公司新的机会重新建立沽空头寸，形成了当时黄金价格一浪低于一浪的下跌格局。

3. 美元汇率影响

美元汇率也是影响金价波动的重要因素之一。一般在黄金市场上有美元涨则金价跌；美元降则金价扬的规律。美元坚挺一般代表美国国内经济形势良好，美国国内股票和债券将得到投资人竞相追捧，黄金作为价值贮藏手段的功能受到削弱；而美元汇率下降则往往与通货膨胀、股市低迷等有关，黄金的保值功能又再次体现。这是因为，美元贬值往往与通货膨胀有关，而黄金价值含量较高，在美元贬值和通货膨胀加剧时往往会刺激对黄金保值和投机性需求上升。1971 年 8 月和 1973 年 2 月，美国政府两次宣布美元贬值，在美元汇价大幅度下跌以及通货膨胀等因素作用下，1980 年初黄金价格上升到历史最高水平，突破 800 美元/盎司。回顾过去 20 年历史，美元对其他西方货币坚挺，则国际市场上金价下跌，如果美元小幅贬值，则金价就会逐渐回升。

4. 各国的货币政策

当某国采取宽松的货币政策时，由于利率下降，该国的货币供给增加，加大了通货膨胀的可能性，会造成黄金价格的上升。如 20 世纪 60 年代美国的低利率政策促使国内资金外流，大量美元流入欧洲和日本，各国由于持有的美元净头寸增加，出现对美元币值的担心，于是开始在国际市场上抛售美元，抢购黄金，并最终导致了布雷顿森林体系的瓦解。但在 1979 年以后，利率因素对黄金价格的影响日益减弱。

5. 通货膨胀

对此，要做长期和短期来分析，并要结合通货膨胀在短期内的程度而定。从长期来看，每年的通胀率若是在正常范围内变化，那么其对金价的波动影响并不大；只有在短期内，物价大幅上升，引起人们恐慌，货币的单位购买力下降，金价才会明显上升。

6. 国际政局动荡、战争等

国际上重大的政治、战争事件都将影响金价。政府为战争或为维持国内经济的平稳而支付费用，大量投资者转向黄金保值投资，这些都会扩大对黄金的需求，刺激金价上扬。如第二次世界大战、美越战争、1976 年泰国政变、1986 年伊朗门事件等，都使金价有不同程度的上升。比如 2001 年 9 月份的恐怖组织袭击美国世贸大厦事件曾使黄金价格飙升至当年的最高价。

7. 股市行情对金价的影响

一般来说股市下挫，金价上升。这主要体现了投资者对经济发展前景的预期，如果大家普遍对经济前景看好，则资金大量流向股市，股市投资热烈，金价下降。

（二）黄金投资心理准备

实物黄金不计利息，也不能获得股票、基金投资中的红利等收益，因此只能通过低吸高抛，赚取买卖差价获利。

（三）黄金投资策略

1. 做好黄金投资的知识储备和心理准备

黄金市场的开放程度介于外汇和股票之间，黄金投资者既不能像外汇理财那样，一心往外看，主要关注国际政经形势；也不能像炒股者那样，两耳不闻窗外事，只关心国内金融市场；黄金投资者必须关注国际与国内金融市场两方面对于金价的影响因素，尤其是美元的汇率变动以及开放中的国内黄金市场对于黄金投资政策的变革性规定。

黄金虽为保值避险类理财工具，但既是投资理财工具，就有一定的风险，所以个人黄金投资者同样应该做好心理准备，即投资获利与风险的预期。

2. 根据品种特点选择合适的黄金投资品种

注意选择所投资的黄金品种是至关重要的，因为不同品种的黄金理财工具，其风险、收益比是不同的。实物黄金的买卖要支付保管费和检验费等，成本略高；纸黄金交易形式类似于股票、期货这类虚拟价值的理财工具，黄金投资者须明确交易时间、交易方式和交易细则。实物黄金也分为很多种类，不同种类的黄金，其投资技巧也是不同的。在选择黄金投资品种时，对不同品种的这些优缺点和差异性都应当着重考虑。

3. 明确黄金投资目的

个人黄金投资的目的需要明确，你投资黄金，意图是在短期内赚取价差呢，还是作为个人综合理财中风险较低的组成部分，意在对冲风险并长期保值增值呢？对于大多数非专业黄金投资者而言，后一目的占了大多数，所以用中长线眼光去炒作黄金可能更为合适。应看准金价趋势，选择一个合适的买入点介入金市，做中长线投资。

当然，不同状况的理财者有不同的选择：闲钱较多的大富人家可以选择投资实物黄金，充分利用实物黄金的保值和避险功能，为个人家庭做好黄金储备。而热衷于在金融市场上杀进杀出、投资获利的理财者可以选择黄金凭证式买卖，如果这类理财者能够较好地把握股市，那么将类似的技巧挪到金市上来，再花上一定的时间和精力关注、分析国际经济政治形势，就可以大胆进入纸黄金的交易市场了。熟悉邮品市场或收藏品市场的中老年投资者即艺术性理财者可以投资黄金纪念币，其溢价程度和行情走势类似于邮品。爱好珠宝首饰的女性投资者可选择投资金饰品，在把玩奢侈品的同时也能达到理财的目的。

第三节　邮票投资理财

邮票有国家的名片之说，邮票所反映的内容，可以将一个国家的主要概况集中体现在小小的方寸之地上。目前世界上发行的上百万种邮品中，绚丽多彩的画面所表现出的内容是非常丰富的，不仅有风土人情的内容，而且社会的活动和发展、科技的进步与展望等各种内容都可以在邮票上觅得踪影。如果说世界之大无奇不有，那么邮票所反映的内容就是整个世界的缩影。作为集邮的邮集是展示邮票知识的最好载体，其中专题邮集被集邮者誉为图解式袖珍博物馆。

邮票上的内容丰富多彩，给集藏者带来了丰富的信息和知识。由于绝大多数人在工作中和社会上接触的都是专门的知识，相对而言知识存在着狭隘性。但是邮票上反映的内容却是方方面面的，通过收集和欣赏，不仅可以丰富已掌握的知识，而且也能够了解大量未曾涉及的领域。一些专题邮品的收集者，往往成为这方面卓有成效的专家。

同时由于集邮队伍的存在，邮票在市场中必然会受到供求情况的影响，加上绝大多数邮票的生产是一次确定印量的，正式公布发行量之后就不可能再加印（特殊情况除外）。随着时间的流逝，消耗量与集藏沉淀量的增加以及集邮者的不断增长，邮票的供应逐渐朝供不应求的方向发展，价格的上涨也就会体现。

一、邮票的历史和种类

在进行邮票收藏和投资之前，一定要了解邮票的历史和种类。

（一）邮票的诞生

1. 世界上第一枚邮票的诞生

世界上第一枚邮票的诞生地是英国。1839 年，当时的英国政府采纳了罗兰·希尔改革邮政的建议，实行一便士均一邮资法。1840 年 5 月 1 日，一枚貌不惊人面值为 1 便士的邮票问世，邮票画面为维多利亚女王侧面像，这枚无齿孔、无背胶、用黑色油墨印制的邮票，即是通常被称为黑便士的著名邮票（如下图所示）。它的面世揭开了世界邮票发行史的序幕，同时也宣告了近代邮政的成熟。

黑便士邮票

2. 中国邮票的诞生

1878 年 7 月 24 日起，中国第一套邮票——大龙邮票陆续发售，标志着中国近代邮政的正式诞生。大龙邮票全套共 3 枚，面值分别为 1 分银、3 分银和 5 分银。大龙邮票先后 3 次印刷，其中阔边大龙 5 分银全张是早期中国邮票中的稀世珍品。

（二）新中国邮票的主要种类

1. 通用邮票

通用邮票是指可供各类邮件贴用而没有规定特定用途的邮票。属于通用邮票范畴的邮票类别有：普通邮票、纪念邮票、特种邮票和附捐邮票等。

（1）普通邮票

普通邮票是供邮寄各类邮件贴用的常用邮票，面值种类齐全，简称普票，也称常用邮票。世界上发行的第一枚邮票即是普通邮票，世界各国早期发行的邮票，绝大多数均属于普通邮票。新中国成立之后，于 1950 年 2 月 10 日发行的第一套天安门图案普通邮票，1951 年 4 月 18 日发行的第五套天安门普通邮票是目前正常发行的邮票中市价最高的一套新中国邮票，1997 年 12 月 20 日中国集邮总公司的内部结算价为 37000 元，而 2001 年 3 月的市场价格是 50000 元左右。到 2001 年 6 月 30 日止，中华人民共和国共发行普通邮票 32 套 271 枚。

（2）纪字邮票

纪字邮票属于纪念邮票范畴，指新中国于 1949 年 10 月至 1967 年 3 月期间发行的纪念邮票，一共发行了 124 套 405 种，纪字邮票的编号特殊，是新中国独创的邮票编号方式，查询和收集一目了然，为新中国早期邮票。目前市场成交一般，已非邮市的主流交易品种。

（3）特字邮票

特字邮票属于专题邮票或特种邮票范畴，指新中国于1951年至1966年5月期间发行的特种邮票。特字邮票在16年中共发行了75套443种，特字邮票中，有许多脍炙人口的佳作，是新中国邮票发行精品荟萃的第一个时期，如《黄山风景》、《菊花》、《牡丹》和《金鱼》等目前仍然是集邮者收集的对象。但由于价格较高，流通量大幅减少，近年在市场上并不多见，交易主要是在固定的邮社或拍卖行内进行。

（4）文字邮票

文字邮票是1967年4月至1970年1月发行的无编号纪念和特种邮票，由于时值文革时期，因此称为文字邮票或“文革”邮票。这个时期共发行19套80种邮票，另外尚有多种未发行邮票，如《全国山河一片红》、《无产阶级文化大革命的全面胜利万岁》和《井冈山革命根据地创建四十周年纪念》等。在整个20世纪80年代中期到90年代后期，整部的文字邮票升幅不菲，1997年中国集邮总公司内部结算价为58530元，是这一时期新中国邮票中升幅较大的一个板块。

（5）编号邮票

编号邮票是1970年8月至1974年12月期间发行的邮票，它的出现结束了文字邮票的发行。编号改用连续编号方式，4年多时间里共发行邮票21套95枚。编号邮票在90年代中，市价不断攀升，强势特征明显，1997年中国集邮总公司的内部结算价升至7875元，是近期邮市中价格高成长的邮票板块。

（6）J字邮票

J字邮票是1974年5月至1991年期间发行的纪念邮票，18年间共发行了185套420种邮票。J是纪念邮票纪字拼音的第1个字母，与纪字邮票区别。J字邮票自20世纪80年代以来，一直是市场交易的热门品种，但升幅小于同期发行的T字邮票。

（7）T字邮票

T字邮票是1974～1991年期间发行的特种邮票，一共发行了168套688种邮票。与J字邮票一样，T是特种邮票特字拼音的第一个字母，与特字邮票区分。20世纪80年代以来，T字邮票的升值率明显大于J字邮票，是近20年来投资者主要的投资板块。大量T字小型张也有极大的升值率。

（8）编年邮票

中华人民共和国邮电部从1992年起，改变纪念邮票和特种邮票的编号方式，以年份编年邮票来替代原来的J字邮票和T字邮票，编号采用年份作为序号，当年发行的邮票连续编排，后缀J或T，以表明邮票属于纪念邮票或特种邮票，简称编年邮票。该板块整体市场表现一般、为新中国后期邮票。

2. 专用邮票

专用邮票是指规定使用范围和特定用途的邮票，仅供一种邮件专用。专用邮票主要有：挂号邮票、航空邮票、欠资邮票、军用邮票、快信邮票、公事邮票、包裹邮票和汇兑邮票等。但许多专用邮票，目前已为通用邮票或其他收费手段（如邮戳、凭证）所取代。限于篇幅，这里就不一一介绍了。

3. 特殊的全张邮票

面积较大，四周带有边框的邮票，这些邮票是特殊的全张邮票。日前常见的主要有小型张、小全张和小版张。

（1）小型张

小型张是指四周带有装饰边的单枚小张邮票。其具有如下特点：①为全套邮票的组成部分；②该种邮票独立成张；③面值往往是套票中最高的；④发行量较套票数量要少。小型张是邮市中的主要交易品种，投资价值不菲，素有邮市风向标的美誉。

（2）小全张

小全张是指四周带有装饰边的全套小张邮票。小全张有以下特点：①印有全套邮票；②较多存在着高于全套邮票面值溢价发行的现象；发行量较套票少。与小型张一样，小全张也是投资者最关心的品种，投资收益并不比小型张差，但地位略逊于小型张。

（3）小版张（小版票）

小版张是在已有邮局全张的基础上，另行印制的小张邮票，是邮政部门为满足集邮者需要而特别发行的，其四周印有特定的文字、图案或边饰。其特点：（1）内含的邮票比正常的邮局全张少；（2）邮票的其他要素与邮局全张邮票一致；（3）发行量远低于正常的邮局全张。

4. 邮票的特殊形式

有的时候，邮票与邮票之间会出现不同的相连情况，或出现不打齿孔等十分少见的形式，我们将邮票所表现出这类的现象称为邮票的特殊形式。如连票、过桥票、对倒票和无齿票等，下面介绍一些主要的形式。

（1）连票

连票是指两枚和两枚以上相连的邮票，有同图相连和异图相连之分，目前集邮者所称的连票，一般是指异图相连邮票。

（2）过桥票

过桥票是指相邻的两枚邮票之间隔着纸边，这些纸边被称为过桥，是连票的一种特殊形式。这种过桥既有空白过桥、也有图案过桥和文字过桥，以后两者居多。

（3）对倒票

对倒票是相连的两枚邮票的图案相互颠倒，属于连票中的一种。新中国发行的对倒票，只有纪 10《保卫世界和平》、T7《武术》和 2000 - 22《中国神舟飞船首飞成功纪念》。

（4）无齿票

无齿票是指四周没有打齿孔的邮票，起初发行的邮票都是无齿邮票。但随着邮票打齿技术的运用和发展，现在发行的邮票都有齿孔，便于用邮者撕开。

近年来，无齿票成为邮政部门为满足集邮者而特别发行的邮票。新中国发行的无齿票（有同图案有齿票存在）迄今只有 7 套 30 种，数量很少。

（5）小本票

小本票是将一种或多种常用面值的数枚邮票连印在一起，并装订成小本册，以便于使用者携带使用，也称邮票小册。小本票具有如下特点：①配有印制与邮票相关内容的封面和封底，②内含邮票的要素与邮局全张相同；③邮票的一边或两边通常是无齿的；④基本上都按面值销售。

（三）邮政用品的主要种类

邮政用品是指国家邮政部门发行的预印邮资图或印有表明某种邮政资费已付字样的邮资信封、邮资明信片和邮资邮简等各种邮政物品。邮政用品是集邮者收集的主要品种，其地位与邮票相同。过去许多人不认识其潜在的研究价值、集藏价值和投资价值，近年来这种现象已得到了明显的改善，是邮市中交易的主要类别之一。

1. 邮资明信片

邮资明信片是国家（地区）邮政主管部门发行的印有邮票图案的明信片。中国发行的邮资种类繁多，除了经常使用的普通邮资明信片外，20 世纪 80 年代起陆续发行了纪念邮资明信片、特种邮资明信片、风光邮资明信片和贺年邮资明信片，其中纪念邮资明信片是目前市场上的强势板块和主要投资对象。

2. 邮资信封

邮资信封是国家（地区）邮政主管部门发行的、印有邮票图案的信封，其特点是将邮资凭证和信封结合在一起的邮政用品。最早的印有邮票图案的邮资信封诞生于美国，时间是 1845 年。

邮资信封包括普通邮资信封、纪念邮资信封、美术邮资信封、挂号邮资信封、邮资已付信封和预付邮资信封。纪念邮资信封是近年来市场交易的重要对象，升值率仅次于纪念邮资明信片和小型张，是市场的热门品种。

3. 邮资邮简

邮资邮简是系国家（地区）邮政主管部门发行的、印有邮票图案的邮简。邮资邮简的品种主要有：普通邮资邮简、纪念邮资邮简和航空邮资邮简等。

注意，带有邮资图的邮资封、邮资片和邮资邮简上的邮资图，在中国邮政规章中规定是不能剪下来粘贴使用的，一般这类邮资封片简上都标示邮资图剪下无效等字样，因此邮资封片简必须整体收集。

邮资凭证的基本概念和区别，是每一个集邮者或投资者都应该熟悉的，可以在今后的集藏活动或投资经营中派上用场。如果集邮者或投资者不能够掌握上述的基本概念，则在实际的收集或交易中，难免会出现如坠云雾的尴尬。因此，初涉市者可以对照图片或权威的邮票目录，了解各种类别的邮品特征。

二、邮品投资决策

了解了邮品的基本知识后，可以开始学习如何进行邮品投资决策了。

（一）哪些是热门品种

新中国成立以来，中国发行的各类邮品多达几千种。在这么多的邮品中，有些一直是集邮者和投资者乐于追求和投资的对象，其价格不仅高出同期邮品，而且超过了比它们发行时间早若干年的品种。这些品种对于集藏者而言，是收集的难点和追逐对象，而对于投资者而言，则是孜孜以求的投资对象。由于投资此类邮品不但回报率高，且风险也相对小得多，因此从邮品投资的角度看，能否抓住这些热门品种将成为投资成功与否的关键所在，是每个投资者应该把握的技能。邮品中的热门品种基本上有以下特征：

1. 发行量在同期邮品中明显偏少

发行量对邮品的价格具有极大的影响，特别是新发行的邮品尤其如此。如果发行量在当年或近几年所发行的邮品中明显偏少，低于平均发行量，那么即使设计、印刷等环节不尽如人意，其价格也会发生惊人的变化，发行量偏少的邮品，在发行之初即表现出脱离平常邮品价格走势的特征，以不断的价格上扬游离于通常发行邮品的价格群。排除炒作的影响，其走势回落的机会极少，而是呈现为上扬—平台整理—再上扬的走势。由于集邮者和投资者都会追求这类走势偏强、流通量逐渐减少、短时间内即进入成长期的邮品，因此市价将随着时间的流逝而节节攀升，形成瓶颈效应。这种瓶颈效应一旦出现，又往往使发行量偏少的缩量品种，成为市场中的热门品种。

寻找这类品种比较简单，只要知道发行量明显少于同期品种，就能够轻而易举地找到它们。如1995年发行的《国际邮票钱币博览会·北京1995》无齿小全张，因为发行量仅56.7万枚，与同年发行的小型张相比仅为四十分之一，加上发行时即在展场限量发售，故发行伊始的市场交易价高达250元，后回落至120元就不再下挫，半年后市价重新回升到300元，成交量急剧放大，1996年8月市价已上扬至500元，成为市场中炙手可热的交易品种。

2. 某个品种或某个系列的龙头票

中国发行的邮品中，有许多是自成体系的系列品种，如邮票、邮资信封、邮资明信片和小本票等。其中邮票因志号的不同又可分成多个不同时期的板块，同时，邮票、邮资信封和邮资明信片根据发行的目的和内容，划分出若干个不同的类别，每个板块或每种不同的编号都会产生第一种邮品，俗称龙头票，如JT邮票中的J1《万国邮政联盟成立一百周年》和T1《体操运动》，纪念邮资信封中的JF1《纳米比亚日》、JF2《老龄问题世界大会》，风光邮资明信片中的YP1《桂林山水》，特种邮资明信片中的TP1《哈尔滨冰雪风光》等。

龙头票作为一个板块或编号体系的第一（有时是前几套邮品），往往成为集邮者收集的主要对象，是完成该板块或编号体系不可缺少的一套邮票，否则就会出现有尾无头的现象。一般而言，龙头票的发行时间较早，因此常常具有发行量少、流通量减少、市价高的特征，价格在整个板块中是最高的或较高的，成为收集中的难点。一旦拥有龙头票后，那么这一板块或系列的品种就相对容易收集齐全。从近年来的市场表现看，龙头票的投资不仅回报率高，而且具有抗跌性强、风险小的特征，是市场追逐的热门邮品。

此外，在某一板块或编号体系中也会产生一些系列邮品，尤其是随着近年系列题材邮票的发行逐渐增多，不同志号和编号的多套邮票会构成一个系列家族。作为系列的第一套邮品同样具有龙头票效应，而且系列越大、发行的延续时间越久，其龙头效应也会越显著。如生肖邮票从1980年开始发行，志号从T票延续至编年邮票，其中的T46《庚申年》为生肖系列的第一套邮票，同样属于龙头票。又如中国从1987年开始陆续发行的《敦煌壁画》、《水浒》、《三国演义》和五岳等系列邮票的第一套《泰山》都是龙头票，也具有龙头票的特征。2001年4月20日发行的《聊斋志异》第一组，同样是该系列的龙头票，热点可期是理所当然的。

3. 题材好、印刷精美和设计上乘

有些邮品的发行量并不少，也不具备龙头票优势，但其价格却仍能脱离同期邮品而大幅上升，这种大放异彩的现象吸引着投资者。不过，由于出现的概率并不高，而且没有明显的规律可循，因此寻觅的难度较大。促使这类邮品成为热门邮品的条件如下：

（1）题材好

邮品的选题十分重要，是吸引集邮者收藏和投资者关注的重要因素。一个好的题材不仅能使邮品具有生命力，而且会引发意想不到的购买力和潜在的收藏队伍，造成沉淀量大大增加。既能使邮品的价格上攀，又能加大邮品的影响深度，且发行伊始即会成为热门邮品。如2000年1月29日发行的《春节》邮票，其中的小型张被集邮者和投资者所看好，因为《春节》是中华民族的最大节日，其重要性远比生肖邮票要强，折射出的文化背景和社会沿革都具有浓郁的民族特色，所以尚未发行即为广大集邮者所青睐，发行之初价格上扬也不足为怪。尽管该张的发行量达2145.6万枚，是当年印量较大的邮票之一，而价格表现却强于发行量比其少得多的《第27届奥运会》小型张和《邮联五大》小型张。

（2）设计上乘、印刷精美

设计和印刷对于一套邮品而言是相辅相成的，上乘的设计加上精美的印刷会使邮票增色不少。集邮者对设计好的邮票十分欣赏，如果在印刷上更上一层楼，则会引发集邮者的收集兴趣和投资者的大量购买。这种提高购买欲的现象，增加了沉淀量，就会促使价格的上扬，能够在短时间内使之成为人人追逐的热门邮品。纪念邮资信封中的《北京猿人第一个头盖骨发现六十周年》就是运用胶雕套印技术，使共立体感强烈，在所有纪念邮资信封中独树一帜．发行不久即成为集邮者和投资者趋之若鹜地收集和投资对象。

（3）大套票

这里所说的大套票、是指6枚及6枚以上成套的邮票。在每年发行的邮票中，枚数超过6枚以上的套票并不多见。一方面是因为邮票选择的题材比较严肃，具有简洁明了的特点；另一方面则由于大量发行大套邮票将加重集藏者的负担，而且邮票的印刷生产能力也受到制约，会在一定程度上减少其他题材入选的机会。正是基于这些因素的限制，大套票在全年邮票的发行套数中所占比例较低，若非重要题材或必须以多枚邮票来表现，一般能够被选上作为大套票发行的题材可谓凤毛麟角。也正是发行种数少的缘故，大套票一直是集藏者收集的主要对象、投资者投资的重点目标。

大套票精耕细作式的选择，也使设计水平和表现方式不同于其他的邮票，往往是当年邮票发行中的重头戏，因此水准较高。如纪字邮票中的《梅兰芳舞台艺术》，以8枚邮票加1枚小型张展示，两者之间珠联璧合，具有极高的欣赏价值，是1962年发行的邮票中最好的一套。

集邮者和投资者在对照邮票目录时可以发现一个有趣的现象，大套票发行种数多的年份，常常是在集邮人数减少或邮市低迷之际，而次年或两年后，邮市即会出现复苏或繁荣以及集邮队伍大扩容的状况。是当年及今后数年的热门品种，尤其在日后的邮市狂潮中，价格表现令人目眩。特别应该引起投资者注意的是，同时发行小型（全）张的大套票，其成为热门品种的可能性极大，投资性也更好。如1996年发行的《上海浦东》邮票，在1997年3月的高潮时，市价为9元，半年的升幅高达2.5倍；面值5元的小型张更是最高价竟达72元，纯溢幅为13.4倍。

（4）大票幅

大票幅是相对而言的，主要是比较通常的30mm×40mm票幅来讲。在JT邮票中，50mm×40mm的邮票被邮人称为大票幅，随着国际潮流越来越倾向于套票小版张形式，大票幅邮票的发行已越来越少。

大幅票的选择题材与大套票差不多，因此发行种数所占比例较少，而且，开阔的画面同样受集藏者欢迎，成为热门品种的可能性居大。如80年代末至

90 年代中期发行的《水浒》、《三国演义》和《敦煌壁画》系列邮票，就是以 50mm × 40mm 的票幅展现，受到集邮者的青睐，市价较同期邮票要高，是当时的热门品种。

除了上述四个特点以外，有些突发因素也会使某种邮票成为热门品种，如设计错误、前期发行量较少和发行时间变化等，但这种热点往往是短时间的，并不能形成持久的效应，因此是短期的热门品种。如 1998 年发行的《中国人民警察》邮票，因被细心的集邮者看出多处错误，而引起市场人士关注，价格曾一度从折扣率 30% 猛升至面值的 1 倍，出现热点效应，形成热门品种。但发行部门却无收回此票的打算，所以在 2 个月后市价重新回归面值。

在许多热门品种中，往往会出现几种因素兼而有之的情况，一旦形成这种格局，一个大热门品种的出现可能性非常高。如《庚申年》邮票既是生肖邮票系列的龙头票，又具备雕刻版特色，加上设计上的用色恰到好处，选题上佳，而且发行量在同年的单枚邮票中明显偏少，因此发行之后价格突飞猛进。

（二）哪些是黑马品种

黑马品种是指那些原本平平淡淡、默默无闻的品种经过一段时间突然成为市场追寻的热点，让人获得意想不到的收益和市场效应。由于成为黑马的品种有着极高的收益，因此寻觅黑马邮品就是投资者绞尽脑汁千方百计努力的方向。但是真正的黑马邮品是十分少见的，而且不仅新邮中会产生，以前发行的邮品中也会冒出来，捕捉的难度非常大，有时候连续数年在邮市上都不会出现黑马邮品，而有时候却在短短的数月时间内，出现许多黑马邮品，形成黑马狂奔的局面。鉴于黑马邮品不可预测的特征，因此掌握形成黑马邮品的一些因素，将有助于投资者在投资中对症下药，获得成功。

1. 热门品种

热门品种本来走势就强于同时期的邮品，由于追求者众多，呈现求大于供的局面，其中的某个热门品种就会成为某一时期的领头羊。一旦出现这种局面，就奠定了该邮品的市场地位，后市产生黑马效应的概率极大。如 1991 年发行的《杜鹃花》小型张印量不菲，但价格却始终保持领先地位，成为 1989 ~ 1991 年期间发行的邮票中的领头羊；又如 1996 年《上海浦东》小型张是当年 5 枚小型张中发行最大的 1 枚，但市价在 1997 年 4 月份之前，却是最高的一种，形成当年发行邮票中的一匹黑马。

2. 有条件的价格偏低品种

某个品种，或设计下乘、或印刷不精、或题材难以吸引人，而从发行时起即被投资者所抛弃。随着时间的推延、集邮者的增多，该品种的流通会逐渐减少，一旦形成供应缺口，则产生黑马的机会就将大幅度增加。选择这类品种必须注意：

①该品种的价格是同时期品种中很低的，一般至少低于常规品种价格

的1/2；

②发行量必须与同期品种的印量不相上下，如果少于当年的平均印量则更佳；

③消耗量和沉淀量与同期发行的同类品种比较接近，不应该有大量的库存量存在；

④近年来市价不再出现新低，而是呈现缓慢上升；

⑤市场出现求大于供的现象，集藏者需求逐步增加。

上述条件不可或缺，否则不会产生黑马效应，只能是炒作形成的效应。对同时期中发行量过大而产生的低价品种不可介入，因为它们的价格低廉是由于发行量庞大所造成的。另外集邮公司按牌价有出售的品种（特别是成为搭卖对象）最好也不要去碰，这主要是因为库存量仍存在的原因。

需要注意的是，价格明显偏低的邮品是由于集藏者选择的趋向所致，并经过市场考验后形成的，因此大举的低价邮品具备黑马效应的可能性极低。尤其是发行时间已超过30年以上的邮品，其价格已基本定位，形成黑马邮品的概率已荡然无存。

即使符合上述条件的邮品出现黑马效应，其价格上升到一定的位置后，同样会出现因价格到位而失去黑马邮品的资格，除非又出现其他因素再使之成为黑马品种。但这种可能性，可以说是微乎其微的。一般来说，由于价格偏低而形成的黑马品种，其市价将始终低于同时期发行的热门品种和常规品种，即使出现超越的现象也是暂时的。

例如，1982年发行的《药用植物》小型张，因设计不佳而遭到绝大多数投资者的遗弃，集邮者也不喜欢，形成价格的长期低迷。虽然该小型张的发行量为112万枚，比同年发行的《益鸟》小型张仅多13%，但两者的价格差距却非常大，以1996年3月的市价对比，《药用植物》小型张的市价为37元，而《益鸟》小型张的市价则已攀升到110元，价差比接近1∶3，药用植物小型张产生了明显的价格偏低现象，这种价格差距用发行量来衡量是无法解释的。正是由于《药用植物》小型张发行时间已长达14年，市场上的消耗和沉淀量稳定，集邮公司的库存量也十分少，市场上整盒的小型张难觅踪影，加上发行量在同年平均水平范围内，市价仅及同年发行的《益鸟》和《辽代彩塑》小型张的1/3和1/4，而其主要的交易对象为集藏者。

上述这些情况使《药用植物》小型张具备了成为黑马的五个条件，《药用植物》小型张价格从1996年开始启动，尽管在邮市高潮期的升幅高于同年发行的《益鸟》小型张和《辽代彩塑》小型张，但市场价格却从来没有超过它们，而且回落时的跌幅也较大，市价始终低于常规品种。因此这个品种的价格走势，体现了价格偏低品种成为黑马的范例。

不过，并非具备《药用植物》小型张条件的邮品都会成为黑马邮品、这里仍存在着一个集邮者选择趋向的问题。所以从这个意义上讲，价格偏低的邮品不是都有成为黑马邮品的机会。

3. 特殊原因造成的黑马

有许多邮品本来不具备成为热门品种的条件，但却由于某种特殊原因而在短时期内变成了市场的黑马，出现了价格的快速上扬。寻觅这类邮品的难度相当大，必须有灵敏的信息来源、丰富的邮品知识、果断的决策能力，才能抓住稍纵即逝的机会。经过长期的摸索，发现还是有一些规律可循，以下归纳主要特征供投资者参考。

（1）由于在原票上加字或加盖（漏盖）而使该邮品印量大幅减少

在原来发行的邮品上加字或加盖，将减少这种邮品的存世量，实质上可以认为是减少发行量的举动。因此对原来的市场价格定位必须重新审视，以符合递减后新发行量的合理价格。如1996年12月1日发行的97贺年（有奖）邮资明信片，因发行日发生邮政资费调整的特殊事件，原邮电部决定在原片上加盖改资戳的举措。但由于一些下属邮政企业提前发售或漏盖改资戳、使得部分原片（俗称牛白片）流向社会。在此后的半年内，牛白片的价格上升，成为当时名符其实的黑马。其中名称为《梅兰竹菊》的极限型因总印量仅100万套，流出的漏盖片更少，价格在4个月内即上扬50余倍，最高种达500元一套，黑马效应显著。目前漏盖的牛白片市价依然高于正常加盖片3倍，其价格的支撑主要源于数量少的缘故。

当然并非所有加字或加盖邮品都能成为黑马，如果加字或加盖邮品的数量仅占原来邮品的很小部分，那么就不会产生黑马效应。

（2）因暂停发行或使用而成为黑马

这类邮品由于某种特殊原因而暂停发行或使用，使之流通量突然大幅缩小，产生十分突出的热点效应，成为投资者和集藏者追觅的目标。这类品种成为黑马，与邮市所处的环境关系不大，完全受到供求关系的制约。如1995年8月1日，邮电部发行一枚名称为《神圣的使命》（俗称红军邮）的平信面值军邮，并在北方的沈阳军区试用，1997年4月15日，宣布停止使用，历时19个半月。在正式停用之前8个月，社会上已流传此枚邮票将暂停使用的消息，因此一些投资者即在邮市中悄悄购买该票，使价格从原来的2元上扬至4元。

当停止使用的消息正式宣布后，大量资金蜂拥抢购，导致价格被快速拉升，单枚最高达70元，而全张票（50枚）的价格竟被炒高至10000元，涨幅非常惊人，成为当时邮市的黑马。

（3）因产生变异而成为黑马

有些邮品在印制过程中产生子模特征，形成某一位置的邮票或漏色或漏字等现象，这种错体或变体邮票的数量不多，无形中形成了发行量的变相缩容。如邮电部于1990年11月28日发行的J 174M《中华全国集邮联合会第三次代表大会》小型张，因制版时发生差错，造成邮票上的票名中华全国集邮联合会第三次代表大会中第字发生变异，有第字正常和异常两种，被邮人称为第字开门和关门。这枚小型张发行不久，即被邮人发现上述问题，第字关门变异票的市价扶摇直上，在次年的高峰期时，曾高于第字开门正常票的50%，形成了黑马效应。

(4) 因涉及相关题材而成为黑马

一些邮品本来在市场上并无出色表现，但发行若干年以后，由于同当时的某种题材相关或联系，而成为人们争相购买的对象，投资者也会倾囊抢购，导致价格在短时间内被拉升，形成黑马邮品。如1990年4月10日发行的JP21《中华人民共和国香港特别行政区基本法》纪念邮资明信片，仅仅因为沾了香港二字的光，在随后的年份成了黑马。

此外，由于资金的大量介入，会使某一品种或某些邮品的市价在短期内出现拉升，但这是一种投机炒作而引发的结果。虽然大多数情况与黑马邮品的表现差不多，却与黑马邮品的概念相悖，因此不能将之归入。而且炒作造成的价格往往只能持续极短时间具有极大的风险性，炒作结束后该品种往往会在较短时间内回到原位或创出新低。这些现象，与上述的黑马品种表现迥然不同，因为某个品种成为真正的黑马后，价格的上升是非常稳定的，而且其市场基础和属性较佳，回落后基本上不可能重新回到原来的起点。

(三) 哪些邮品的价格未到位

邮品的价格是否到位，实际是一个判断价格是否有继续上升潜力的问题。由于每个人对市价到位与否的判断存在着目标和理念上的差距，因此对一种投资对象的看法往往也有不同的结论。所以判断投资对象的价格到位问题，是投资者面临的难题。那么，哪些邮品的市价没有到位呢？以下三个方面的情况较为突出，下面结合以往邮品走势的实例，就此问题进行介绍。

1. 研判一种邮品价格偏低的原因

一般而言，对于这类邮品的判断，最好选择有参照物的品种。关于这方面的内容，在本章的黑马研判部分谈及过，这里不再赘言。但有一种情况需要补充，如果一个品种的价格过低是由于某种特殊因素造成的，而本身不仅题材好且流通量已减少至升值所需的数量，那么就应该果断买入，进行长期投资。虽然这类品种不会成为真正的黑马，但一旦抓住机会，因超跌而引发的补涨空间十分大。符合这类特征最为明显的情况，是赝品太多阻碍投资者买入，影响价格上升的品种。

只要这些品种符合市场属性好、价格偏低、能够有效辨伪等条件，即属于此特征的投资品种。下面举个例子，来说明由于赝品作祟导致市价不到位的情况。

《辛酉年》（第一轮鸡年邮票）于1981年发行，但经过16个年头，到

1997年初，价格仅扬升至17元，与其兄长《庚申年》（第一轮猴年邮票）相比，价格差距过大，当时《庚申年》邮票的价格为1200元，二者的价格比为70：1。但分析发行量，《庚申年》邮票的印量为500万枚，《辛酉年》邮票的印量是931.16万枚，二者的比例约为1：2，差距并不大。尽管《辛酉年》邮票没有《庚申年》邮票的生肖龙头票效应，也没有《庚申年》邮票好看，但这绝非造成二者价格悬殊的主要原因。从实际情况看，形成《辛酉年》邮票价格偏低的真正原因，是由于该票发行的同时，另外还发行了小本票。由于小本票价格长期低迷，使得一些心术不正之徒将小本票上的邮票凿齿变造成《辛酉年》邮票，这些变造品粗看区别不大，新集邮者十分容易受骗。因此许多投资者对《辛酉年》邮票望而却步，放弃了对《辛酉年》邮票的投资，形成该票价格的长期偏低。

其实判别小本票凿齿的《辛酉年》邮票并不困难，既可以测量齿度，并观察上边或下边的齿尖是否呈圆弧状，如果齿尖是平的，那么就是凿齿票，又可以丈量邮票的长度，正票的长度是31mm，而凿齿票的长度均小于30mm。利用上述两种办法，能够十分容易地区分正票和变造票，因此辨别的难度不大。

一些投资者在掌握了《辛酉年》邮票辨伪的窍门后，也感到该票价格过于低廉的现状，于是从1997年1月底开始纷纷介入投资，造成该票的市价扶摇直上，走上了价值回归之路。同年6月初，《庚申年》邮票的价格达到1850元，而《辛酉年》邮票的价格也攀升至90元，两者的价格差距缩小至20：1。投资者在介入这类价位偏低的对象中，获得了可观收益。

2. 有巨大后市潜力的价格萌动品种

某种邮品的价格已处于上升阶段，但根据市况还将继续上扬，即这类品种已进入了快速增值期。如果仅是补涨行情，一旦到位又将进入长期徘徊的品种则不属此列。有这种特征的品种，绝大多数都是市场属性佳，已经过较长时间考验，大多数发行时间在10年以上的强势品种，它们的共同特点为：市场流通量大幅减少，集邮公司库存极少，市场抗跌性增强，较邮市运行大势先行启动，并呈现为上扬趋势加快等特性。

编号邮票在20世纪90年代的表现，充分说明了上述情况。

编号邮票是文革后期发行的邮票。从70年代初发行以来，到1992年为止，因集邮公司库存较大而呈现缓慢的爬升走势，这段时间为消化存世量阶段。经过20余年的消耗，随着集藏沉淀量升高，市场流通量已达到一定的平衡，价格偏低的状况暴露无遗。在1992～1993年邮市下滑阶段，编号邮票的跌幅极小，抗跌性明显强于1989年低迷期，表明供求平衡点出现。从1994年开始，随着部分投资者的介入，编号邮票在市场上的供求平衡被打破，出现了求大于供的现象，而集邮公司的库存量此时也基本消耗殆尽，已无法构成对市场出货的压力。这无疑宣告编年邮票已步入快速增长期，且随着时间的推延，增值速度将加快，明显出现了快速增值的前兆。此时持有者不但不应该卖出，相反的在资金宽裕的条件下还应该买入，进行中期投资，这样就能够在一段时间内得到令人满意而风险极小的投资回报。编号邮票从1994年初突破千元关隘之后，到1997年6月止，市价猛升至12000元，3年半时间净升幅达11倍，平均年增值率高达314%。

3. 因市场低迷而价格明显超跌的品种

邮市在低迷阶段，绝大多数邮品的市价会出现较高峰时大幅下挫情况，这是调整行情中出现的正常现象。如此颓势虽然有市场趋弱、大势下调的因素，但不可否认的是，一些品种本身的市场属性不佳造成的抗跌性差，也是跌幅严重的根源。不过弱势品种的市价，有时竟不及高峰时价格的十分之一，超跌现象在市场进入底部，而且会呈现越跌越乏人问津的情况，包括强势板块在内的一些品种都无法幸免。

如20世纪90年代逐渐走强的纪念邮资封片板块，在1991年和1997年所表现出凌厉升势是绝大多数投资者有目共睹的事实，但在1995年和2000年的低迷市道中，价格下滑严重，却没有人敢低位吸纳，因为保存资金实力的思维始终左右着投资者的操作思路。而新发行的品种更是深受其害，市价常常如断线的风筝一头栽到地下，如1999年发行的2枚成套《天津体操赛》纪念邮资片市价一年后仅0.8元，跌幅高达53%，不但低于1.2元的邮资，而且还不及单枚成套的《甲骨文》纪念邮资明信片，这在纪念邮资片的发行史上从未出现过，所形成的价格超跌异常明显。

像这类超跌品种，在每次的邮市低迷期中都会大量出现，尽管价格低廉，但却少人问津，退一步讲就是寄信也算得上够优惠。从投资角度看，题材好、后市有潜力的超跌品种应该是中长期投资者踊跃购入的对象。

邮品投资的参与者（尤其是初入市的投资新手）应该了解，邮品投资的技能是十分重要的，掌握这些必备的决策技巧，不仅能使参与邮品的投资少走弯路，规避风险，避免不必要的损失，而且还能快捷地进入邮品投资这一投资市场。

当然仅仅具备对流通量的估计、热门品种的了解、判断黑马品种等技能还是远远不够的。

投资者只有在实践中勤学苦练，对上述技能灵活运用，才能获得投资经验的升华。同时，在信息社会时代，多掌握有用的信息往往能立于不败之地，并在邮品投资中获得更大的主动和回报。而更要紧的是，丰富的集邮知识和长期投资的思路，将成为一个邮品投资者成熟的重要标志。

三、邮品的保护和鉴别

所有的实物投资工具，都需要仔细保护，并且要认真鉴别，否则就可能蒙受重大损失。

（一）邮品的保护

邮品是稚嫩品，稍有不慎就会损坏，而交易过程中对邮品的完好要求是极高的，品相略差的邮品，其市场价格往往较全品相的邮品低许多，如果因为保存不善而使投资利润下降或出现投资失败，不但难以启齿，而且也是令人无法原谅的大错，因此保护好每一件邮品，是一个集藏者和投资者的基本功。

其实，随着科学技术的发展，有效保护纸质品的手段有许多，而且能够在相当长的时间内使这些保护对象完整如新。对邮品的保护，可以从下面几个方面入手：

1. 防潮

作为纸质品的邮品，水分能够改变纸质纤维的张力，影响邮品的平整性，严重的会出现变形等现象。而且目前发行的邮票中，绝大多数均在背后刷上背胶，如果受潮严重，则会出现粘连情况，损坏邮票的品相。一般来讲，背胶损坏的邮票至多只能算是中品，市场价格不会超过全品相邮票的70%。所以，防潮是邮品收集者和投资者最该注意的主要方面，也是保护邮品的通常手段。一般而言，可以将邮票放置在密封的储罐或器皿内，加上干燥剂进行防潮。在雨天和南方的黄梅季节，最好不要拿取邮品，梅年的干燥季节，可以在背光的环境，将邮品通风干燥。

2. 防霉

邮品在交易过程中，难免会沾上有机杂物，这些肉眼看不到的杂物，在邮品受潮后就容易滋生细菌或微生物，从而产生霉变乃至虫蛀现象，损坏邮品。因此拿取或观察邮品时，必须在干净的环境内，手最好能够清洗洁净，并用专用的邮票镊子轻取轻放。在观察邮品时尽量少讲话或不要对着邮品，以免口中的唾沫飞溅到邮品上，留下让微生物滋生的温床。

3. 防污

一枚整洁如新的邮票，让人看了赏心悦目，但如果沾染了污垢，其结果是可想而知的。有些集邮者和投资者不注意细节，常常在吃东西时拿取邮品，更有甚者，在观看邮品时随便放置在不干净的地方，造成了邮品的污损，直接影响到邮品的品相，使投资价值降低。因此欣赏邮品时，应该具备良好的清洁卫生概念，只要自己在这些小节上多加留意，那么邮品的污损是完全可以避免的。

4. 防折

作为纸制品的邮品，其抗折能力是非常弱的，邮品如遭受挤压，往往会留下深浅不一的划痕，影响到邮品的美观和价值，成为差品或坏品，交易中的价格会大打折扣。防折的方法很简单，即在拿取邮品时小心谨慎，轻拿轻放，只要养成习惯，邮品的折损是完全可以杜绝的。

5. 防损

邮品的损坏都是人为造成的，是集邮者或投资者平时不注意细节造成的后果。前述的霉变、污损、折损等情况，只要稍加留意，就能够避免。但是有些时候，邮品的损坏是由于技术问题造成的，如撕开连在一起的邮票时，因技术水平问题，往往会形成撕去票齿的现象，这种撕票技术要靠平时勤学苦练才能得心应手。因此，初集邮者在这方面需要花点时间学习技术，此外，要避免邮品遭受阳光直接照射，否则会导致邮品退色。

（二）邮品的鉴别

在邮品市场中，如果一种邮品的价格逐渐升高、那么赝品就会接踵而至。绝大多数赝品是容易区别的，但作为印刷品的邮品，工艺相对简单，容易被伪造。近年来中国发行的许多邮品均以胶版和影写版印制，防伪性能不强，给那些不法之徒以可乘之机。

一些印制粗糙的赝品只要与真品对照。在真品面前，立刻原形毕露。无论是邮品印制的颜色、纸张都与真品相去甚远，是比较容易辨别的。但有些赝品却足以以假乱真，这时就需要进行仔细的鉴别了。

鉴别是对邮票每项要素逐一进行细微深入的鉴别。有时，考据其中一项要素就可以辨别真伪，有时则需要对两项以上的要素进行综合观察，才能得出结论，在进行考据的时候，必须借助放大镜，量齿尺，色度计，水印器等工具和权威的研究论文，邮票目录。真邮票与假邮票在各个要素上是不可能完全一致的，通过考据，把真假票对照，对邮票的版别，刷色，齿孔，背胶，水印等项，从细微处找出它们的不同点，达到鉴别的目的。而断定一枚邮票的真伪，我们至少要掌握六大要素，即版别、纸张、刷色、票幅、齿孔和背胶。

1. 版别

版别是指各种不同的印刷方式，如凸版，平版影写版，雕刻版和混合版等，各印刷方法各有特点，这就为鉴别创造了条件，清代 1885 年及 1888 年发行的小龙邮票，均采用雕凸版印刷，线条清晰实在，而假票用胶印方法，线条由网点组成，图案模糊，瑞雪中秦始皇陵铜车马小型张邮票是用影写凹版制，网线不很清晰而假票用胶版印制，网点构成铜钱状，刷色较暗淡，普 23（福建民居）用影写版印刷，然而近期查获其中 1 元面值的假票是用胶印翻制，文字不清，图案模糊，色泽暗淡，假造邮票常用胶版冒充影写凹版，这是因为凹版制版工艺复杂，印刷机械昂贵，一般很难伪造，凹版比较普及，效果相近，成本也低。通过印版的母模和子模，还可以对邮票版次加以区分，从而辨识原版票与再版票，一次印刷还是二次印刷，如新中国在 20 世纪 50 年代曾再版24套邮票，原版与再版票价格不同，参展的价值也不同，有人企图混水摸鱼，为了加以区别，邮票发行部门公布了两个版次的细微差别加以放大，如中华人民共和国开国纪念邮票，主图毛泽东像服装领口处的纽扣不同，这就比较容易辨认出原版票与再版票了。

2. 纸张

印制邮品的纸张是专门加工的专用纸，造假者无法搞到，因此制作出来的赝品，往往存在着纸张色泽不同、纸张厚薄不一的现象，从纸张表面进行仔细观察，就能辨别真伪。近年来中国发行的一些邮票中，在纸张内添加了发光的纤维，能够有效地防伪，只要在荧光灯下，看纸张内的纤维是否发光，则真假立辨。

3. 刷色

刷色指邮票上印的颜色，一般分为单色，双色和多色（彩色）印刷邮票的颜色，即使是单色也往往是由两种以上颜色的油墨混合调配的复合色，有些使用时间较长或需要量较多的邮票，由于多次加印或由不同厂家承印，刷色往往会有差异甚至同一批印刷的邮票中，有时也因油墨本身或调配上的原因会出现差异，刷色，色度具有不稳定性，鉴别起来很困难，首先，一批邮票印下来，不可能一点差异都没有；其次，刷色受阳光与空气温湿度的影响，会发生自然的退变色；三是人工变色退色，在这种情况下，光凭经验很难辨别，可以用化学方法对油墨进行化验分析，或用色度计来核对邮票上的颜色，然后检索这种相应颜色的色标名称，这里有两个例子，一是1897年8月16日发行的石印蟠龙邮票，黄绿色5角票印成了墨绿和蓝绿，成为著名的变色票，价格昂贵，世界邮票目录上有明确记载，另一个相反的例子是，1980年发行的生肖猴票，底色鲜红。20世纪90年代初，某地邮票拍卖行突然冒出一枚无底色的白猴（实际是红色重退色），一时闹得满城风雨，经专家鉴定，原来是人为退色所致，戳穿了骗局。鉴于刷色的复杂性，世界印刷防伪专家研究出专用油墨，还研制了发光油墨，磁性油墨，远红外油墨等用于防伪印刷。

4. 票幅

票幅以毫米计算，知道了每套邮票的确切票幅，也就知道了每套邮票的图案四周应有多宽的边。识别票幅真伪，用放大镜观察，再加上尺子就更准确，鉴别有齿孔的邮票时，留意票幅也会查出假票。

5. 齿孔

不同的邮票齿孔度数不同，孔形或打孔方法也有差异，齿孔鉴别是一个重要的突破口。邮票的齿孔是流水线机器一次打孔完成的，但制造赝品者，无法达到这种水平，因此邮票的齿孔往往大小不一、长短不齐，假造的齿孔，孔径与孔距大小不一，这是孔针与针孔模具不严密，孔针硬度不够，针头不利的结果，自制打孔都不可避免地带有这些缺陷。例如，齐白石小型张邮票，真票的齿孔为11.5度，齿孔光洁平整，孔距均，孔线笔直美观；假票齿孔11.75度，孔距不一，孔周下陷，边线歪歪扭扭，一经对比，真假分明。有的有齿票比无齿票价贵，就有用无齿票打孔，也有的是部分伪造齿孔，如把卷筒票、小本票上下造孔，冒充齿票，这些只要细心观察并不难发现。

6. 背胶

一般来说，中国的假邮票在20世纪50年代是以马铃薯淀粉做原料的糊精胶涂刷背胶。这种背胶的特点是胶质光亮、发黄、胶层较厚。60年代采用PVA合成胶，光泽较糊精胶差，颜色发白，胶层较薄。目前发现的假票一般无背胶。

第四节　其他实物理财

一、珠宝投资理财

人们习惯上将天然宝石制成的、具有一定首饰或工艺品称为珠宝。

（一）宝石特征

一块石头，能否作为宝石，也要看它是否具有这些宝贵品质，这也是衡量宝石的一个标准。

1. 宝石非常稀有

物以稀为贵，珠宝以产出稀少，罕见为贵。宝石的形成条件是极其特殊复杂的。它们大多来自地下几十公里深处的高温熔化的岩浆，这些高温的浆体有的从地下沿着裂缝涌到地球表面，有的涌到地下接近地球表面的地方，冷却后成为坚硬的石头。有的石头又在高温岩浆的熏陶下，发生变化，形成新的石头。在这些岩石的形成过程中，只有某些元素缓慢地结晶成坚硬的宝石或玉石，且它们的形成时间距离我们非常遥远。地下深处形成的这些宝石，只有部分由于地壳运动的影响被带到地球表面为人们开采。随着不断的开采，宝石的储量将越来越少。

2. 珠宝有瑰丽迷人的色彩

珠宝的颜色非常艳丽、纯正、匀净、光泽超群，辉煌夺目。有的珠宝还呈现各种变形、变色、星光或猫眼等特殊的变色效应，这是其他任何物质所不能比拟的。

3. 珠宝具有耐久性

宝石具有耐久性。宝石不仅艳丽非凡，还具有永葆艳姿美色的耐久性，坚硬耐磨，化学稳定性高，抗酸碱，抗腐蚀，耐高温高压，几乎达到了永恒。

4. 宝石小巧玲珑，便于携带

宝石由于稀少、艳丽、经久耐用，而具有很高的价值。因而具有保值的作用。当出现各种不可预测的事件时，宝石是最容易转移的财富，既可以随身携带，又可以邮寄至国外或其他安全地方，不容易失去或损失。

目前，较常见的宝石有20余种，其中钻石、红宝石、蓝宝石、祖母绿、猫眼石合称为五大宝石，也有的国家在这五大宝石之外，增加了变石和翡翠，将高档宝石称为七大宝石。

（二）珠宝真伪的分辨

珠宝市场由于行业特点，鱼龙混杂在所难免，珠宝投资者只有学会辨别真伪，才能避免上当受骗，珠宝制品多以宝石为原料，因此辨别宝石的真假很重要。

1. 颜色

颜色透亮、美丽是选择宝石的首要条件。自然界中红、橙、黄、绿、青、蓝、紫、黑、白色以及透明的宝石均有。一般以红、鲜红、蓝、翠绿、金黄等绚丽色调为上乘。

2. 光泽

美丽的宝石除颜色漂亮外，还要有对可见光较强的放射能力，这就是所谓的光泽。按光泽强弱程度，宝石光泽可分为以下几种：

（1）金刚光泽

具金刚石（钻石）般的光彩耀眼的反光。这种宝石，如按一定角度加工，会强烈反光出火，光芒四射，绚丽无比。

（2）玻璃光泽

像玻璃般的反光，具玻璃光泽的宝石占很大比例，红宝石、蓝宝石、金绿宝石、祖母绿等高档宝石都具玻璃光泽。

（3）油脂光泽

油脂光泽略为暗淡，像油脂般的光亮，多数玉石都具有这种光泽，典型的是新疆产的羊脂白玉，质地细腻、柔和、光洁如脂。

（4）丝绸光泽

像丝绸般呈细条状闪光，十分好看，最典型的当属虎睛石、木变石，琢磨得当会有猫眼效应。

（5）蜡状光泽

反光看起来柔和略显暗淡，例如玛瑙、蛋白石等胶体质宝石，反光呈蜡状光泽。

3. 宝光效应

（1）宝光

宝光主要是指宝石特有的光亮。许多红宝石、蓝宝石具有闪亮光团，有的呈现弧形、三角形或人形亮带反光层；有的略有似猫眼亮带闪亮光束，但相当宽，边缘不清晰，亮面不闪烁。

（2）变形宝光

宝石转动出现闪光变化或变形。

（3）星状宝光

有些宝石表面在光照射下出现六条、四条或十字放射星光；有的宝石还具有十二条星光。具有星光的宝石如红宝石、蓝宝石、石榴石、辉石等。

（4）猫眼状宝光

猫眼状宝光是指半圆素面宝石表面出现一条中间宽两头尖的亮带，形同猫眼般的宝光。随着取光方向的不同，宝石表面的猫眼也随之变化，真正的猫眼宝石就是金绿宝石。

4. 透明度

透明度指宝石通过可见光的程度。一般宝石透明度越高越贵重，透明度直接关系到宝石反射能力的强弱，越透明放射光能力越强，使宝石晶莹剔透。

5. 质地

质地指宝石晶体结构的好坏程度。晶体结晶好，颗粒大，无裂纹，少杂质或色体，晶体生长线不甚明显，颜色均匀，这样的宝石质地就很好。

6. 抗磨损性

宝石的抗磨损性（抗刻划性）是衡量宝石耐磨与否的重要条件。而且，抗磨损性与宝石的硬度密切相关。

（三）珠宝的收藏保养

珠宝投资免不了进行珠宝收藏，只有正确收藏，才能保持珠宝的本色，出手的时候才能有更高的价值，因此，珠宝收藏保养相当重要。珠宝收藏应注意以下要点：

1. 避免与硬物碰撞。比如说宝石，它的硬度虽高，但是受碰撞后很容易裂，有时虽然用肉眼看不出裂纹，其实玉表层内的分子结构已破坏，这就大大损害其完美度和经济价值了。

2. 尽可能避免灰尘。日常珠宝若有灰尘的话，宜用软毛刷清洁。

3. 佩挂件不用时要放妥。佩挂件不用时最好放进首饰袋或首饰盒内，以免擦伤或碰损。

4. 避免接触。尽量避免珠宝与香水，化学剂液、肥皂和人体汗液接触。

5. 避免阳光。尽量避免珠宝被阳光长期直接照射。

6. 注意清洁。清洁珠宝时用清洁、柔软的白布抹拭，不宜使用染色布、纤维过硬的布料。

7. 保持适宜湿度。珠宝要保持适宜的湿度。因为有的玉石里面存有天然水，若周围环境不保持一定的湿度，里面的天然水就容易蒸发，从而失去收藏的艺术和经济价值。

（四）珠宝投资理财

由于市场尚未成熟，市场风险也相对较高。从完全不懂到慢慢懂得如何投资收藏珠宝或开店经营，要靠学习和经验的积累。

1. 学习

做一个充实的宝石知识研究者。学习有关的珠宝知识，向书本学习或积极参与各种有关珠宝的讲座、研习班，珠宝展览会、学术交流会等各项有关珠宝的活动，多和宝石专家学者、收藏家、业者、消费者等接触，进而培养自身对珠宝的知识及经验。

2. 收藏

做一个快乐的宝石收藏家。宝石的研究与投资，并非一朝一夕可成：对宝石的认知不足，而急于投入，那风险就会很大。最好的方法是在投入珠宝行业前，先当一位快乐的收藏家。在收藏时千万要记住几项前提：①进货成本不宜过高。一般来说以店面实价进货就算成本过高。②买精不买多。收藏各类宝石的精品。在国际市场，高品质的有色宝石涨价最为明显，如高档的红宝石、翡翠等的价格，在近20年来上涨了几十倍，所以收藏一定要以各种宝石的精品为主。

3. 事前的市场开发

尽量多去认识一些人，如宝石专家学者、收藏家、业者、消费者等，让你周围的人知道你在研究及收藏宝石，让他们成为你的同好，因为这些人有可能是您以后的货源或客户。

4. 诚信经营

当万事俱备，就到了正式投资的时候了，珠宝这一行因各人的环境条件不同，所学程度不同，其运营方法各异，但务必要诚信为本——因为这一行当消费群体小，从业人员也较少，一旦欺诈被揭穿就再难立足。

二、艺术品投资理财

艺术品投资收益率非常高，但是具有明显的阶段性，因为当某种艺术品体现出高收益的时候，其他投资者就会趋之若鹜加入到这个市场中，使得收益率下降。艺术品投资非常具有个人的偏好特征，不同的艺术品对于不同的投资者来说，价值可能相差很大。另外，艺术品投资具有很大的风险，主要体现在三个方面：一是流动性差。同股票或其他艺术品相比，艺术品的流动性显然远远不如股票或其他证券。艺术品一般在市场上的交易主要通过画廊、古玩店、艺术博览会、拍卖会或私下交易。二是艺术品保管难。以名画为例，如果有折痕、退色等，该名画的价格在市场上肯定大打折扣。三是价格受到时尚潮流的影响，波动较大。比如现在中国陶瓷在市场上大受欢迎，价格就上涨得很快，但是一段时间后，市场上可能偏好水彩画，陶瓷的价格就会大幅下跌。

【案例8－3】　艺术品投资：本钱和知识都要储备

据说目前中国搞收藏的人有7000多万。不管这个数字的准确性如何，但如今拍卖市场的火暴程度，足以证明艺术品投资已经成为人们理财致富的一个新领域。那么，艺术品投资的魅力何在？搞收藏真的可以赚大钱吗？

1. 大本和小本都能参与

张先生是个书商，在图书市场打拼十几年，积累了千万资产，公司也有近百名员工。由于图书市场竞争激烈，五年前他就考虑转行。一个偶然的机会，他陪一位搞文物生意的朋友去了次上海，在朋友的劝导下买了几件老红木家具，从此一发而不可收。五年后的今天，他已经投资了2000多万元，收藏了上好的老红木家具几百件。最近，北京一个古玩市场还专门邀请他去办展。他的资产也因此翻了几倍，他的公司也转行专做仿古家具的生意。

再举一个例子，北京荣宝拍卖公司拍卖了当代画家的一幅画，2003年，这幅画被买家以120多万元买得，在2006年春拍卖中却拍出了230多万元的价格，仅仅2年多时间，价值就翻了一番。

也可能有人会说，这都是大资本玩的游戏，普通百姓挣不到这样的钱。其实，收藏市场的魅力恰恰在这里。在这个圈子里，大本钱可以玩大手笔，小本钱也可以谋小利，把握好的话也可以小钱赚大钱。张先生去逛古玩市场，在一堆小杂件里挑出一个鼻烟壶，跟店主讨价还价以500元买下，回去后查阅资料，又请行家过眼，确定是清末名家马少宣的人物山水内画鼻烟壶。马少宣的内画鼻烟壶前些年就拍到了十几万元，一般也在几万元。

2. 机会有多大，风险就有多大

前面说了那么多成功的例子，假如以为在这个领域轻而易举就可以赚大钱，那就错了。与任何投资领域一样，艺术品投资风险也很大。

首先，中国艺术品市场正处在一个培育期，由于人为炒作行为时常可见，这就使市场走势难以把握，投资风险也相应增加。比如，几年前古代字画的行情一路走高，人们瞄准的还是年代久远、品相完好的名家字画。随着价格达到一定的高度，赢利空间的缩小，珍品、真品越来越少。从2004年开始，资本转向了近现代书画，这类艺术品开始走热。但是，仅仅不到两年时间，近现代书画的价格就快速攀升到了顶点，2006年春拍，成交率就普遍下降，价格呈现下滑趋势。一些书画商收购的近现代书画积压在手中，叫苦不迭。与此同时，油画市场开始升温。这么快速的大起大落，一是说明人们逐利的急躁心理，二是说明庄家炒作在推波助澜。这个时候投资可能获利大，但风险也大。

其次，艺术品收藏以古为贵，但历经千百年的流传，真正流传下来的古代艺术品毕竟资源有限，再加上人们大量涌入这个市场，要想得到一件货真价实的艺术品着实不易。像前面提到捡洋落儿的好事，可遇不可求，花钱买了赝品假货，对搞收藏的人来说是家常便饭。有一位开古玩店的先生，当年入行时投资了200多万元收购古玉，结果买到的全是假货。所以，交学费买教训，对收藏者来说是必由之路，只是钱花得多少、亏吃得大小不同而已。

3. 本钱和知识都要有所储备

搞艺术品投资，最忌讳的就是无知和投机，无知会导致盲目，投机会带来急躁。以为有钱就可以搞艺术品投资那就错了，在这个领域专业知识是取胜的必备条件。投资者不仅要有资本积累，还必须有一定的知识积累，这样才能避免盲目出手，人云亦云，跟风逐利，把投资压死。

需要强调的一点是，投资文物和收藏文物有着本质的不同，投资是为了牟利，收藏是出于爱好，资本的属性就是要鸡生蛋蛋生鸡，生得越快越好越多越好。这就要求投资者在选择投资艺术品时，还要分析这种艺术品在市场上的价格走势，在适当的时候买进，在恰当的时候出手，这样才能获取最大利益。以前面提到的那幅画为例，1997年，这幅画曾以77万元被人买走，买主持画6年出手，以120多万元易手。而后一位买家只持画2年多，就以230多万元卖出，一下赢利100多万元，就是时机把握得好。所以，对市场大环境的判断至关重要。

在艺术品投资领域，越是大玩家，越要有知识储备，否则吃亏上当在所难免。现在，圈内流行请行家掌眼，所谓掌眼就是请专家看货把关、鉴别真假。虽然专家掌眼是必不可少的，但是，专家也有真有假，完全依靠别人做出判断，显然是不可取的。况且在这个讲究学问的领域，如果是个一窍不通的门外汉，一开口、一出手就会被人识破看穿，那么，免不了上当。所以，即使是为了增值而投资，必要的知识储备也不可缺少。况且，艺术品投资的乐趣还在于陶冶性情，提高文化品位，如果单纯为了逐利，那就太过于浅薄了。

中国历史悠久，文物积累丰厚，收藏品的门类和范围浩如烟海，要在其中选准目标作出正确判断，着实不易。对于普通收藏者而言，不妨选择一个感兴趣的门类作为自己的投资目标，下工夫钻研，由窄而宽，由小而大，稳扎稳打，不要急于求成。当然这个选择如果是出于积累财富的考虑，而不是单纯出于喜欢，也要掌握市场的宏观走势。比如，前些年收藏邮票、古钱币的，比起收藏古瓷器、古玉器的，如今出手的机会就少了很多，增值的幅度也不如后者。

十几年前搞艺术品收藏的人大多是艺术品的爱好者，而如今大多是投资人，收藏的意义退居其次，获利已成为不少人的主要目的。正因如此，如今的古玩市场可以说赝品多于真品，鱼龙混杂，要想淘到宝物，就要拼眼力。所谓眼力，除了多看真品多做比较，还离不开对历史、文物知识的了解，否则，真品撞到眼前也会轻易放过，这样的例子数不胜数。所以，投资之前要多做功课多钻研，有了一定的知识储备后再出手，否则仅仅靠撞大运是不可能成功的。

借一句格言来说：机会总是青睐有准备的人。投资收藏尤其如此。

4. 投资越热，越要冷静

艺术品投资越来越热，不少人都开始把自己的财富向这一领域集聚，但真能摸到门道的并不多。据统计，目前中国的艺术品收藏者和投资者有7000万之众，年交易额人民币200亿元，而参与人员和成交额至少以每年10%至20%的速度在递增。

艺术品投资，正成为不少人积聚财富和升值财富的热选。2004年，荣宝拍卖公司春季拍卖会总成交金额9107.67万元，成交率为81%；2005年，荣宝春季拍卖会的总成交金额飙升到了36421.4万元，成交率也升至93%。嘉德、翰海等拍卖公司的春拍成交金额和成交率也比往年都有大幅度提高。火暴的场面不仅出现在各种大大小小的拍卖会上，就连一些收藏品市场也不断升温。

有专家断言，艺术品收藏将成为最赚钱的投资，艺术品收藏是继股票、房地产热之后的第三大投资热点。艺术品的财富效应固然诱惑力惊人，但是抱着暴富心态，企图在中短期内渔利，并不是成熟的投资者该有的心态。别忘了，艺市有风险，投资需谨慎。

三、古玩投资理财

现在习惯上说的古玩，包括了古代玉器、古陶瓷字画、古籍和古典家具、古竹刻牙雕、古文房四宝、古钱币等。

古玩投资和艺术品投资一样，都面临高交易成本和低流动性。投资古玩最重要的有两点：一是有古玩的鉴赏能力。如果将赝品当真品买回，就会蒙受很大的损失。二是古玩价值都比较高，投资者要有一定的经济实力。投资古玩最大的风险是买到赝品，但随着经验的积累，这种风险会逐渐减少。短期存在的风险是不了解古玩市场流行行情，投资方向失误，但和艺术品投资不同的是，年代久远的古玩总是越来越值钱，因此只要有经济实力，即使没抓住市场热点，从长期来说也没多大影响。

【案例8-4】　古玩收藏投资两相宜

古玩是中国传统的长线投资项目。家藏多少宝，决定一个人的文化品位与身价。古代大户人家的男子、女子都家传文史、古玩书画知识，当代理财师也必修古玩基础知识课程。

古玩投资操作方法如下：1. 短线，古玩市场、中小拍卖行买进，大拍卖行拍出；2. 长线，古玩市场、文物商店、拍卖行买进，三五年后拍卖行拍出；3. 中长线，找一位有文化品位的古玩收藏家做顾问，边收藏，边学习，二三年满师后再独立操作，拍出拍进。在古玩顾问指导下，一般买进一件精品古玩即升值10%。古玩行规：如请上家（割爱）转让收藏品，刚买进，再转让，下家也要加10%。年增值20%是通常古玩行家的最低利润，如眼力好，捉漏，一件藏品增值100%到1000%的例子不少。

古玩投资具体操作项目：1. 明清官窑瓷器价格已到位，高古陶器、精品民窑瓷器升值有潜力。2. 明清红木家具价格已到位；清末民国白木家具有升值潜力。3. 明清木雕、竹雕、牙雕、玉雕等杂项有升值潜力，尤其是名家作品。老三代玉器尽量别碰，初玩白玉精品、甚至仿品也可。4. 奇石市场刚起步，奇石升值无市场参照系，故可以作为投资黑马对待。5. 书画作品赝品太多，没有行家指点，可作装饰，少作为投资。如有行家指点，可用渐进法，先玩小名头，再玩中、大名头。

总之，如把玩古玩也作为一种理财手段，就会获收藏投资双丰收。

第三篇

个人理财规划

在完成个人理财基础理论知识和投资理财知识的学习后，可以开始运用这些知识来为人生的一些重要财务问题进行规划了。人生有三大重要的理财规划：居住规划、子女教育规划和退休规划。这三项规划的共同特点是规划时间长、需要准备的资金金额很大，因此规划的难度也很大。本篇分三章阐述了这三大规划。但理财者除了这三大规划外，在人生各个阶段还可能面临各种理财规划问题，本篇最后一章阐述了一般理财目标的规划。

第九章　个人居住规划

- 年轻人初次购房应该一步到位购买大房子吗？
- 为什么要进行购房规划？
- 如何评估是租房还是购房合算？
- 如何进行购房规划？
- 等本金和等本息还款有什么不同？

第一节　个人居住规划

在个人理财的众多目标中，最现实，最迫切，也是必须实现的目标就是居住规划。绝大多数人都要靠银行贷款的方式来实现自己拥有一套住房的愿望。居住是每个人一生当中最大的一笔消费，同时居住规划也有很多学问。

一、居住规划流程

人的居住舒适程度直接反映了规划得当与否，直接影响个人和家庭的财务状况和现金流向。居住需求主要取决于两个因素：一是空间需求，主要受家庭人口数量影响；二是环境需求，主要受到生活品质要求影响。满足居住需求的途径是购房或租房，在进行租房和购房决策时，主要考虑房租增长率、房价增长率居住年数、利率水平、负债能力等。如果租房更合算，则选择租房来满足居住需求，如果决定购房，则要根据房屋所处区位、房屋类别、户型、面积大小、用途等进行选择，并考虑首付款和贷款的承受能力，居住规划流程如下图所示。

二、购房规划的重要性

尽管很多人租房居住，但是拥有自己的房子永远是人生追求的一个重要目标。人生的三大规划——购房规划、子女教育规划和退休规划都要经历很长的时间跨度。其中购房规划涉及的金额虽然不一定最大，但计划的时间最短，一般从计划到购房不会超过5年，它不像子女教育规划时间可达10年，也不像退休规划可达20年以上，因此在短期内为购房而储蓄的压力最重，而且如果

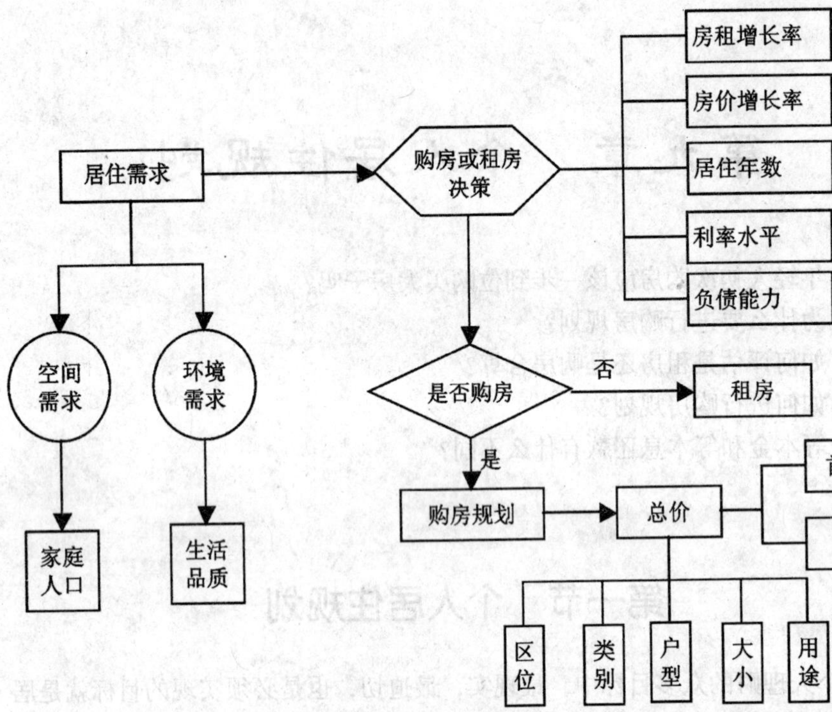

居住规划流程图

采用抵押贷款方式，在购房后的很多年都要按时支付确定的款项，对收入的稳定和支出的控制要求很高。因此，在购房之前需要慎重考虑，进行合理的购房规划。具体来说，进行合理的购房规划有以下作用：

（一）可以帮助制定合理的屋涯规划

购房要配合负担能力和自身需求，在一生中可随生涯阶段的改变而换房，这就是屋涯规划。单身或刚结婚的年轻夫妻的首次购房，以一居、二居的小平米房子为主，如果一步到位买大房子，一则负担不起，二则浪费空间，三则打扫困难。当有了孩子并且开始上学以后，经济状况开始变好，可以考虑换三居左右的房子，房子位置要综合考虑学区和生活便利程度；到中年若有能力可以考虑兼顾生活品质和休闲再次换房，房子要大些，让上中学、大学的孩子以及同住的老人都有自己独立的空间；等到退休后子女迁出，拥有太大的房子要负担很高的整理和居住成本，而空间又被无谓浪费，这时可以考虑换成面积较小，兼顾医疗、休闲和景观的老年公寓，多出的资金可以用来保障退休后的生活。

【案例9－1】　工薪族买大户型背后的隐痛

在许多城市，宽敞气派的大户型一度成为人们追求的理想房型，这也是推动房地产商开发大户型的主要动力。然而当新鲜感消失，在供房压力过大、居住成本高昂的情况下，一些工薪阶层的住户越来越感受到了大户型带来的烦恼。

在吉林市一家媒体供职的张先生提起自家的160平米的大房子就苦恼万分：供房压力大不说，每年在取暖费和物业管理费上就得花5000元左右。妻子也向他报怨房子太大，收拾起来太耗时耗力。而且三口之家住这么大房子，总显得房子空落落、冷清清的。

（二）避免陷入低首付款陷阱

房产市场供应充足时，为了加快销售速度，开发商往往采用各种营销手段，其中降低首付款就是很重要的手段，最低首付款甚至可以低到两成、一成或低到零首付，而购房者为了能尽早拥有自己的住房，往往忽略了以后的还款负担，在自己的存款仅够付最低首付款的情况下，过早购买房子，导致在以后长时间的还款过程中，还贷压力过大甚至危及基本的生活。一般来说，首付款过低，使得每月还款额超过月收入的一半，就会显著降低生活水平。只有在购房前充分考虑首付款和以后的月还款，才能避免陷入财务危机。

（三）可以量入为出

曾有证券公司员工在股市大好时购置豪宅，但当股市低迷时因缴不起房贷本息，房屋被迫拍卖，流落街头的例子。也有生下双胞胎较预期费用大幅度增加，或突患重大疾病，医疗支出大增而缴不起房贷的案例。近年来还有不少老年人，在退休后依靠利息收入维生，因为利率大幅度降低而不够养老，被迫把居住多年的住宅卖掉来填补生活费缺口的例子。

因此在衡量房贷负担能力的时候，须考虑每年总会有些意外支出会影响房贷支付能力。对于工作收入会随业务量大幅度变化的人来说，应以较保守的收入来衡量贷款负担能力，对于以利息收入维生的退休人士，要考虑未来利率升降的变动，如果没有特别的要求，用来养老的住宅尽量选择较便宜的区域，以留出更多的资金养老，避免年老时不得不卖房养老的情况发生。

（四）可以强迫储蓄

购房规划需要在短期内储蓄首付款，并在长时间内偿还固定的金额，而房产从长期看是可以保值增值的，合理的规划可以帮助强迫储蓄，杜绝不必要消费，尤其是刚参加工作不久的年轻人，难以控制自己的支出，提早进行购房规划能帮助约束开支，增加储蓄。

三、购房与租房决策

购房不像子女教育规划与退休一样具有不可替代性，对买不起房子的人而言，租房也是不错的选择。租房与购房的居住效用相近，差别在于购房者有产权，因而有使用期间的自主权，而租房者有时会面临房东要求搬家的窘境。

租房与购房相比哪种方式更划算，牵涉到拥有自己房产的心理效用以及对未来房价的预期。因购房者可期待房地产增值的利益，而租房者只能期待房东不要随时调整房租，因此同一房子可租可售时，不同的人可能会有不同的选择。不考虑心理效用，单从财务角度，购房与租房应如何抉择，可以用以下的方法来比较，即假设投入同样的成本，比较在若干年后，购房与租房相比，谁带来的收益更高。

【案例9－2】　购房还是租房决策

张先生目前面临买房还是租房的选择，同一房子，房东可售可租，如果出售，价格为300000元，可以采用七成10年的贷款方式，每月要还款2231.50元，另外张先生还需要支付10000元的相关税费，每年需要支付物业管理费等相关费用1000元，并且这些费用每年以5%的速度上升，房屋的价格每年以10%的速度上升；如果出租，每月需要支付租金1000元，并且租金每年以5%的速度上升，假设每年的资金收益率为3%，问张先生应该买房还是租房？

可先将购房和租房的可能产生的投资收益和成本列入表9－1。比较10年后购房和租房谁产生的收益更高。

表9－1　　购房与租房收益成本对比　　单位：元

投资成本	购　房	租　房
初始投资	100000	0
年还贷	26778	
房屋费用	1000（5%）	
房　租		12000（5%）
收　益	300.000（10%）	0

1. 租房

如果租房，不买房省下的首付款及相关税费可以进行投资，每年可获得3%的投资收益率。

（1）首付和税费节省收益

首付可节省：

$90000+10000=100000$ 元

10年后100000元将变成：

$100000\times(1+0.03)^{10}=134391.64$ 元。

（2）年节省费用收益

租房每年可节省部分费用，这些费用每年也以3%的收益率进行投资。年节省费用产生的收益如表9－2所示。

表 9－2　　年节省费用收益表　　单位：元

每年花费＼年次	1	2	3	4	5	6	7	8	9	10
抵押还款	26778	26778	26778	26778	26778	26778	26778	26778	26778	26778
其他费用	1000	1050	1103	1158	1216	1276	1340	1407	1477	1551
购房总花费	27778	27828	27880	27935	27993	28054	28118	28185	28255	28329
租金	12000	12600	13230	13892	14586	15315	16081	16885	17729	18616
年节省费用	15778	15228	14650	14044	13407	12739	12037	11300	10526	9713
第 10 年价值	18856	17842	16829	15816	14803	13789	12773	11756	10736	9713
年节省费用收益	142912. 26									

（3）总收益

租房 10 年后产生的总收益等于首付和税费节省收益加上年节省费用收益。总收益为：

134391. 64＋142912. 26＝277303. 90 元。

2. 购房

如果购房，房子 10 年后价值为：

$300000\times(1+10\%)^{10}=778122.74$。

此时剩余贷款本金 0。

因此：

10 年后购房总收益为 778122. 74－0＝778122. 74 元。

10 年后购房总收益 778122. 74＞租房总收益 277303. 90 元。

所以张先生购房更合算。

以上只是列举了一个简单的例子说明租房和购房的财务比较，其中的数据可以根据实际情况替代，得出不同情况下的比较结果。

四、购房规划

即使租房从经济上更为划算，很多人还是愿意拥有属于自己的房子。如果打算购房，则需要进行细致的购房规划。由于很少有人能一次付清房款，所以购房要考虑两方面的财务因素：首付款和月还款。那么首付款和月还款中哪一项是需要优先考虑的因素呢？对很多人而言，积攒首付款是购房前的第一道坎儿，但并不是攒够首付款就可以买房了，实际上月还款是在今后很长时间内的固定支出，要求其中不能发生任何意外，所以月还款对购房者的财务约束更大，一个人所能承受的房产价格要根据其所能得到和承受的抵押贷款的多少而定。购房前要优先考虑月还款。下面用一个案例说明购房规划过程。

【案例 9－3】　购房财务规划

张先生，单身，目前打算购房，他每月税后收入为 6000 元，房子的物业管理费为100元/月，住房贷款年利率为5.814%，月利率为0.4845%，试为他制订一份购房规划。

1. 根据月收入、债务比率估计能承担的月还款额

根据银监会发布的《商业银行房地产贷款风险管理指引》，借款人住房贷款的月房产支出与收入比应控制在50%以下。假设张先生按照最高限50%计算。

月房产支出/月均收入＝（月还款额＋月物业管理费）/月均收入

＝（月还款额＋100）/6000＝50%

月还款额＝2900元，即张先生每月最高能够承受2900元的还款压力。

2. 计算在理论上能买得起的房子

从2006年6月1日起，个人住房按揭贷款首付款比例不得低于30%，也就是说，购房者从银行获得的贷款最高不可能超过房价的70%，根据后付年金现值公式，计算可以买得起的房子房价为：

$$房价=\frac{2900\times\frac{1-(1+0.004845)^{-120}}{0.004845}}{0.7}=376319.74\text{元。}$$

3. 计算需要支付的最低首付款

最低首付款＝房价×30%＝112895.92元。

4. 计算为积攒首付款，如果储蓄5年，每年的储蓄额：

$$112895.92=A\times\frac{(1+0.05)^5-1}{0.05}\quad \text{解出 A 得：}$$

A＝20431.32。

【案例9－4】　年轻人购房要量力而行

现在房价飞涨，很多人不得不把置业购房的计划提前，在房价涨到自己不能承受之前买一套自己的房子。这当中包括很多刚刚步入社会、首次置业的年轻人，这些人买房无什么经验可谈，但置业不单单是选择一所房子那么简单，它可能会引起整个消费方式、家庭构成、职业规划等方面的根本改变，那么年轻人究竟该怎样买房子呢?

首次置业的基本准则是：挑选适合自己目前需求的房产，否则将可能面临的是买得起住不起的尴尬。年轻置业人群一般都刚从大学毕业不久，工作年限不长，初入社会，需要花钱的地方很多，因此购房必须量力而行。首次购房的年轻人，不妨可以考虑以下3种方式。

1. 选择有升值潜力的郊区公寓房

年轻人买房十有八九都会向银行贷款，可年纪轻轻就欠银行几十万元，对大多数人来说都不是一件轻松的事。因此，首次置业的年轻人购买目前市值不高、但相对具有升值潜力的郊区房，应该是一个不错的选择。

2. 选择单位附近的小户型二手房

如果具备一定的自有资金，选购单位附近3公里范围内的小面积二手房，优点自然不用多说了，每天散散步就可上下班，即使打车也只要10元左右，这种想法在年轻人中高达100%。市中心地区许多老公房，虽然户型较老，但面积控制合理，一房建筑面积在40平方米左右，两房在60平方米左右，80平方米左右就能买到三房了。虽然单价要高一些，但可以根据自己的经济实力选择不同大小的房子。

3. 选择配套齐全的单身公寓

如果有市中心情结，又不想居住在老公寓房内，平时也没有时间和心情料理家务，那可以考虑购买市中心附近的单身公寓，今后具备一定实力后再换房。作为一种过渡型的居住产品，单身公寓今后以小换大、梯级置业，出租出售应该都有市场需求。

第二节　住房抵押贷款规划

大多数人在购房时都需要申请住房抵押贷款，在使用住房贷款前，首先需要了解住房抵押贷款的基本知识，包括贷款种类、还款计算……才能根据自己需要选择最有利的贷款方式。

一、住房抵押贷款种类

住房抵押贷款从不同角度，可以有多种分类。

（一）公积金贷款、商业性贷款和组合贷款

根据贷款资金来源不同，个人住房贷款可分为公积金贷款、商业性贷款和组合贷款。

1. 公积金贷款

公积金贷款是银行根据住房公积金管理部门的委托，以住房公积金存款为资金来源，按规定的要求向在中国内地境内购买、建造、大修城镇各类型住房的自然人发放的贷款。

2. 商业性贷款

商业性贷款是用银行信贷资金向购房借款人发放的住房贷款。

3. 组合贷款

组合贷款是指向缴存公积金的购房借款人同时发放个人住房公积金贷款和个人住房商业性贷款的一种贷款方式。

公积金贷款和商业性贷款的主要区别在于利率水平不同，商业贷款年利率为5.814%（2006.08.19起执行），公积金贷款的利率为4.590%（2006.08.19起执行），公积金贷款利率显著低于商业贷款利率，购房者在申

请住房贷款时应尽可能充分使用公积金贷款。

（二）等本息还款法和等本金还款法

根据还款方式的不同，个人住房贷款可分为等本息还款法和等本金还款法。

1. 等本息还款法

等本息还款法是每个月偿还的贷款本金和利息之和相等。

2. 等本金还款法

等本金还款法是每个月偿还的贷款本金相等，利息逐月递减。

等本息还款法每月的还款金额相同，便于购房者规划支出，但利息较高，适用于收入较低的年轻人；等本金还款法每月还款额递减，利息负担较轻，适用于现金流较为充裕的中年人。

二、住房抵押贷款计算

如果到银行申请贷款，银行会提供每月还款数额，或者网上也有许多方便的还贷计算器，但是理解住房抵押贷款的一些基本计算，对于正确选择还贷方法，提高购房规划效果，还是很有益处。

【案例9－5】　住房抵押贷款计算

张先生2003年11月1日为购房申请住房抵押贷款200000元，10年，年利5.04%，月利0.42%，试计算按等本息和等本金方式的月还款和利息总额。

1. 等本息还款

住房抵押贷款按月记收复利，每月还款额相等，可根据年金现值公式计算月还款额。

$$200000 = A \times \frac{1-(1+0.0042)^{-120}}{0.0042}$$

月还款 $= A = 2125.22$ 元

由于每个月还款额相同，所以只要将月还款额×120，再减去贷款本金，就可得到利息总额。

利息总额 $= 2125.22 \times 120 - 200000 = 55026.40$ 元

2. 等本金还款

每月偿还本金 $= 200000/120 = 1666.67$ 元

第1月应付利息 $= 200000 \times 0.0042 = 840$ 元

第1月应还本息和 $= 1666.67 + 840 = 2506.67$ 元

第2月应付利息 $= (200000 - 1666.67) \times 0.0042 = 833.00$ 元

每月减少 $= 1666.67 \times 0.042 = 7.00$ 元

以后每月的还款都可按照这种方式计算，并可生成还贷进度表，如表9－3所示。

表 9－3　　还贷进度表

期次	月还款额	偿还本金(3)＝(2)－(4)	利息(4)＝上(5)×0.0042	剩余本金(5)
0				200000.00
1	2125.22	1285.22	840.00	198714.78
2	2125.22	1290.62	834.60	197424.16

利息总额

$$=[(20-1666.67\times0)+(20-1666.67\times1)+\cdots+(20-1666.67\times119)]\times0.0042$$

$$=(20\times120-120\times119\times1666.67/2)\times0.042$$

$$=5.082(万元)$$

三、新型房贷

个人住房抵押贷款是银行坏账率最低的业务。银行在竞争的同时，创新出不少房贷产品，着实令消费者眼花缭乱。从优惠利率到延长贷款期限，从节息到减免费用，产品服务范围从一套房产扩大到二次置业，商业银行在房贷产品上不断创新，以求满足贷款者的多样化、复合化的贷款需求。目前市场上出现的新型房贷主要有以下几类：

（一）贷款方式创新

1. 直客式房贷

2006 年上半年，各家银行纷纷推出直客式房贷，从开发商着手，将对开发商的减免转嫁到房贷客户的身上，让消费者利益最大化，而一房两贷、循环贷、置换式房贷在放贷同时还满足了贷款人的融资理财需求，为突发或不可避免的融资消费提供了解决方案。

直客式房贷指银行直接接受借款人申请，直接向符合条件的自然人发放的用于购买住房、商业用房（含再交易住房、商业用房）的信贷产品。

在这种模式下，开发商无须向银行缴纳 10% 左右的保证金，由担保公司为自然人担保，但是担保费用比可获得的优惠少。贷款人买一手房时，如一次性付款，房价通常有 2% 至 5% 的优惠，但若在银行贷款买房就鲜有优惠了。而客户凭着银行的贷款和自己的首付款，以一次性付款的方式向开发商申请购房，从而争取享受房价优惠。直客式个人房贷最高的贷款成数为 8 成，最长期限为 30 年。

2. 一房两贷

一房两贷是个人住房商业贷款客户可以用已经办理个人住房抵押贷款的抵押房产为抵押物，在该房产抵押价值大于原贷款余额的差额部分内向银行申请贷款，用于购买房产、汽车等消费品以及投资经营。贷款最高额度为房屋评估价值的70%减去原贷款本金余额。一房两贷可以满足那些急需较大金额资金，但又苦于没有更好融资渠道客户的需求。

【案例9-6】 一房两贷

为了迎接即将诞生的小宝宝，小王和爱人决定购置一辆新车，却又一时无法筹集到这样一大笔资金。在这个情况下，小王通过一房两贷解决了买车的资金缺口。小王2003年在中行办理了个人住房按揭贷款，贷款金额70万元，抵押房产价值100万元。2006年他尚有贷款60万元，房产由于升值现评估价为150万元，按计算公式，小王最高获得贷款金额为45万元（150×70%-60=45万元）。

3. 置换式个人住房贷款

农业银行的置换式个人住房贷款是指对全额付款购买商品住房，取得房屋所有权证书不超过两年的自然人客户发放的贷款。这一业务开通后，一次性付清房款（包括新房和二手房）却又感觉手头紧张的个人，可再度向银行申请贷款，满足个人的融资需求。与普通个人住房贷款相同，置换式个人住房贷款最长贷款年限为30年，贷款成数最高为七成，贷款利率也执行相同标准。与其他房产抵押贷款相比，置换式个人房贷最为显著的优势在于贷款年限较长。

4. 循环贷

循环贷也称个人住房循环授信，指将商品住房抵押给银行而获得的贷款额度，在规定时间和额度内可以分次提款、循环使用。一房两贷和置换式个人住房贷款只能满足贷款人房贷外的另一种贷款需求，而循环贷则将这种功能发挥至极致，只要在信贷额度和期限范围内，各种贷款需求都会被满足。

个人住房循环授信的优点有：额度有效期长，额度一次审批便可长期有效，期限最长可达30年，单笔贷款期限长、利率低特点更为突出，其利率一般可享受房屋按揭相关优惠利率；额度有效期内用款便利，额度有效期内，随借随用，深发展银行还承诺可在1小时内快速到账；这种房贷产品弥补了房产流动性不足的缺点，同时满足了客户各种期限的融资需要。额度最高可达房产价值的8成，并能在房产价格上涨趋势中获得更大的额度空间。

【案例9-7】 自主额度循环信贷

张先生有一套市值100万元的商品住房，2006年8月25日办理银行按揭时可以申请最高80万元的循环贷自主额度，按年利率5.814%计算，2009年8月25日，仍有76.66万元额度，相当于最初额度的96%。在发季度奖或年终奖等有额外收入时，他可以提前还掉部分按揭贷款，节省支出。当他有任何急需资金的时候，可以就提前还款部分随时提（借）出，手续简便快捷，一般1小时出账。贷款额度确定采用按月等额本息还款法计算的剩余本金确定贷款额度。房产增值时贷款额度不受影响，该产品适用收入较为稳定和丰裕，有提前还款能力、重视理财投资收益、视市场情况善于灵活调度资金的中青年白领购房阶层。

【案例9-8】　综合额度循环信贷

李先生有一套市值100万元的商品住房，他初始申请可获得最高80万元的循环贷综合额度，该额度每年核定一次。当房价普遍上涨房屋市值达到120万时，李先生最高可获得96万元的额度使用空间。在综合额度有效期（即核定期内），李先生可以随时到银行申请单笔贷款，单笔贷款期限最长可达30年，随用随提。贷款额度确定根据房产价值，分期核定贷款额度分期调整额度金额，在房屋价格上涨趋势中能获得较大的额度空间。

（二）还款时间创新

还款的创新首先在还款时间上显现，还款时间间隔的选择灵活自由，除可以按月还款外，长的还可以按双月、按季度等方式，短的可以按双周，贷款人可以根据自己的收入结构进行选择。民生银行推出的民生加（减）按业务根据借款人要求，可以延长或缩短原借款期限的业务，自由变更还款期限，弹性还款。

（三）还款时间、方法创新

在还款方式上传统固定不变的还款方式忽视了每个人在不同阶段的现金收入能力的不同，导致了每月的资金流量不匹配，使得购房者在每月还款之后，往往会捉襟见肘，生活困难。本来想提高生活质量，结果反而背负了很大的生活压力。各家银行推出的多样化还款方式使房奴们有了翻身的机会，自己的贷款自己做主。钱多的时候多还，钱少的时候少还，购房者的财务压力大大减轻，使购房者能够一举多得，既能住上房子，又可兼顾生活品质、投资理财、创业发展。

1. 青春无忧递增还款法

青春无忧递增还款是2006年6月，建行推出的个性化还款方式。对于收入预期看涨的一些客户群体，特别是一些年轻人，可以选择初期少还、逐渐多还，从而与其收入增加相匹配，使他们轻松还款。

2. 个人贷款分段还款法

个人贷款分段还款法指办理了个人住房商业贷款的客户，可以根据自己的经济能力和资金规划选择最多分5个阶段来偿还贷款，从而合理安排资金使用。通过这种分阶段还款的做法，借款客户可以自主选择在每一阶段还款的本金和还款期限，既可以选择在还款初期少偿还贷款本金，也可以选择多偿还贷款本金。

3. 组合还款法

组合还款法是浦东发展银行开发的多样性还款方式，个人客户可以将贷款年限分为最多8个还款周期，在不同的还款期，选择不同的还款方式。真正做到按揭客户在申请住房贷款时，客户可以结合当前的经济实力、还款能力，同时对自己未来的收入及支出作出预测。收入趋势的预期是预测的核心，可以从自己的年龄、学历、所从事职业的行业前景、单位性质等因素进行分析。兼顾了人生不同各个阶段的收入及支出，充分节省利息支出。

收入逐渐增高的人员可以早日圆梦，收入可能减少的客户也能做到未雨绸缪，而对于收入水平有高低起伏的客户来说，这种还款方式，能助其实现财务自由。

【案例9-9】 组合还款法

李小姐今年27岁，与未婚夫共同购置住房。她向银行贷款50万元，期限30年。两人目前每月收入总共为6000元，考虑到交房后要装修、结婚，因此前两年还款压力较大。小两口计划结婚后1年就生孩子，他们希望能在小孩念到高中及大学时能预留出一部分教育支出。李小姐预计自己55周岁退休，希望退休后无明显还款压力。为她提供的组合还款方案为：第一阶段（2年）固定本金800元/月；第二阶段（13年）固定本金1200元/月；第三阶段固定本金（7年）3000元/月；第四阶段固定本金（8年）433.33元/月。

与等额本息还款法每月还款3272.96元相比，李小姐退休后每月还款减少了2000多元，通过组合还款方式，李小姐30年的还款额度与自己生活安排非常吻合。

【案例9-10】 组合还款法

张先生今年45岁，家庭月收入为8500元，预计夫妻俩10年后退休，月收入会下降至4000元左右。张先生购买了一套高层住宅，他需要贷款50万元，期限20年。为其设计了如下还款方案：第一阶段（10年）采用等额本金方式，首月还款4933.33元；第二阶段（10年）等额本息方式，2882.14元/月。

与等额本息还款法每月还款3828.62元相比，第二阶段张先生每月要少还款946.48元。通过组合还款法，张先生在晚年可以轻松享受生活的乐趣。同时通过还款额的调整，张先生在整个贷款期少支付近6万元的利息。

该还款方式的优势在于：充分考虑借款人退休前后的收入变化；在职期间可增加还款金额，退休后缓解还款压力，安享晚年；可节省利息支出。

该种方案适用于：40周岁以上，有稳定职业及收入的人群和退休后可享受养老保险的人群。

（四）贷款人数创新

在贷款人数上做文章的银行不少。建行有合力贷款方式，个人收入购房、贷款有困难的家庭可以选择全家合力、共同贷款。农业银行推出父母可与子女一起接力偿还住房贷款的方案——个人住房接力贷款，指以某一子女（或子女与其配偶）作为所购房屋的所有权人，父母双方或一方与该子女作为共同借款人贷款购买住房的住房信贷产品，对于已婚子女，其配偶也可作为共同借款人。

（五）产品融合创新

也有不少银行将几个产品或服务融合在一起，打出组合拳。

同名转按+循环额度贷款组合贷款产品，同名转按揭贷款是指客户在其他商业银行办理的个人住房按揭贷款尚未结清时，通过转按揭或其他方式结清原贷款，并将原贷款所购房产抵押给招商银行，申请招商银行贷款。该产品将一次性购房按揭贷款变成了可多次使用的住房贷款额度，不仅能保持原按揭继续归还的需要，更为以后的融资提供了便捷的渠道。

【案例9-11】　同名转按+循环额度贷款

2003年，朱女士购买了一套价值80万元的房产，向X商业银行申请了56万元的个人住房商业贷款。2006年楼市上涨，朱女士的贷款余额还剩40万元，该房产升值至100万元。朱女士向招商银行申请了同名转按贷款，招商银行为朱女士重新审核房产价值，向其发放了70万元的贷款，朱女士不仅偿还了原有的40万元贷款，还利用剩余的30万元购买了新的房产。

（六）增值服务优惠创新

利率是房贷优惠的根本，存抵贷业务为贷款人提供。在贷款的同时享受理财收益，让闲散资金充分发挥节息功能。另一种组合利率贷款产品，在变动的利率环境下，客户可以选择固定利率与浮动利率的多元化组合利率产品，从而锁定利息支出，应对利率风险。

宽限期是银行房贷优惠常用招，其中工行为部分个人经营贷款借款人提供最长达12个月的宽限期，宽限期内只需支付利息，无须归还贷款本金，待宽限期结束后再恢复正常还款方式。

免保险、免公证、免律师见证等通过优化贷款办理环节给消费者优惠已不稀奇，减免贷款可能发生的评估费、保险费、相关手续费等也很多见了，比较受贷款人欢迎的是银行对其满一定贷款额度就赠送理财账户、信用卡金卡、钻石卡等或U盾等奖品。

除以上几点，安全也是银行推荐房贷服务时所强调的亮点。不少银行提供资金监管服务。以银行作为交易平台，买方可放心得到房屋产权证，卖方可安心得到卖房款。另有银行进行透明化操作，让客户及时了解贷款审批发放的进程。

第十章 子女教育投资规划

- 子女教育费用需要提前准备吗？
- 子女教育规划有什么特点？
- 哪些工具可以作为子女教育规划工具？

第一节 子女教育规划概述

教育投资是人生的第一项重要投资。但子女教育费用又是现时家长不得不考虑的一笔重要支出。中国社科院公布的《2005 年：中国文化产业发展报告》显示，未来教育支出在城镇居民的储蓄目的中排名第二位，仅次于排在第一位的以备意外的急用。

家长的担忧是有道理的。上海社科院对大学生消费进行了一项调查，结果显示：目前大学生年均学杂费达 1.3 万元，4 年就是 5.2 万元。再加上生活费、住宿费等必要开支，4 年大学总共花费约为 10 万元。而如果选择出国读大学，费用立即三级跳。目前去欧美等地留学的费用每年约为人民币 20 万 ~ 25 万元。

不过，与未来的家长相比，现在供一个大学生还算能够承受。然而一个必须考虑的因素是通货膨胀。以每年 3% 的通胀率计算，18 年后，10 万元的学费将变成 17 万元，这还没有考虑大学费用上涨的因素。因为自 1989 年中国开始进行大学教育收费以来，大学学费已上涨超过 50 倍。

不过，只要早点动手准备，做好子女教育投资规划，就能较为轻松地应对子女教育带来的高费用。

一、子女教育规划的概念和种类

子女教育规划是指为子女将来的教育费用进行计划和投资，根据所接受教育的不同，子女教育规划可分为基础教育费用规划（从幼儿园到高中）、普通高等教育费用规划（大学）、高等教育费用规划（硕士、博士、留学）和其他教育费用规划（如音乐、艺术等）。

二、子女教育规划的特点

(一) 规划缺乏时间弹性

子女教育规划不像购房规划，若财力不足可推迟几年购房；也不像退休规划，若准备的资金不足可以推迟几年退休，子女到了一定年龄就要去上学，不可能因为资金不足延迟上学时间，因为缺乏时间弹性，所以子女教育规划必须提早准备。

(二) 费用高且缺乏弹性

退休规划若不足，适当降低生活水平也还过得去，购房规划若财力不足，选择偏远一点，面积小点的房子也没有问题。但子女教育的学费相对稳定，而且这些费用具有一定的刚性，不会因为家庭贫穷而减少到可以承受的程度。特别是在中国的教育产业化后，子女接受高等教育的最大障碍不在于分数，而在于父母的财力。从免学费的军校、师范学院的录取分数甚至比一些重点院校录取线还高这一现象就可见一斑。另外，虽然学校可以提供奖学金，但奖学金的金额与名额远远不足以满足所有有需求的学生。国家助学贷款虽然可以救急，但申请贷款后学生刚毕业就要承受巨大的债务负担。所以，在子女接受费用较高的高等教育如大学、出国留学前，父母应尽可能做好充分的财务准备。

(三) 长期内面临通货膨胀影响

子女教育规划是一项需要长期规划的投资，风险不能太高。而学费却是年复一年地上涨。因此教育规划资产必须有比较好的增值速度，这样才能跟上学费上涨的步伐，至少应该能够战胜通货膨胀率。

反观教育理财现状，父母们或理财渠道狭窄或理财观念跟不上，更多地将目光聚焦到了教育基金的储备和保值上，对增值明显考虑不足。其实，即便是教育理财，也可以做到在规避风险的同时，根据家庭的收入状况、个人的风险偏好及距离教育支出的时间长短进行合理规划，通过选用不同理财产品的搭配，在预定的时间内为孩子储备起更好的未来。

可以根据时间长短作出理财规划。典型的教育周期为15年，在周期的起步阶段，父母受到年龄、收入及支出等因素的影响，风险承受能力较强，可充分利用时间优势，作出积极灵活的理财规划。这个时期可以以长期投资为主，以中短期投资为辅，较高风险及较高收益的积极类投资产品可占较高比例，保守类产品所占投资比重应较低。到了教育周期的中后期，则应相应地调整理财规划中积极类产品与保守类产品的比例，使其与所处阶段相适应，以获取稳定收益为主。

（四）教育费用无法事先预测

子女小的时候很难知道其在经济独立前需要花费父母多少钱，这与子女的资质、注意力与学习能力有关。而且父母不可能因为子女接受更好的教育需要花费更多钱而让子女放弃，因此父母在进行子女教育规划时需要留有余地，到时如果有多余，可用于弥补退休资金。

第二节　子女教育规划工具

当前的教育理财产品，比较普及的是教育储蓄和教育基金保险。小额教育费用可考虑教育储蓄、教育基金保险等产品，而大额开支就必须适当增加一些风险相对高一些的品种，长期投资，积少成多。

一、教育储蓄

教育储蓄是一种零存整取的定期储蓄存款，只要家里有小学四年级至高中二年级的学生都可以开立。存期分为 1 年、3 年、6 年。本金合计最高限额为 2 万元。教育储蓄的利率享受两大优惠政策，除免征利息所得税外，零存整取的存款可以享受整存整取利率。

教育储蓄的优点是风险低，分期负担小，适合为初中、高中等小额教育费用作准备。其缺点是限额太低，现在家庭一般只有一个孩子，2 万元的最高限额对需要支付大学学费，甚至出国留学费用的家庭而言，就远远不够了；其次，收益率比较低，国债同样免利息税，但目前市场上剩余期限 6 年左右的记账式国债收益率都达到 4.4% 左右，教育储蓄尽管享受了整存整取利率，也不能与之相比，最后，教育储蓄存款按照开户日利率计息，遇到利率上调时，将蒙受利息损失。

二、教育保险

教育保险的特色是，孩子从一出生开始到十四五岁都有资格投保这类险种，然后在孩子上高中开始（有些保险公司规定从初中开始），获得保险公司分阶段的现金给付。这实际上是一种分阶段储蓄、集中支付的方式。

【案例 10－1】　平安保险公司子女教育保险

平安保险公司子女教育保险（A，2004）的保障范围及保险利益如表 10－1 所示。

表 10－1　　保障范围及保险利益

<table>
<tr><th colspan="2">保障范围</th><th>保险利益</th></tr>
<tr><td rowspan="4">基本保障</td><td>高中教育保险金</td><td>被保险人生存至 15 周岁、16 周岁、17 周岁时，每年按基本保额的 10% 领取高中教育保险金</td></tr>
<tr><td>大学教育保险金</td><td>被保险人生存至 18 周岁、19 周岁、20 周岁、21 周岁时，每年按基本保额的 30% 领取大学教育保险金</td></tr>
<tr><td>身故保险金</td><td>被保险人身故，可领取保险单的现金价值，合同终止</td></tr>
<tr><td>成长年金</td><td>投保人身故或身体高度残疾，若被保险人生存，每年可领取基本保额 5% 的成长年金至 21 周岁止</td></tr>
<tr><td>附加利益</td><td>豁免保费</td><td>若交费期内投保人身故或身体高度残疾，可免交以后各期保险费，保险合同继续有效</td></tr>
</table>

例如张先生为刚出生的儿子小刚投保 5 万元，年交保费 4360 元，交 15 次，共交 65400 元，相当于张先生每天给小刚约存 12 元。享有的收益包括：

（1）高中教育金。小刚 15 周岁、16 周岁、17 周岁时，每年可以领取 5000 元做高中教育金；

（2）大学教育金。小刚 18 周岁、19 周岁、20 周岁、21 周岁时，每年可以领取 15000 元做大学教育金；

（3）身故保险金。如果小刚在 21 周岁前发生不幸，公司按保单现金价值补偿给张先生；

（4）成长年金。张先生如发生不幸，不能再照顾小刚，小刚每年可领取 2500 元生活费，直到 21 周岁；

（5）保费豁免。交费期内，张先生如发生不幸，可以免交以后各期保费。

教育保险的优点是首先一般有保费豁免，即在父母发生不幸时，不需要继续缴纳保费，保险合同继续有效，这对于规避因父母发生意外导致子女辍学的风险非常有用；其次金额不封顶，家长可以灵活掌握，有钱可多买几份；分期缴款，压力可以在较长的时间内分散。教育保险的缺点在于这类储蓄型产品的增值速度比较慢，一般预期收益率只有 2.5% 左右。如果家长想以此筹备大额的教育费用，期间缴费也要水涨船高。实际上教育保险虽然也有储蓄投资的功能，但它更强调的是保障功能。因此并不是一种最有效率的资金增值手段。此外，一旦加入了保险计划，中途退出往往只能拿到较低的现金价值，变现能力比较低。

三、国债和企业债券

债券是由政府（国债）或企业（企业债券）发行，按期支付利息，到期还本付息的债权债务凭证。债券具有以下优点：（1）由于国债由中央政府发行，企业债券由信用评级很高的企业发行，因此债券安全性很高；（2）由于债券按期支付本息，所以债券收益稳定；（3）国债利息免收所得税；（4）流动性强，需要时能够随时出售；（5）债券有多种期限可供选择，可以将组合的回收期固定在支付学费之前，保证收益的最大化；（6）可以根据自身财力随时在证券市场购买不等数量的债券。可以看出，债券非常适合子女教育规划。

【案例10－2】　运用05国债（12）进行子女教育规划

2005年记账式（12期）国债基本情况如表10－2所示。假设张先生儿子在2005年出生，张先生打算从儿子出生就开始进行教育费用规划，他选择了2005年记账式（12期）国债，请问他可以怎样操作？

表10－2　　债券基本情况

债券名称	2005年记账式（12期）国债	上市日期	2005－11－24
债券简称	05国债（12）	交易所	上海证券交易所
债券代码	010512	期限（年）	15
国债类型	记账式	计息方式	固定利率
发行日期	2005－11－15	年利率（%）	3.65
发行量（元）	34410000000.00	付息方式	半年付息一次
发行价格（元）	100	到期日	2020－11－15

张先生运用05国债（12）进行子女教育规划，可在2005年记账式（12期）国债刚发行时用亲朋好友的红包以及自己准备的一些资金申购一些05国债（12），然后每年选择适当的时候，在证券市场上，用儿子过年收的红包、上一年度的债券利息以及自己为儿子攒下的教育费（注意不要将所有的节余都作为孩子的教育费）继续购买05国债（12），等到15年后该债券到期时，应该已经攒下了很大一笔资金了，孩子也开始上高中了，如果到时张先生能负担孩子的学费，则不动用这部分资金，否则，就用这部分资金中的一部分缴纳学费等，剩余的部分继续投资新的债券品种，该债券账户平时一般只进不出，只有在两种情况下，才能从该账户支取：一是市场上有了回报率更高且同样安全的投资品种，需要改变投资方向的时候；二是到了进行子女教育规划的目标受教育时间，即使如此，如果到时父母以当时收入就可以负担学费，还是可以当期收入支付学费，这些资金可以用于子女创业或者作为退休规划资金使用。

四、证券投资基金

证券投资基金的最大优点是其多样化和投资的灵活性。它可以在需要时将资金在不同的基金之间转换。比如随着子女年龄的增长而变化。当子女的年龄越小，父母承受风险的能力越强时，所选择的证券投资基金就可以越进取。如果投资的时间长于10年，可以多选择一些进取的基金，在子女接受大学教育的前夕，则应转向稳健型基金，尤其是应该将大学第1年的费用转移到货币市场基金上。其次，证券投资基金的流动性强，可以随时变现。再次，证券投资基金的收益率高，能够抵御通货膨胀的影响。最后，证券投资基金的投资金额不受限制，投资自主性强。运用证券投资基金进行子女教育规划最大的缺点是由于证券投资基金涉及股市，波动风险也比较大。不过，如果长期经营，选择小额月供，则不但可以取得长期投资的平均成本，降低风险，还能获得比较高的收益。

五、教育理财产品

市场上有专门推出的教育理财产品，可供希望得到高收益的家长选择，如光大银行曾推出的阳光理财E计划，东亚、汇丰等外资银行推出的儿童账户等。

教育理财产品的预期收益率通常在4%以上，如果持有期满，可达到15%以上。投资者提前终止理财产品持有期的话，收益率会有所下降，通常在2%～3%之间。教育理财产品的收益是银行在本、外币市场和货币市场上利用债券、票据及其他衍生工具投资获得的，跟人民币理财产品相比，教育理财产品的区别不是很大，不过在期限上可能偏向于中长期。此外，教育理财产品一般都是在开学前到期，与教育周期相匹配。

值得注意的是，理财产品提供的只是预期收益率，教育理财产品并不具有绝对保本的功能，尤其是一些与证券市场挂钩的理财产品，收益波动性往往会更大。由于教育资金需求具有稳定性，所以，家长在投资此类理财产品时必须考虑自身的风险承受力。另外，教育理财产品是一种中长期投资，会影响投资者资金的流动性，加上银行对教育理财产品大多有单方面终止的权利，还是有风险的。

六、房　产

如果父母目前现金流比较充裕，同时未来收入又具有比较大的不确定性，那么选择房产作为子女教育规划工具不失为一种好的选择。父母可以在孩子刚出生或比较年幼时，分期付款购买一套市中心的小套公寓用于出租，还款期为10～15年，每月租金和房贷的差额部分由父母补足。这样，在孩子上大学之前，房贷已经被还清，并且已经积攒了几年的租金，孩子上大学后每月还可以获得稳定的租金收入。而且租金会随着物价的上升而上升。

以上只是介绍了子女教育规划的主要工具，事实上，现在市场新产品层出不穷，各种方式也都有利弊。投资者可以根据实际情况，运用各种规划工具，构造自己的投资组合。如从孩子一出生，就为其购买一些教育保险，然后每年再买入一定数量的债券和证券投资基金，孩子上小学四年级以后，再为其投资教育储蓄，这样随着孩子年龄的增加，教育费用越来越高，用来支持教育的投资收益也越来越高，不但可以为孩子提供充足的教育费用，还可以为子女创业或退休提供一部分资金准备。

第三节　子女教育规划案例

以上介绍了子女教育规划的一些具体工具，接下来用几个案例来说明子女教育规划的过程。

一、普通家庭子女留学规划

（一）基本资料

黄女士的女儿今年8周岁，读小学二年级，目前积蓄了2万元用于教育费用支出，并且每月还可投入3000元用于教育费用的积累，目标是让女儿到加拿大读大学，该如何进行规划呢？

（二）规划分析

根据黄女士的家庭情况及教育规划，可以计算出教育费用总额约为85.8万元，其中小学包括学费及才艺、课外教育支出，中学包括涉外班费用，留学费用则按每年20万元计划。

黄女士现有2万元教育积蓄，再加上每月3000元的积累，正常储蓄14年的资金总额为52.4万元，教育费用缺口为33.4万元。

由于黄女士的教育费用缺口较大，黄女士可以采用进取型投资组合，投资侧重于股票型基金和混合型基金，将每月3000元以定期定额方式投资，2万元教育积蓄投资债券型基金，在女儿入读小学四年级时，可办理教育储蓄存款，享受国家教育储蓄优惠政策，投资组合的收益率应在12%以上。

在中学阶段，随着短期目标的实现和长期目标的接近，投资策略应逐渐由进取型转为稳健型，投资侧重于平衡型基金、国债、银行理财产品等收益适中、风险度低的理财产品，投资组合的收益率应在8%左右。

到了留学阶段，所需费用已基本足够，该阶段的投资重点应偏向于安全性和流动性均较高的债券型理财产品、货币基金和储蓄存款等，目标收益率能达到4%即可。

如考虑理财过程中家庭收入、教育费用或通货膨胀等因素影响，应根据具体情况改变理财工具的选择与运用，以选择最适合的理财方式。

二、普通家庭稳健规划子女教育费用

（一）基本资料

王女士和先生均是某学校的教师，其家庭月收入为6000元，除去日常开支和偿还住房贷款，每月节余1500元左右，女儿正上小学四年级。她和先生的理财观念均属于保守型，其理财要求是绝对稳健，有风险的坚决不碰。所以，为了积攒孩子的教育费用，王女士首先看好了教育储蓄，今年年初她到银行开立了一个6年期的教育储蓄账户，每月存270元，预计孩子上高中时可以取回本息21089元。但这样存了一段时间之后，王女士感到教育储蓄太麻烦，她说现代人最重要的是时间，可这样月月跑银行会浪费大量的时间和精力，于是便想办理销户，选择其他存款方式。另外，为了追求稳妥，王女士其他收入的打理也均以定期储蓄为主。

（二）规划分析

首先，王女士的教育储蓄应当继续存储。王女士之所以要退出教育储蓄，其实是对教育储蓄的规定缺乏了解。教育储蓄存款次数多少可以由储户自己掌握，储户根据自己的情况和确定的存款总额，可以与银行约定两次（即每次1万元）或数次就可存足规定额度。

其次，根据王女士追求稳健的理财要求，为了兼顾稳妥性和收益性，除教育储蓄以外的其他的定期储蓄可以转为国债或人民币理财。王女士可以选择5年期国债，这样国债到期时，女儿正好上高中，这笔资金正好派上用场。

三、稳定收入家庭子女教育规划

（一）基本资料

40岁的王女士在郑州某公司做财务主管，丈夫是某医院的主任医师，夫妻俩有个14岁的儿子。王女士家庭收入稳定，夫妻俩年收入10万元，房车已备，购买有充足的寿险和医疗保险，现有储蓄存款30万元。家庭暂无大额支出需要，因为王女士希望9年后送儿子出国深造，现在最大的理财目标就是为儿子准备足够的教育基金。她想知道如何才能很好地实现这一目标。

（二）规划分析

从家庭基本情况看，王女士夫妇收入稳定，有房有车，购买有充足的保险，且有储蓄存款30万元，父母健康，暂无家庭大额支出需要，是典型的小康家庭。王女士夫妇正处于事业成熟阶段，即将进入财富的高峰期，无论从财力和需求看，理财规划都是必要的。由于王女士夫妇长期从事稳定性强的工作，从未接触过股票、信托等风险类产品，所以对风险有不正确的理解，认为自己不能承受任何风险，理财应以绝对安全为前提。王女士属于风险厌恶型，但也是风险可承受型，在家庭理财规划的设计上，应在王女士可接受的风险程度内逐步提高风险资产配置比例，重点针对要在9年内为儿子准备够教育基金的需求，大胆配置中等风险的理财产品，并通过长期投资的方法降低风险、提高收益率。

王女士的案例仅针对子女教育规划进行设计。所以，对于王女士9年的理财周期，最好根据自身情况选择不同的产品进行组合。量身定做理财方案：现有的30万元储蓄作为初始理财资金，将50%配置于年收益率5%左右的中、低风险理财产品，具体可选择信托、银行理财产品等；另外50%的资金选择合适时机，逐步配置股票型开放式基金（年均收益率10%）；每年日常节余的5万元也逐步投资股票型开放式基金。

收益测算：

15万元，年收益率5%，投资9年，复利计算，总收益约23.3万元；

15万元，年收益率10%，投资9年，复利计算，总收益约35.4万元；

每年新增5万元投资8年，年收益率10%，投资8次，复利计算，总收益约58.4万元；

9年合计收益约为117万元，完全可以满足王女士为儿子准备教育基金的需求。

第十一章　个人退休规划

- 如果有一天钱花完了，我们却还活着，该怎么办？
- 退休规划与其他规划有什么不同？
- 如何进行退休规划？

第一节　退休规划概述

退休规划是指在退休前预计退休后所需的支出数量，通过积累准备好相应的资金，在退休后按照计划进行消费。在进行退休规划时，需要明确退休规划和普通理财规划的不同。退休规划分为退休前的积累和退休后的消费。退休前有收入，可持续投资，但退休后，原来的收入没了，只剩支出。所以在退休前，理财规划的要点类似于一般的要求，但在退休时，积累的资产要能提供稳定、定期的现金收入。针对退休前是资产的累积期，退休后进入消耗期的特点，退休规划除了风险考虑的比重提高之外，对现金流量的估算的重要性并不下于对报酬率的要求。此外，准备退休费用是一项长期的积累和投资过程。

一、退休规划的重要性

因为退休还是很遥远的事情，并且退休后都有退休金以及子女的赡养，所以很多人认为没必要进行退休规划，但事实并非如此。由于退休后生活需求的大幅度上升，以及传统的养老来源——社会养老和子女养老的弱化，养老越来越多地依赖于自身的退休规划。

（一）退休生活需求大幅度上升

由于平均寿命的上升以及对生活品质要求的提高，人们的退休生活需求大幅度上升。

1. 平均寿命上升导致退休需求上升

拥有24万人口的广西巴马瑶族自治县有健康百岁老人74位，每10万人中拥有百岁老人的数量30.8位，是国际上关于世界长寿乡标准的4.4倍。不仅巴马的长寿老人在增多，13亿中国人的平均预期寿命也越来越长。新中国成立55年来，营养、保健、医疗水平的提高，已使中国人的平均预期寿命从1949年的35岁增长到如今的近72岁，平均寿命的提高导致退休后的生活总需求上升。

2. 生活品质要求提高导致退休需求上升

现代人生活节奏加快，工作压力，在日常生活中没有多少时间休闲娱乐，很多人都把享受的希望留到退休以后，希望退休后能够过一种理想的生活。生活品质要求的提高对退休需求提出了更高的要求。

（二）退休生活供给要靠节余

这里所讲的退休，不是通常所指的从工作单位里退休，而是指一个人再不能用劳动换取收入，因此，退休后将进入纯消费时期。此时的资金供给有三种来源：退休费、退休前的节余以及子女。

1. 老龄化导致社会养老难度大

人口寿命不断提高对人口老龄化起到促进作用。据统计，目前中国60岁及以上老年人口已经达到1.45亿，占全国总人口的11%。按照国际通行的60岁以上为老年人，占人口比例达到10%以上即开始进入老龄时代的标准，中国已经正式步入老龄社会。

老龄社会对保障老龄人生活质量提出了崭新的课题。根据预测，中国老龄人口今后还将继续以较快速度增长，21世纪20年代至40年代将是增长最快的时期，每12年~13年，60岁以上的老人就将增加1亿。预计到2050年，中国老年人口将达到4.2亿，占总人口近25%，即意味着每4个人中就有1位老年人。北京、上海等大城市，因人口寿命的普遍延长，高龄老人增多，预计这一比例将高达35%。到那时，中国的老年人口数量，将比英国、法国、德国、意大利、日本这5个发达国家的总人口加起来还要多。

中国养老保险金的缺口越来越大，中央财政用于养老保险的拨款与5年前相比整整翻了10倍多。近5年来，中央财政对基本养老保险的补贴金额达到了2093亿元，这一数字是2004年中国GDP的2%多。中国养老保险制度能否可持续发展，已成为中国政府面前的一大问题，也成了老年人的心病。

2. 计划生育政策使子女养老不现实

中国人传统的养老方式是依靠子女养老，但随着计划生育政策的持续贯彻落实，出现越来越多的独生子女夫妻家庭，这些家庭要面对至少四个，甚至更多老人的赡养问题，他们即使愿意赡养老人，经济和精神方面也是心有余而力不足，因此依靠子女养老的传统方式在已经不可能成为主要养老方式。

在退休生活需求不断上升的同时，依靠社会和子女养老变得越来越难，为了保障年老后的幸福生活，只有在退休前进行充分的规划，储备足够的资金。

（三）物价上涨使资产面临贬值

退休前的准备和退休后的消费是一个时间跨度很大的规划，在如此长的时间内，物价很可能大幅度上涨，退休时准备的资金可能因为贬值，导致晚年无法满足生活需求，所以必须对退休后的生活作出详细的规划，才能确保晚年生活无忧。

二、退休规划特征

退休规划具有以下两个最基本的特征：

（一）无法事后补救

退休后，如果发现为退休做的准备不足，将无法再重新进行积累，因此必须提前准备好退休后的生活支出。

（二）不确定性大

由于退休规划经历的时间跨度很长，容易受到通货膨胀率、投资收益率、身体状况等因素的影响，不确定性很大，因此规划必须留有余地。

三、退休规划影响因素

下图为退休规划模型，其中 n 年后是退休时间，从该时点开始，人们将丧失劳动收入，转而依靠退休前的节余来支付退休后的生活需求。模型中间 Wn 为退休时所需准备的财富总额；模型左边是退休前为养老所做的准备，即退休供给或退休计划，是目前的节余 W_0 以每年 k 的投资收益率投资 n 年，加上每年的节余（E_i-C_i）以 k 的投资收益率投资到第 n 年的终值；模型右边是退休后的生活需求，是每年的消费金额 C_t 以 k 的贴现率贴现到第 n 年的现值。

从该模型可以看出，退休规划包括两个部分：一是退休需求规划，即根据退休后的生活需求估算退休时所需的财富总额；二是退休供给规划，即根据目前的资产和未来的收支，规划如何积累退休时所需的财富总额。

根据退休规划模型，退休规划主要受以下因素影响：

退休计划		退休需求
$W_0\ (1+k)^n+\sum_{t=1}^{n}\ (E_i-C_t)\ (1+k)^{n-t}=W_n=\sum_{t=n+1}^{d}\frac{C_t}{(1+k)^{t-n}}$		
退休前	退休时	退休后

退休规划模型图

（一）退休后生存时间（d－n）

退休后生存时间越长，退休需求越高，但长寿又是人生追求的目标之一，现在普遍的趋势是：随着科技的发展，人的平均寿命越来越长，退休需求上升不可避免。退休后生存时间对退休规划的影响主要有两方面：一是长寿引起的退休需求上升；二是生存时间不确定引起的退休需求不确定。一般可以中国人平均寿命再加5年左右计算，同时将一部分资产投资于不论活多长时间都能受益的资产，如房产、股票、基金、养老保险等，这样既可以避免当寿命超过预期年龄，发生钱用完了，人还活着的情况；又可以避免所有资产都投资于高风险领域，使退休生活面临太多不确定。

（二）退休后消费需求 C_i

退休后消费需求越高，退休需求越高。同时提高生活水准又是人生理财目标之一，因此退休规划不能通过减少退休消费需求，来降低规划难度，但退休后的消费需求也不宜定得太高，如普通工薪想要退休后周游世界，过高会使目标难以实现或者大幅度降低目前生活水平。由于购房、子女教育等费用的下降，退休后的消费需求可以合理认为会有适当降低，一般可定为退休前消费的70%。

（三）目前的资产数量 W_0

目前可用作退休准备的资产数量越多，退休后的生活就会越宽裕。如果资产增值的速度很快，还可以实现提前退休的目标。但值得注意的是用作退休准备的资产越多，用于目前消费以及其他短期理财目标的资产必然就越少，这将显著影响当前的生活水平，可行的方法是每年按一个较低的收入比例提取退休准备金，退休准备不足的部分可由其他多余资金补齐，例如在退休前卖掉大房子的资金或者子女教育规划资金的富余部分等。

（四）每年的节余（$E_i - C_i$）

每年的节余越多，可以用来作退休规划的资产也越多，退休目标的实现就越容易。

（五）规划时间离退休时间的远近（n）

规划时间离退休时间越远，资产增值的时间越长，越有利于资产增值。从复利效果与时间角度来看，退休金准备得越早越好，不但每月投资金额相对较少、财务压力也大为降低。相反的，如果等到退休前才开始筹措，反而加重财务压力。时间因素在退休规划中具有举足轻重的地位，越早开始准备，不但本金所创造的复利效果更大，还可有效降低投资风险与成本。即使中途外在因素产生变化，还来得及调整，让计划赶上变化，确保退休金安全无忧。

首先，大学毕业后开始工作就应该有退休规划的概念了，要开始想到自己退休以后的生活。现在有的单位50岁就退休了，有的甚至45岁就退休了。退休以后的生活占人生整个生命周期的1/3，而真正赚钱的时间只有不到1/3。由于工作的不确定性，预期的不稳定性，应该尽早开始对退休制订一个未雨绸缪的计划。从小事做起，从每个月的收入当中应该有规律性地拿出一二百块钱来建立养老基金。

年轻人在做养老规划方面要注意支出的优先分配。很多年轻人认为现在的首要问题是买房、买车、结婚、养孩子上学等，这些现实的问题很急切，做事总得摆一个先后。即使这样，也仍然要拿出一小部分钱来投资于自己的养老基金。利用货币的时间价值，通过时间的积累，将少量资金一点点地积累起来，为以后更好的未来计划。

第二个阶段是年轻的家庭。这是人生中压力最大的阶段。既要供房，又要养小孩，还要在事业上打拼，是单身族的延续。这个时期要继续增大在养老基金的支出，并学习建立投资的理念和投资的知识。要适当尝试一些风险比较大的投资，例如股票型基金和单只股票。这么做不仅仅为了财富的增值，更重要的是投资经验的积累。另外，不论是单身还是年轻的家庭都要有保障意识，适当地购买一些商业保险，避免失业和人身意外。

第三个阶段就是中年家庭。中年家庭到了财富积累的最高阶段，孩子可能已经上高中或大学了。这时候可以考虑建立一个全面的投资组合：不仅仅有刚提到的高风险、高收益的投资产品，还可以有基金、外汇投资、信托产品。

到了最后阶段空巢期，是快要走入退休生活或者是已经走入退休生活的人群。这个时候精力和学习能力也相对降低，投资风险也应当相对降低。可以关注债券型产品，比如国债，还有企业债券，基金投资要更偏向于保守的指数型基金，债券型基金。在整个投资组合里，像股票这样的高风险投资产品要相对降低到15%以下。

（六）投资收益率

投资收益率越高，资产增值速度越快，相应地，投资风险也越高。但投资风险具有时间分散性，而退休规划时间很长，因此可以将资产中的一部分分布在高风险资产中，以追求资产的高收益。

（七）通货膨胀率

通货膨胀的存在会直接降低资产的实际收益率，比如将资产投资到年利率为4%的国债中，而目前通货膨胀率为3%，则实际收益率只有1%；如投资到年利率为2%的银行存款中，则实际收益率为-1%，在这种情况下，钱存在银行里不是越来越多，而是越来越少。退休规划涉及的时间很长，通货膨胀肯定存在，要使为退休准备的资金不会缩水，应该将资金投资到能抵御通货膨胀的资产上，如房产、股票等。

第二节　退休规划

一、退休规划的基本思路

退休规划的基本思路是按照当前的支出估算退休后的支出，再根据退休后的支出总额减去已准备的部分，就是退休金的缺口，将缺少的金额贴现到当前，就是目前要准备的金额，其具体步骤如下：

1. 计算当前每月日常支出 A。

2. 因为退休后很多活动会减少，支出也会降低。把上面的数字乘以 70%，计算出此时退休所需要的每月支出数字。$A\times70\%=B$。

3. 再考虑从现在到退休时通货膨胀的影响，计算出退休时需要每月支出数字。B×通货膨胀系数=C。

4. 假设退休后的投资回报率基本抵消通货膨胀的影响，则 C×12×退休年限=D，就是我们需要的退休金总数。

5. 如果已经有保险、存款等养老投资，可以从退休金总数中减去这部分。D－已准备部分养老金=E（养老金缺口）。

6. 根据个人的投资回报率、投资时间以及养老金缺口 E，就可以确定每个月投资额 F 了。只要能按计划每个月投资 F，并达到预定投资回报率，就能在预定时间退休。

【案例 11－1】　40 岁退休规划

张先生，30 岁，目前财务状况不错，现金流充沛，想 40 岁退休。

按照目前中国人平均寿命预计，活到 80 岁是比较乐观的，那至少需要准备 80－40=40 年的退休金，留给张先生的准备时间是 40－30=10 年。假设通货膨胀率用 CPI（消费物价指数）考虑，按 4% 计算。可以给张先生算笔账。

（1）张先生目前每月支出 A=3000 元。

（2）目前退休支出 $B=A\times70\%=2100$ 元。

（3）10 年后退休支出 C=B×（通货膨胀率为 4%，经过 10 年的复利终值系数）$=2100\times1.48=3108$ 元。

（4）需要退休金总数 $D=C\times12\times40$ 年 $=1491840$ 元，约等于 150 万元。

（5）为简化计算，假设张先生没有其他资金储备，养老金缺口 E=D=150 万元。

（6）F=E/（投资回报率为 5%，经过 10 年的年金终值系数）×12=150 万/（13.21×12）=9463 元。

也就是说，张先生只要坚持每月投资 9463 元，在其他条件不变的情况下，就可以在 40 岁的时候，过上目前生活水准的退休生活了。

二、退休需求规划

每个人都应该在40岁前或者至少在退休前10年时，开始进行自己的退休规划。退休规划的第一步是计划退休后的生活，退休后的生活开支主要包括以下几方面：

（一）基本生活开支

因为退休后不需要支付房贷等债务，一般不需要抚养子女，日常消费也可以降低，因此基本生活开支可以较退休前低，较准确的方法是将生活开支逐项列出，看哪些支出会取消或减少，计算出退休后支出后，再考虑通货膨胀的情况适当上浮。简单的方法是按照目前的月生活支出的70%左右计算退休后的月生活支出。

（二）医疗支出

退休后，随着年龄的增长，医疗支出会大幅度上升，如果发生重大疾病，即使有医疗保险，个人仍然要承担很高的医疗支出，同时一个人是否会生病，尤其是发生重大疾病又是不确定的，支出金额有很大不确定性，因此除了投保必要的健康保险外，还需要留一部分资金应付医疗支出。

（三）其他开支

其他开支包括健身娱乐、旅游开支等。退休后有大量的时间，可以从事一些健身娱乐活动，有条件的话，还可以参加旅游等高消费项目。这些开支可以根据目前的开支进行估计，并考虑一定的通货膨胀。

三、退休资产计划

退休时所准备的资金必然要以某些形式的资产存在，那么到底应该怎样分配这些资产呢?

（一）退休资产计划原则

1. 安全性强

退休后，如果退休资金发生问题，将没有机会重新通过劳动补充退休金，因此，退休资产的安全性要求极高，退休前应将资金分布在安全性高的资产中，不能将大量资产投资于高风险资产，如私募基金；同时要对风险资产进行分散化投资，降低资产的整体风险。

2. 现金流稳定

退休后的收入不能大起大落，尤其是日常生活需要有稳定的资金来源，因此退休资产应属于长期投资，同时要能有较稳定的现金流入。

3. 能抵御通货膨胀

由于在长期内物价总是上涨的，因此如果退休资产不能抵御通货膨胀，资产将会大幅度缩水，可能会导致原来准备充足的退休资产无法满足退休后生活需求。因此为退休准备的资产应当能够抵御通货膨胀的影响。

(二) 退休资产种类

1. 基本养老金

基本养老金也称退休金、退休费，是一种最主要的养老保险待遇，即在劳动者年老或丧失劳动能力后，根据他们对社会所作的贡献和所具备的享受养老保险资格或退休条件，按月或一次性以货币形式支付的保险待遇，大约能满足退休后生活需求的40%左右，基本养老金的优点在于不论劳动者的寿命多长，都能一直享受，但缺点是基本养老金只能用于保障职工退休后的基本生活需要。

2. 商业养老保险

除了基本养老金，投保商业保险也能为退休后生活提供与寿命等长的稳定来源（详见保险规划）。

【案例 11－2】　国寿金色夕阳养老年金保险（A）

《国寿金色夕阳养老年金保险（A）》是中国人寿公司推出的险种。几年满 6 个月到 60 岁城乡居民皆可投保。该险种的主要保险责任是提供养老金给付保障和身故保险金保障。在养老金领取方面，该险种规定开始领取养老金年龄有 55 岁、60 岁两种可选择。投保后，到了领取养老金年龄，被保险人则可每年按照基本保额的 10% 领取养老金，直至身故。在身故保障方面，该险种分两种情况。若被保险人不幸在领取养老金前身故；公司按基本保额的 6 倍给付身故保险金；若被保险人在领取养老金后不幸身故，则按被保险人从其开始领养老金直到 105 岁时的所领养老金之和减已领部分给付身故金。也就是说，投保该险后，保险公司将以各种给付形式保证领满 105 岁。

在交费上，该险种有趸交、年交、半年交、月交四种可选择。交费期间有 3 年、5 年、10 年、15 年、20 年以及交直养老金开始领取日止六种可选择。

如一个 20 岁的女孩投保保额为 10 万的《国寿金色夕阳养老金保险（A）》，如其选择 60 岁领取养老金，且交费至 60 岁，她每年交费应为 5900 元。而所获保障则为：

（1）从 60 岁起，每年可领养老金 1 万元直至 105 岁；

（2）若被保险人 60 岁前不幸身故，其受益人可领身故金 60 万元；

（3）若被保险人 60 岁后不幸身故，则视情给付身故金若干万元。

（4）此外，该险种提供借款服务。也就是说，投保后，若被保险人急需钱用，还可凭保单到中国人寿公司申请借款，且最多能借到保单现金价值的 70%。

3. 中长期国债

中长期国债收益稳定、安全，缺点是中长期国债往往采用固定利率，不能抵御通货膨胀。

4. 黄金

黄金作为一种天然的贵金属，其保值增值、抵抗通胀的特性令黄金在全球通货膨胀压力上升的大背景下受到市场青睐，推动金价屡创新高，黄金投资具体见实物投资工具理财。

5. 股票

虽然股票整体投资风险较高，但股票的具体风险有高有低，作为退休准备的资金，可以选择一些具有长期投资价值，并且分红稳定的股票进行长期投资。

6. 证券投资基金

证券投资基金总体的收益和风险适中，但是容易受到证券市场整体走势的影响出现阶段性的波动，适合作退休规划资产，但要考虑降低风险。常用的投资基金的方法有以下几种：

（1）资金分配

将资金在货币市场基金、债券型基金和股票型基金之间进行适当分配，在保证整体收益率的同时降低投资风险，具体分配比例由规划者的年龄决定，年轻时可偏向积极的基金，如股票型基金、偏股平衡型基金，越接近退休年龄时，可偏重于风险较低的保本基金、债券型基金、偏债平衡型基金。

（2）定期定额基金

投资基金的一种好方法是采用定期定额基金方式，即投资人每个月将200元或500元投资于证券投资基金，长期下来累积可观的财富。因为每月一到月底，多少还有一些闲钱留在口袋里，这些钱说多不多，因为实在买不起好的绩优股；说少不少，但也足够一时冲动吃一顿大餐，或买件像样的衣服。如果把每个月没花完的钱存起来，日积月累，持之以恒，不知不觉就可以成为一笔不小的财富。

（3）平均成本法

国内外的研究报告显示，在各种投资工具中，股票投资的长期获利能力最佳。而投资股市又以定期定额的平均成本法最能降低投资成本，不但分散风险，而且获利丰厚。

每隔一段固定时间，以固定金额投资证券投资基金，当净值上涨时，买到的基金份额较少；基金净值下跌，则可以买到较多基金份额。长期下来，所拥有的基金份额不仅较一次购买来得多，每份额的平均成本也会较低，投资报酬较好且稳定。

7. 房产

城市中很多老年人，辛苦一辈子所得的财富几乎只换来了一套房子，但终于拥有房子的老年生活却变得不那么轻松。由于要居住，房子不可能出售或出租，只能留给后人如果房子提前变现，上对老人、下对儿女都是一种折中又可以接受的方式。

以房养老可称为60岁前人养房，60岁后房养人。表现方式为反向住房抵押贷款，在60岁之前，通过储蓄存款、按揭贷款等形式购买住宅，并在60岁之前还清房款，取得该住宅的全部产权。再在60岁退休养老之时，把自有产权的房子抵押给银行、保险公司等金融机构。后者在综合评估借款人年龄、生命期望值、房产现在价值以及预计房主去世时房产的价值等因素后，在一定年限后，每月给房主一笔固定的钱。房主继续获得居住权，一直延续到房主去世；当房主去世后，其房产出售，所得用来偿还贷款本息，其升值部分归抵押权人所有。

（三）退休资产计划

以养老险或退休年金来准备退休金，优点是具有保证的性质，可降低退休规划的不确定性；缺点是报酬率偏低，需要有较高的储蓄能力，才能满足退休需求。其解决之道是将退休后的需求分为两部分，第一部分是基本生活支出，第二部分是生活品质支出。一旦退休后的收入低于基本生活支出水平，就需依赖他人救济才能维生，因此这是必要的收入。而生活品质支出是实践退休后生活理想所需的额外支出，有较大的弹性。因此对投资性格保守，但安全感需求高的人来说，以保证给付的养老险或退休年金来满足基本生活支出；另以股票或基金等高报酬、高风险的投资工具来满足生活品质支出，以出售资产收入满足意外支出，是一种可以兼顾老年安养保障和充分发展退休后兴趣爱好的资产配置方式。退休规划的富余资金还可以成为遗产留给后代，使他们维持一个理想的生活水平。

第三节　退休规划案例分析

以上谈了有关退休规划的一些基本理论知识，下面举出几个退休规划案例，帮助理解个人退休理财规划过程。

一、白领夫妇提前退休规划

【案例11-3】　白领夫妇提前退休规划

苏行今年32岁，妻子31岁。苏行经常出差，多年在外漂泊。最近他感到非常劳累，头发已经白了一半，于是就动起了到40岁提早退休的念头。不过，在提早退休前，他准备把自己的资产好好规划一番。

（一）基本资料

苏行夫妇目前有4套房产，上海两套，自住一套，出租一套，均已付清按揭，目前市价250万元左右。他在武汉也有两套房产，目前市价125万元左右，已经首付31万元。此外，他还有10万元存款、市值8万元的基金、市值15万元左右的股票和8000美元存款。另有10万元投资朋友的生意，每月回报2000元左右。

夫妇俩收入丰厚。苏行税后月收入2.8万元，妻子税后月收入2万元。上海的房子月租金4500元，但每次一年租约到期后，总要花些时间才能把房子租出去。此外，由于每年年底双薪，两人加起来大概有6万元左右。

不过，两人的开支也不少。每月父母的赡养费3000元，水、电、煤气、宽带、物业费1600元，生活费5000元。另外，武汉的房子每月按揭1.1万元，10年付清，已经支付半年。

此外，每年还有一到两次旅游计划，两人要支出3万元的费用。手机费和公司配车的费用都报销，还加入了公司的医疗保险，可以报销医药费。

现在，夫妇俩想实现的理财目标有：40岁退休，不影响生活质量；1年内要个孩子，退休后仍然能供其教育和成长；2年内换一套上海市中心170平方米左右的大房子；买一辆25万元左右的车；有医疗及大病保险。

（二）退休规划

1. 退休需求

假设未来的通货膨胀率为3%，苏行夫妇退休后还有40年的生活，那就需要准备185万元的养老金（以目前每月6600元的生活费用为标准）。此外，他还要在退休时，为子女准备150万元的教育经费。

2. 苏行的固定资产占总资产比重为88.44%，固定资产（房产）虽然抗通胀能力较好，但变现较难，会使家庭整体抗风险能力降低，适当提高金融资产的比重是当务之急。苏行家庭的流动性资产可以满足其近5个月的开支。

3. 退休计划

（1）保险

夫妇可各买一份包括综合养老保险、个人意外伤害保险、重大疾病类保险的全面保险计划，保费总额在7万元（家庭保险额以家庭年收入的10%～15%为原则）左右。该保险计划既有对苏行夫妇退休后养老、健康和意外的保障，又能增加投资收益。此外，通过保单质押还可以解决暂时的资金周转困难，并能确保苏行40岁时，有近350万元的保额，用于保障夫妇退休后的生活和子女的教育费用。

（2）房产

目前自住的价值150万元的房产出售，并置换市中心170平方米价值250万元的房产。100万元的资金缺口，可通过8年期等额本息还款方式的银行按揭（每月还款1.32万元左右）来解决。提前出售武汉的物业，结清贷款。首付的31万元可以用于新居装修。

(3) 投资

为了提高资产收益，将每月盈余用投资组合方式进行投资。由于苏行属于温和进取型投资者，投资组合比例为债券型基金30%、外汇资产20%、股票型基金（股票）30%、信托产品20%。

此外，夫妇俩可减少不必要的生活支出，建议推迟购车计划至子女上学。

二、保险产品退休规划

【案例11-4】 保险产品退休规划

(一) 基本资料

在外企工作的宋先生今年30岁，月收入万元。夫人28岁，在一家民营企业上班，月收入4000多元，他们有一个刚刚出生的小女儿。宋先生给自己设计的人生规划是，在60岁之后每月能领到上千元的退休金，维持自己较高的生活标准，同时可以跟太太一起去旅游度假，充分享受人生。

(二) 保险方案

根据宋先生的家庭状况，可以采用信诚人寿福享未来养老年金保险计划。该计划有四个特点。一是领取金额有保证，领取金额是当初缴纳金额的两倍以上（含预估红利分配）。当被保险人过80岁大寿时，还能收到意外惊喜——一份6万元的贺寿金和红利分配，领取总金额为47万余元。二是条款本身自带保费豁免条款（B款产品），即如果被保险人在缴费期内不幸身故，信诚人寿将代为缴纳以后的各期保费，被保险人的家人仍可继续领取退休金和红利。三是保险条款自带意外身故保障。如果被保险人在缴费期内因车祸等意外不幸身故，家属可以继续享受养老金和红利外，被保险人还可获得多增加的每份12万元赔付。四是产品多样，可供被保险人家属多种选择。在被保险人身故后，其家属可选择一次性领取大额赔付的产品类型，也可选择未来20年逐步领取的产品类型。

这样只要现在每月存入680元左右，一直存20年，等到60岁以后每月能领回1008元，一直领到80岁。如果自己在80岁以前身故，受益人（孩子或其他直系亲属）仍能继续领取这些资金。

从30岁到50岁，他一共存入16万元，60岁以后领回资金超过24万元。同时，在他80岁时可以一次性领取6万元贺寿金，这样总共得到30多万元的回报。

如果在35岁时由于意外身故，则信诚人寿将代缴以后的各期保费。这样宋先生总共只缴了4万余元，家人仍可替他每月领钱、除领满20年共领超过24万元外，家人还会得到12万元的意外身故补偿，领取总额超过36万。

同时，在被保险人身故后，其家属可选择一次性领取大额赔付的产品类型，也可选择未来20年逐步领取的产品类型。同时，养老年金领取时间灵活，被保险人可自主选择是从50岁、55岁、60岁等多种开始领取时间。

第十二章 个人综合理财规划

- 富有是理财目标吗?
- 刚毕业的年轻人和三口之家理财重点有什么不同?
- 如何进行具体的理财规划?
- 当同时有很多理财目标时，应该如何规划?

第一节 规划流程

现在已经学习了个人理财规划中的三个主要规划，即居住规划、子女教育规划和退休规划，这些规划已经涵盖了人生的主要理财目标，但每个人在人生的不同阶段都会有自己特殊的理财目标，而且可能会同时有很多理财目标。因此，还需要了解一下其他理财应该如何规划。

综合理财规划是根据具体的理财目标和所处的生命周期进行分析，得出相应的理财方法。综合理财规划流程如下：

一、明确理财目标

古人云，知道目标是行程的一半，这句话特别适用于个人理财领域。因为多数人对于个人理财既不清楚做什么，也不知道要达到什么目标。然而，管理个人财务，没有一个周密设定的目标就像驾驶一辆不知道驶向何处的汽车，永远也到达不了目的地。

（一）理财愿望和理财目标

在分析理财目标前，首先要对理财愿望和理财目标加以区别。

1. 理财愿望

不管是否意识到，多数人都有理财愿望——变得富有、经济独立、提早并舒适退休、购买一套高档房产等。然而，由于这些愿望过于模糊而难以实现，所以也很难将这些愿望形成方案，并将这些没有经过周密策划的模糊的愿望付诸实施。

2. 理财目标

一个理财目标必须具有两个具体特征：一是目标结果可以用货币进行精确计算；二是有实现的最后期限。所以，当某人讲我想富有时，只是表明一种理财愿望，而当某人讲我想在10年内成为百万富翁，则表示一个清晰的理财目标。以下是一些清晰的理财目标：

在上大学期间，每月节省生活费100元投资到证券投资基金中；

10年内拥有100万资产；

5年内购置一套价值70万元的房产；

节省每月收入的10%，并投入到封闭式基金中。

（二）生命周期与理财目标

如同人生有出生、成长、成熟、衰老和死亡的生命周期一样，人的财务也有生命周期。一个人工作以前，财务完全是由父母支持的，在理财时不考虑这段时期，所以人的财务生命周期是从经济独立到死亡之间，按照财务需求的不同，可以分为八个阶段，具体如表12－1所示。

表12－1　　个人生命周期分类

类别	特　征	类别	特　征
1	单身	5	中老年夫妇
2	新婚夫妻	6	中老年单身
3	三口之家	7	退休夫妇
4	单亲家庭	8	退休单身

理财主要有预算、所得税、风险管理、债务管理、投资和退休规划等方面，理财目标也围绕这些方面确定，在每个财务生命周期阶段，这几个理财要素的重要性各有不同，具体如表12－2所示。

表12－2　　生命周期与理财

理财要素	生命周期不同阶段各理财要素的重要性							
	1	2	3	4	5	6	7	8
预算	H	H	H	H	M	L	L	L
所得税	L	M	M	M	H	H	M	M
风险管理	L	M	H	H	M	L	M	L
债务管理	M	M	H	H	M	L	L	L
投资	L	M	L	L	H	H	M	M
退休规划	L	L	L	L	M	H	H	H

注：L——不重要；M——中等重要；H——很重要

1、2、3……8与表12－1中的8种类型相对应。

举一个单身时期的例子，由于刚刚走上工作岗位，单身青年收入比较低，相应地，税收负担也很低，不需要进行税务筹划；由于没有什么节余，因而也不太可能进行大规模的投资和退休规划；并且因为在财务上没有被抚养人，因而风险管理也不重要；处在这个阶段的人往往会运用债务手段提高自己的生活水准，所以要适当地进行一些债务管理；这个阶段要解决的最重要财务问题是收支平衡问题以及为结婚准备资金，因此单身阶段理财的重点是预算。

而对单亲妈妈来说，由于少了一个主要经济来源（孩子父亲的收入），因而财务方面相对会比较紧张，理财要重点关注预算和债务管理，同时，由于收入来源单一，需要实施严格的风险管理。

在进行理财规划时，要充分考虑到自己目前所处的生命阶段，根据所处阶段的理财要素特点确定相应的理财目标。

二、财务状况分析

在确定了理财目标之后，就要运用个人财务会计管理中学到的知识进行财务状况分析了。如果一直坚持记账，这时候账本就可以充分发挥作用了，因为没有人可以详细记得某年某月某日，用多少钱做了什么事情。除了详细的账本之外，还要整理目前的资产、负债、收入、支出、保险等详细清单并编制个人的资产负债表和损益表。准备好所有的资料后，就可以分析目前的财务状况了，通过计算资产负债表的净资产可以判断实际拥有的财富数量，将目前的资产负债状况和往年的情况相比较，可以制定出改善目前财务状况的方案；通过分析目前的财务状况与理财目标对应的理财需求相比，可以分析存在哪些短缺。

三、提出理财方案

根据第二步得出的分析结果，考虑各种投资理财工具的投资收益率、风险、期限、流动性等因素，以及自身的收益偏好和风险承受能力，可以设计出相应的理财方案。值得注意的是，设计方案是较为容易的，理财的难点在于将理财方案落实，并且最终实现预期理财目标，所以在计划时，要充分考虑方案的可操作性，例如一个从周一到周五都要全天在马路上值勤的交警考虑股票投资理财的方案就是缺乏操作性的。

四、执行和改进

理财方案设计好了之后，就要按照预定的计划执行，但在执行过程中，可能会发现必须要修改计划：（1）因为市场情况发生了变化，使得原有的投资理财方案可能无法达到预期的理财目标，（2）尽管在制订计划时已经充分考虑了操作性，但在实施过程中，仍然有可能发现原有的方案实施起来有难度，需要调整方案以具有现实操作性。

第二节　综合理财规划案例

以上是一个简单的理财规划流程描述，当然在专业理财规划中，过程要复杂得多，接下来以几个案例来说明理财规划如何进行。

一、新婚夫妇理财规划

【案例 12－1】　新婚夫妇理财规划

1. 基本资料

刘先生，32 岁，在某报社工作，月收入 5500 元；刘太太，28 岁，某杂志社工作，月收入 4500 元。目前无住房，与父母同住，月生活支出约 4000 元。每年旅游消费 1 万元。夫妻双方月缴保费各 500 元，为 20 年期定期寿险。单位均缴三险一金。有存款 20 万元，全部为活期储蓄。二人刚刚结婚不久，双方父母有稳定的养老金保障，身体都很好，没有太多负担……

2. 理财愿望

打算在 2 年后要个孩子，3 年后孩子满周岁时买房子。

3. 财务状况分析

刘先生家庭月均收入为 1 万元，年度盈余达 6 万元，家庭无负债，财务状况还是不错的。但是资产的收益性不高，资产都分布在低收益的存款上；同时，目前的资产配置过于单一，资产配置只有存款。而且，虽然目前是两人世界，但在未来的几年里家庭负担将会非常重，按照 2 年后生小孩、3 年后买房子的计划，在不久的将来面临着小孩的抚养费和教育金筹备及房贷的沉重负担，有必要早做规划，以期达到所有家庭理财目标。

4. 理财方案

（1）建立家庭紧急预备金

紧急预备金的额度应考虑到突发的意外支出，考虑到刘先生夫妻双方工作相对稳定，以准备 3 个月的固定支出总额为标准。虽然家庭目前月支出 5000 元，但不久的将来面临生育费用和月供房贷，建议另准备每月 2000 元的超额支出，共建立家庭紧急备用金：7000×3＝21000 元。10000 元存银行活期保持其流动性，其余购买货币市场基金或流动性强的人民币理财产品，在保持流动性、安全性的前提下兼顾资产收益性。

（2）购房规划

刘先生家庭计划 3 年后购房，如果购买目前单价 6000 元每平米左右的房子。以 2% 的房价成长率来看，3 年后总房款为 76.4 万元左右。首付 30% 为 23 万元，余款 53.4 万元做 20 年按揭，以当前贷款利率来看，月供需 3676 元。

根据刘先生家庭的财务状况来看，3 年后年收入结余新增 19.4 万元，年收入达到了 13.9 万元/年。可将前 3 年的结余投资累计值加上已有生息资产 20 万元，作为首付款和装修费用。

（3）子女养育和教育金规划

两年后小孩的生育费用建议从家庭紧急备用金中提取。另外，小孩的养育和教育费用必须早做准备。假设学费成长率为 3%，小孩上大学之前接受公立学校教育，且大学和研究生每年花费 1 万元的保守估计，一个孩子的教育费用现值至少需要 11 万元。以 5% 的预期投资报酬率来计算，年储蓄须达到 7886 元（月储蓄 681 元）。教育费用是一项长期支出，尤其是高等教育费用比较高，不过考虑到可以准备时间比较长，可以做一些期限相对较长、收益相对较高的投资，提高资金回报率。

（4）保险规划

保险规划的基本目标是要保障收入来源者一方出现意外情况的话，家庭可以迅速恢复或维持原有的经济生活水准，家庭的现金流不至于中断。夫妇俩现有定期寿险各 20 万元。考虑刘先生工作常常外出，建议投保意外险 10 万元，根据身体状况可考虑再投保重大疾病险和医疗补充保险。而刘太太工作稳定，所在单位医疗保险等福利健全，考虑到 2 年后小孩出生生活费用将大大增加，现投保险种和保额可不作调整。

（5）退休规划

刘先生夫妇计划 25 年后退休，并且希望在退休后 30 年内保证每个月有现值 4000 元的家庭支出，每年安排一次旅游计划，过上中等以上水平的晚年生活。假设通胀率为 2%，退休后投资报酬率为 4%，现值为 4000 元的月支出相当于 25 年后的 6562 元。预计退休后双方可领取养老金共 4000 元左右，退休金缺口为 2592 元。考虑到通货膨胀因素，退休后的实质投资报酬率仅为 2%。因此，要保证 30 年的退休生活衣食小康，到退休时须准备 70 万的退休金。依照 5.2% 的预期投资报酬率、22 年投资期来看，月投资须 1426 元。考虑到退休规划的长期性，也具有较大的弹性，可做长期投资打算，投资风险和收益相对较高的产品。

（6）投资规划

前面通过分析刘先生家庭财务状况时发现，现有家庭资产的配置过于集中单一，而且收益性不高。存款收益目前平均为 2% 左右，为了达到以上家庭理财目标，有必要对投资组合进行调整。

根据对刘先生夫妇两人风险能力和风险偏好的测评，结果表明他们具有中等偏上的风险承受能力，风险偏好中等。因此，可对当前资产和未来的积蓄进行重新安排，以期达到较高预期报酬。根据风险属性的测评结果和家庭理财目标的规划，建议可对资产进行以下比例的配置：活期存款 5%，人民币理财产品或货币基金10%，债券型基金25%，配置型基金30%，股票型基金30%。

资料来源：www. money. business. sohu. com 2006 - 10 - 21。

二、职业经理人的完美退休规划

【案例12－2】　职业经理人的完美退休规划

（一）基本资料

1. 基本情况

龚先生，35岁，IT业从业人员，现任一公司职业经理人，年收入15万元左右，有三险一金，但从2004年断档；其妻30岁，在一出版社从事编辑工作，月收入5000元，有三险一金；有一6岁男孩，属于典型的三口之家。

2. 资产负债状况

在京拥有两居室约100平方米房子一处，繁华地段，交通便利，已付清全部房贷；富康车一辆，已购2年，已还清全部车贷。两人均在7年前购买了10万元大病保险。每月的主要开支包括日常生活开支、孩子教育、父母养老，总体支出大概10万元。目前有现金约20万元，主要是活期储蓄；股票型基金2万元，套牢状态。

（二）理财愿望

在资产保值的基础上稳妥增值。生活品质不断提高（每年有一定的时间在国内和去国外旅游度假）；为孩子受到良好的教育做好准备；为双方父母安享晚年做好准备；谋取更好的生活条件（如购买新房）；逐步建立未来夫妇两人的养老。

（三）理财基础约定

根据当前的经济状况，本方案预测未来的通货膨胀率为2.6%，教育费用增长为4%。假设龚先生60岁退休，妻子55岁退休，退休后生活25年。龚先生正处于事业的稳步上升期，假定龚先生家庭收入根据情况还可以适当增长，期限为5年，年增长率为5%。

（四）理财目标分析

1. 龚先生主要理财目标时间

（1）近5年内，购房

（2）12年后，孩子大学入学，持续四年的大学费用支出

（3）13年后，购买新车，使用到退休

（4）25年后，客户与妻子同时退休

2. 龚先生具体理财目标

（1）子女教育

中学以前的教育，已经包含在日常支出中，不单独考虑，如果准备国内的

大学，假设当前费用入学一次性缴费2万元，每年需要2万元。

根据具体复利终值算法，12年后的入学费用为一次性和每年都需要3.2万元左右，4年的费用合计16万元。

（2）赡养老人

由于目前的支出中包括老人的费用，不再单独考虑。

（3）退休养老

退休生活25年，到时赡养老人的费用、子女教育费用以及养车费用都可以合理减少，假定龚先生的支出为退休前的70%。

根据复利终值算法，25年后的年支出为20.9万元；根据年金终值算法25年退休生活支出共需506万元。

退休后的收入主要是双方的退休金，退休金额度的计算，与客户最终个人账户的资金、缴费年限以及当时职工平均工资有关。但退休金与单位的政策有着很大的关系，主要体现在基数的确定上，基数不一定是龚先生的工资。根据一般情况，在此，假定龚先生双方退休金可以满足退休支出的20%～30%，按25%计算，退休需求为380万元。

（4）生活目标

每年国内外旅游，假设平均需要增加1万元/年的支出，根据此算法，退休前需要支出381万元。

（5）购房目标

目前龚先生有着不错的住房，如果要提高住房条件，假设购买150平方米，8000元/平方米的新房，需要120万元左右，税费及装修费用15万元。

（6）购车目标

汽车更新如果提高标准，根据车市变化，假设需要15万元左右，第一辆车报废13年后，价格需要21万元左右。

（五）理财现状分析

1. 现状分析

（1）家庭收入中龚先生的收入占很大部分，约为71%，是家庭主要收入来源。

（2）当前每年可以盈余11万元，有着较高的储蓄比率，为0.52，说明积累财富的能力较高。

（3）目前没有债务，有着很好的偿付能力，说明还有潜力利用自己的信用额度。

（4）投资资产不多，资产占比很小，而且处于套牢状态，说明还需要在投资方面有所考虑，提高财富自由度。

（5）龚先生在IT业，处于变动较高的行业，而且三险一金从2004年断档，更是说明当前公司的制度并不完备，有着一定的职业风险，需要认真考虑。

2. 财务分析

（1）龚先生前 5 年收入根据增长情况共 116 万元，后 20 年的年收入为 26.8 万元，退休前收入合计 652 万元。

（2）当前资产有 22 万元金融资产。

（3）客户收入为 652 万元，加上金融资产，共 677 万元。需求共计 933 万元，缺口 256 万元，收入不足以弥补支出，需要考虑一些财务策略。

3. 投资考虑及购房分析

（1）当前的投资市场并不景气，目前货币市场较好的收益率一般在 2.5% 左右，按照保守估计，假定投资于 2.5% 收益率的产品。

（2）购房目标在 5 年内，目标额为 120 万元，首付款至少需要 36 万元，当前有 22 万元的金融资产，每年 10 万元的盈余，在 5 年后可以准备好首付及装修费用。假设使用按揭贷款，期限 20 年，利率 5.51%，贷款 75 万元，每月还贷额为 5163 元。

假设在购房 1 年后入住，客户可以有两种选择，一是出售旧房，提前还贷；二是出租旧房，用租金弥补月供。由于当前没有很好的投资途径，客户的旧房在繁华路段，有交通便利的条件，在扣除税费的情况下，如果平均月租金净收入可以达到 3000 元，建议客户可以采用第二个方案，经过进行数字计算比较，方案二可以带来更好的收入。

（六）规划方案

鉴于当前的股票市场不太景气，相应的投资渠道，包括保险和基金都不会有很好的表现，龚先生如果没有其他的投资渠道，暂时可以选择货币基金以及银行理财产品等，如果以后投资市场回升时再进行资产的合理配置，投资于不同的风险产品。投资的范围包括当前的 22 万元金融资产，以及每年的收支盈余。理财方案具体如下：

1. 尽快处置 2 万元的股票基金，并合理投资；

2. 把每年盈余进行投资；

3. 5 年后购房，并办理按揭贷款，每月还贷 5163 元左右；

4. 入住后，尽快把旧房用于出租，获取最好的收益；

5. 12 年后为儿子准备 6.4 万元的入学费用和第 1 年费用，后续 3 年每年准备 3.2 万元；

6. 13 年后换车，花费大约 21 万左右；

7. 24 年后，还贷完毕；

8. 25 年后退休，调整支出结构，减少不必要的开支；

9. 由于投资的收益目前小于房贷利率，在合适的时间，办理提前还款，减少利息费用；

10. 必要时，专门分析风险情况，完善家庭风险保障计划。

附录A 商业贷款利率表

商业贷款利率表（年利率5.814%），商业性贷款利率及万元还本息金额表（单位：元）

年　数	月　数	年利率（%）	月利率（‰）	月还款额	利息合计
0.5	6	4.743	到期一次还本付息		1
1	12	5.202			1
2	24	5.355	4.463	440.305	567.32
3	36	5.355	4.463	301.305	846.98
4	48	5.508	4.590	232.601	1164.848
5	60	5.508	4.590	191.049	1462.94
6	72	5.814	4.845	164.852	1869.344
7	84	5.814	4.845	145.196	2196.464
8	96	5.814	4.845	130.511	2529.056
9	108	5.814	4.845	119.140	2867.12
10	120	5.814	4.845	110.089	3210.68
11	132	5.814	4.845	102.725	3559.7
12	144	5.814	4.845	96.625	3914
13	156	5.814	4.845	91.499	4273.844
14	168	5.814	4.845	87.136	4638.848
15	180	5.814	4.845	83.384	5009.12
16	192	5.814	4.845	80.128	5384.576
17	204	5.814	4.845	77.281	5765.324
18	216	5.814	4.845	74.774	6151.184
19	228	5.814	4.845	72.553	6542.084
20	240	5.814	4.845	70.574	6937.76
21	252	5.814	4.845	68.804	7338.608
22	264	5.814	4.845	67.213	7744.232
23	276	5.814	4.845	65.777	8154.452
24	288	5.814	4.845	64.478	8569.664
25	300	5.814	4.845	63.298	8989.4
26	312	5.814	4.845	62.223	9413.576
27	324	5.814	4.845	61.242	9842.408
28	336	5.814	4.845	60.345	10275.92
29	348	5.814	4.845	59.521	10713.308
30	360	5.814	4.845	58.764	11155.04

2006.08.19起执行

附录B　公积金贷款利率表

个人住房公积金贷款利率及万元还本息金额表（单位：元）

年数	月　数	月利率（‰）	年利率（%）	月还款额	利息合计
0.5	6	3.45	4.14	到期一次　还本付息	
1	12	3.45	4.14	到期一次　还本付息	414
2	24	3.45	4.14	434.87262	436.94
3	36	3.45	4.14	295.86304	651.07
4	48	3.45	4.14	226.41757	868.04
5	60	3.45	4.14	184.79768	1087.86
6	72	3.825	4.59	159.15441	1459.12
7	84	3.825	4.59	139.4206	1711.33
8	96	3.825	4.59	124.65637	1967.01
9	108	3.825	4.59	113.2051	2226.15
10	120	3.825	4.59	104.0728	2488.74
11	132	3.825	4.59	96.626911	2754.75
12	144	3.825	4.59	90.44573	3024.19
13	156	3.825	4.59	85.237307	3297.02
14	168	3.825	4.59	80.793076	3573.24
15	180	3.825	4.59	76.960097	3852.82
16	192	3.825	4.59	73.623656	4135.74
17	204	3.825	4.59	70.696021	4421.99
18	216	3.52	4.59	68.108955	4711.53
19	228	3.825	4.59	65.808578	5004.36
20	240	3.825	4.59	63.751786	5300.43
21	252	3.825	4.59	61.903668	5599.72
22	264	3.825	4.59	60.235675	5902.22
23	276	3.825	4.59	58.724208	6207.88
24	288	3.825	4.59	57.349598	6516.68
25	300	3.825	4.59	56.095323	6828.6
26	312	3.825	4.59	54.947398	7143.59
27	324	3.825	4.59	53.893908	7461.63
28	336	3.825	4.59	52.924637	7782.68
29	348	3.825	4.59	52.030777	8106.71
30	360	3.825	4.59	51.204691	8433.69

2006.08.19 起执行

附录C 复利系数表

利率为6%的年度复利系数

n	整笔支付		年金	
	复利终值系数	复利现值系数	年金终值系数	年金现值系数
	给定P求F	给定F求P	给定A求F	给定A求P
	F/P, i, n	P/F, i, n	F/A, i, n	P/A, i, n
1	1.060	0.9434	1.000	0.9434
2	1.124	0.8900	2.060	1.8334
3	1.191	0.8396	3.184	2.6730
4	1.262	0.7921	4.375	3.4651
5	1.338	0.7473	5.637	4.2124
6	1.419	0.7050	6.975	4.9173
7	1.504	0.6651	8.394	5.5824
8	1.594	0.6274	9.897	6.2098
9	1.689	0.5919	11.491	6.8017
10	1.791	0.5584	13.181	7.3601
11	1.898	0.5268	14.972	7.8869
12	2.012	0.4970	16.870	8.3839
13	2.133	0.4688	18.882	8.8527
14	2.261	0.4423	21.015	9.2950
15	2.397	0.4173	23.276	9.7123
16	2.540	0.3937	25.673	10.1059
17	2.693	0.3714	28.213	10.4773
18	2.854	0.3504	30.906	10.8276
19	3.026	0.3305	33.760	11.1581
20	3.207	0.3118	36.786	11.4699
21	3.400	0.2942	39.993	11.7641
22	3.604	0.2775	43.392	12.0416
23	3.820	0.2618	46.996	12.3034
24	4.049	0.2470	50.816	12.5504
25	4.292	0.2330	54.865	12.7834
26	4.549	0.2198	59.156	13.0032
27	4.822	0.2074	63.706	13.2105
28	5.112	0.1956	68.528	13.4062
29	5.418	0.1846	73.640	13.5907

续　表

n	整笔支付		年　金	
	复利终值系数 给定P求F F/P, i, n	复利现值系数 给定F求P P/F, i, n	年金终值系数 给定A求F F/A, i, n	年金现值系数 给定A求P P/A, i, n
30	5.744	0.1741	79.058	13.7648
31	6.088	0.1643	84.802	13.9291
32	6.453	0.1550	90.890	14.0841
33	6.841	0.1462	97.343	14.2302
34	7.251	0.1379	104.184	14.3682
35	7.686	0.1301	111.435	14.4983
40	10.286	0.0972	154.762	15.0463
45	13.765	0.0727	212.744	15.4558
50	18.420	0.0543	290.336	15.7619
55	24.650	0.0406	394.172	15.9906
60	32.988	0.0303	533.128	16.1614
65	44.145	0.0227	719.083	16.2891
70	59.076	0.0169	967.932	16.3846
75	79.057	0.0127	1300.949	16.4559
80	105.796	0.0095	1746.600	16.5091
85	141.579	0.0071	2342.982	16.5490
90	189.465	0.0053	3141.075	16.5787
95	253.546	0.0040	4209.104	16.6009
100	339.302	0.0030	5638.368	16.6176

年利率为7%的复利

n	整笔支付		年　金	
	复利终值系数 给定P求F F/P, i, n	复利现值系数 给定F求P P/F, i, n	年金终值系数 给定A求F F/A, i, n	年金现值系数 给定A求P P/A, i, n
1	1.070	0.9346	1.000	0.9346
2	1.145	0.8734	2.070	1.8080
3	1.226	0.8163	3.215	2.6243
4	1.311	0.7629	4.440	3.3872
5	1.403	0.7130	5.751	4.1002
6	1.501	0.6664	7.163	4.7665
7	1.606	0.6228	8.654	5.3893
8	1.718	0.5820	10.260	5.9713
9	1.838	0.5439	11.978	6.5152
10	1.967	0.5084	13.816	7.0236

续表

n	整笔支付		年金	
	复利终值系数	复利现值系数	年金终值系数	年金现值系数
	给定P求F	给定F求P	给定A求F	给定A求P
	F/P, i, n	P/F, i, n	F/A, i, n	P/A, i, n
11	2.105	0.4751	15.784	7.4987
12	2.252	0.4440	17.888	7.9427
13	2.410	0.4150	20.141	8.3577
14	2.579	0.3878	22.550	8.7455
15	2.759	0.3625	25.129	9.1079
16	2.952	0.3387	27.888	9.4467
17	3.159	0.3166	30.840	9.7632
18	3.380	0.2959	33.999	10.0591
19	3.617	0.2765	37.379	10.3356
20	3.870	0.2584	40.996	10.5940
21	4.141	0.2415	44.865	10.8355
22	4.430	0.2257	49.006	11.0613
23	4.741	0.2110	53.436	11.2722
24	5.072	0.1972	58.177	11.4693
25	5.427	0.1843	63.249	11.6536
26	5.807	0.1722	68.676	11.8258
27	6.214	0.1609	74.484	11.9867
28	6.649	0.1504	80.698	12.1371
29	7.114	0.1406	87.347	12.2777
30	7.612	0.1314	94.461	12.4091
31	8.145	0.1228	102.073	12.5318
32	8.715	0.1148	110.218	12.6466
33	9.325	0.1072	118.933	12.7538
34	9.978	0.1002	128.259	12.8540
35	10.677	0.0937	138.237	12.9477
40	14.974	0.0668	199.635	13.3317
45	21.002	0.0476	285.749	13.6055
50	29.457	0.0340	406.529	13.8008
55	41.315	0.0242	575.929	13.9399
60	57.946	0.0173	813.520	14.0392
65	81.273	0.0123	1146.755	14.1099
70	113.989	0.0088	1614.134	14.1604
75	159.876	0.0063	2269.657	14.1964
80	224.234	0.0045	3189.063	14.2220
85	314.500	0.0032	4478.576	14.2403
90	441.103	0.0023	6287.185	14.2533

续　表

n	整笔支付		年　金	
	复利终值系数	复利现值系数	年金终值系数	年金现值系数
	给定P求F	给定F求P	给定A求F	给定A求P
	F/P, i, n	P/F, i, n	F/A, i, n	P/A, i, n
95	618.670	0.0016	8823.854	14.2626
100	867.716	0.0012	12381.662	14.2693

年利率为8%的复利

n	整笔支付		年　金	
	复利终值系数	复利现值系数	年金终值系数	年金现值系数
	给定P求F	给定F求P	给定A求F	给定A求P
	F/P, i, n	P/F, i, n	F/A, i, n	P/A, i, n
1	1.080	0.9259	1.000	0.9259
2	1.166	0.8573	2.080	1.7833
3	1.260	0.7938	3.246	2.5771
4	1.360	0.7350	4.506	3.3121
5	1.469	0.6806	5.667	3.9927
6	1.587	0.6302	7.336	4.6229
7	1.714	0.5835	8.923	5.2064
8	1.851	0.5403	10.637	5.7466
9	1.999	0.5003	12.488	6.2469
10	2.159	0.4632	14.487	6.7101
11	2.332	0.4289	16.645	7.1390
12	2.518	0.3971	18.977	7.5361
13	2.720	0.3677	21.495	7.9038
14	2.937	0.3405	24.215	8.2442
15	3.172	0.3153	27.152	8.5595
16	3.426	0.2919	30.324	8.8514
17	3.700	0.2703	33.750	9.1215
18	3.996	0.2503	37.450	9.3719
19	4.316	0.2317	41.446	9.6036
20	4.661	0.2146	45.762	9.8182
21	5.034	0.1987	50.423	10.0168
22	5.437	0.1840	55.457	10.2008
23	5.871	0.1703	60.893	10.3711
24	6.341	0.1577	66.765	10.5288
25	6.848	0.1460	73.106	10.6748
26	7.396	0.1352	79.954	10.8100
27	7.988	0.1252	87.351	10.9352

续 表

n	整笔支付		年 金	
	复利终值系数	复利现值系数	年金终值系数	年金现值系数
	给定 P 求 F	给定 F 求 P	给定 A 求 F	给定 A 求 P
	F/P, i, n	P/F, i, n	F/A, i, n	P/A, i, n
28	8.627	0.1159	95.339	11.0511
29	9.317	0.1073	103.966	11.1584
30	10.063	0.0994	113.283	11.2578
31	10.868	0.0920	123.346	11.3498
32	11.737	0.0852	134.214	11.4350
33	12.676	0.0789	145.951	11.5139
34	13.690	0.0731	158.627	11.5869
35	14.785	0.0676	172.317	11.6546
40	21.725	0.0460	259.057	11.9246
45	31.920	0.0313	386.506	12.1084
50	46.902	0.0213	573.770	12.2335
55	68.914	0.0145	848.923	12.3186
60	101.257	0.0099	1253.213	12.3766
65	148.780	0.0067	1847.248	12.4160
70	218.606	0.0046	2720.080	12.4428
75	321.205	0.0031	4002.557	12.4611
80	471.955	0.0021	5886.935	12.4735
85	693.456	0.0015	8655.706	12.4820
90	1018.915	0.0010	12723.939	12.4877
95	1497.121	0.0007	18701.507	12.4917
100	2199.761	0.0005	27484.516	12.4943

年利率为 9%的复利

n	整笔支付		年 金	
	复利终值系数	复利现值系数	年金终值系数	年金现值系数
	给定 P 求 F	给定 F 求 P	给定 A 求 F	给定 A 求 P
	F/P, i, n	P/F, i, n	F/A, i, n	P/A, i, n
1	1.090	0.9174	1.000	0.9174
2	1.188	0.8417	2.090	1.7591
3	1.295	0.7722	3.278	2.5313
4	1.412	0.7084	4.573	3.2397
5	1.539	0.6499	5.985	3.8897
6	1.677	0.5963	7.523	4.4859
7	1.828	0.5470	9.200	5.0330
8	1.993	0.5019	11.028	5.5348

续 表

n	整笔支付		年金	
	复利终值系数	复利现值系数	年金终值系数	年金现值系数
	给定P求F	给定F求P	给定A求F	给定A求P
	F/P, i, n	P/F, i, n	F/A, i, n	P/A, i, n
9	2.172	0.4604	13.021	6.9953
10	2.367	0.4224	15.193	6.4177
11	2.580	0.3875	17.560	6.8052
12	2.813	0.3555	20.141	7.1607
13	3.066	0.3262	22.953	7.4869
14	3.342	0.2993	26.019	7.7862
15	3.642	0.2745	29.361	8.0607
16	3.970	0.2519	33.003	8.3126
17	4.328	0.2311	36.974	8.5436
18	4.717	0.2120	41.301	8.7556
19	5.142	0.1945	46.018	8.9501
20	5.604	0.1784	51.160	9.1286
21	6.109	0.1637	56.765	9.2923
22	6.659	0.1502	62.873	9.4424
23	7.258	0.1378	69.532	9.5802
24	7.911	0.1264	76.790	9.7066
25	8.623	0.1160	84.701	9.8226
26	9.399	0.1064	93.324	9.9290
27	10.245	0.0976	102.723	10.0266
28	11.167	0.0896	112.968	10.1161
29	12.172	0.0822	124.135	10.1983
30	13.268	0.0754	136.308	10.2737
31	14.462	0.0692	149.575	10.3428
32	15.763	0.0634	164.037	10.4063
33	17.182	0.0582	179.800	10.4645
34	18.728	0.0534	196.982	10.5178
35	20.414	0.0490	215.711	10.5668
40	31.409	0.0318	337.882	10.7574
45	48.327	0.0207	525.859	10.8812
50	74.358	0.0135	815.084	10.9617
55	114.408	0.0088	1260.092	11.0140
60	176.031	0.0057	1944.792	11.0480
65	270.846	0.0037	2998.288	11.0701
70	416.730	0.0024	4619.223	11.0845
75	641.191	0.0016	7113.232	11.0938

续 表

n	整笔支付		年 金	
	复利终值系数	复利现值系数	年金终值系数	年金现值系数
	给定 P 求 F	给定 F 求 P	给定 A 求 F	给定 A 求 P
	F/P, i, n	P/F, i, n	F/A, i, n	P/A, i, n
80	986.552	0.0010	10950.574	11.0999
85	1517.932	0.0007	16854.800	11.1038
90	2335.527	0.0004	25939.184	11.1064
95	3593.497	0.0003	39916.635	11.1080
100	5529.041	0.0002	61422.675	11.1091

年利率为 10%的复利

n	整笔支付		年 金	
	复利终值系数	复利现值系数	年金终值系数	年金现值系数
	给定 P 求 F	给定 F 求 P	给定 A 求 F	给定 A 求 P
	F/P, i, n	P/F, i, n	F/A, i, n	P/A, i, n
1	1.100	0.9091	1.000	0.9091
2	1.210	0.8264	2.100	1.7355
3	1.331	0.7513	3.310	2.4869
4	1.464	0.6830	4.641	3.1699
5	1.611	0.6209	6.105	3.7908
6	1.772	0.5645	7.716	4.3553
7	1.949	0.5132	9.487	4.8684
8	2.144	0.4665	11.436	5.3349
9	2.358	0.4241	13.579	5.7590
10	2.594	0.3856	15.937	6.1446
11	2.853	0.3505	18.531	6.4951
12	3.138	0.3166	21.384	6.8137
13	3.452	0.2897	24.523	7.1034
14	3.798	0.2633	27.975	7.3667
15	4.177	0.2394	31.772	7.6061
16	4.595	0.2176	35.950	7.8237
17	5.054	0.1979	40.545	8.0216
18	5.560	0.1799	45.599	8.2014
19	6.116	0.1635	51.159	8.3649
20	6.728	0.1487	57.275	8.5136
21	7.400	0.1351	64.003	8.6487
22	8.140	0.1229	71.403	8.7716
23	8.954	0.1117	79.643	8.8832
24	9.850	0.1015	88.497	8.9848

续 表

n	整笔支付		年 金	
	复利终值系数 给定P求F F/P, i, n	复利现值系数 给定F求P P/F, i, n	年金终值系数 给定A求F F/A, i, n	年金现值系数 给定A求P P/A, i, n
25	10.835	0.0923	98.347	9.0771
26	11.918	0.0839	109.182	9.1610
27	13.110	0.0763	121.100	9.2372
28	14.421	0.0694	134.210	9.3066
29	15.863	0.0630	148.631	9.3696
30	17.449	0.0573	164.494	9.4269
31	19.194	0.0521	181.943	9.4790
32	21.114	0.0474	201.138	9.5264
33	23.225	0.0431	222.262	9.5694
34	25.548	0.0392	245.477	9.6086
35	28.102	0.0356	271.024	9.6442
40	45.259	0.0221	442.593	9.7791
45	72.890	0.0137	718.905	9.8628
50	117.391	0.0085	1163.909	9.9148
55	189.059	0.0053	1880.591	9.9471
60	304.482	0.0033	3034.816	9.9672
65	490.371	0.0020	4893.707	9.9796
70	789.747	0.0013	7887.470	9.9873
75	1271.895	0.0008	12708.954	9.9921
80	2048.400	0.0005	20474.002	9.9951
85	3298.969	0.0003	32979.690	9.9970
90	5313.023	0.0002	53120.226	9.9981
95	8556.676	0.0001	85556.760	9.9988
100	13780.612	0.0001	137796.123	9.9993

年利率为12%的复利

n	整笔支付		年 金	
	复利终值系数 给定P求F F/P, i, n	复利现值系数 给定F求P P/F, i, n	年金终值系数 给定A求F F/A, i, n	年金现值系数 给定A求P P/A, i, n
1	1.120	0.8929	1.000	0.8929
2	1.254	0.7972	2.120	1.6901
3	1.405	0.7118	3.374	2.4018
4	1.574	0.6355	4.779	3.0374

续表

n	整笔支付		年金	
	复利终值系数	复利现值系数	年金终值系数	年金现值系数
	给定P求F	给定F求P	给定A求F	给定A求P
	F/P, i, n	P/F, i, n	F/A, i, n	P/A, i, n
5	1.762	0.5674	6.353	3.6048
6	1.974	0.5066	8.115	4.1114
7	2.211	0.4524	10.089	4.5638
8	2.476	0.4039	12.300	4.9676
9	2.773	0.3606	14.776	5.3283
10	3.106	0.3220	17.549	5.6502
11	3.479	0.2875	20.655	5.9377
12	3.896	0.2567	24.133	6.1944
13	4.364	0.2292	28.029	6.4236
14	4.887	0.2046	32.393	6.6282
15	5.474	0.1827	37.280	6.8109
16	6.130	0.1631	42.753	6.9740
17	6.866	0.1457	48.884	7.1196
18	7.690	0.1300	55.750	7.2497
19	8.613	0.1161	63.440	7.3658
20	9.646	0.1037	72.052	7.4695
21	10.804	0.0926	81.699	7.5820
22	12.100	0.0827	92.503	7.6447
23	13.552	0.0738	104.603	7.7184
24	15.179	0.0659	118.155	7.7843
25	17.000	0.0588	133.334	7.8431
26	19.040	0.0525	150.334	7.8957
27	21.325	0.0469	169.374	7.9426
28	23.884	0.0419	190.699	7.9844
29	26.750	0.0374	214.583	8.0218
30	29.960	0.0334	241.333	8.0552
31	33.555	0.0298	271.293	8.0850
32	37.582	0.0266	304.848	8.1116
33	42.092	0.0238	342.429	8.1354
34	47.143	0.0212	384.521	8.1566
35	52.800	0.0189	431.664	8.1755
40	93.051	0.0108	767.091	8.2438
45	163.988	0.0061	1358.230	8.2825
50	289.002	0.0035	2400.018	8.3045

年利率为15%的复利

n	整笔支付		年　金	
	复利终值系数 给定 P 求 F F/P, i, n	复利现值系数 给定 F 求 P P/F, i, n	年金终值系数 给定 A 求 F F/A, i, n	年金现值系数 给定 A 求 P P/A, i, n
1	1.150	0.8696	1.000	0.8696
2	1.323	0.7562	2.150	1.6257
3	1.521	0.6575	3.473	2.2832
4	1.749	0.5718	4.993	2.8550
5	2.011	0.4972	6.742	3.3522
6	2.313	0.4323	8.754	3.7845
7	2.660	0.3759	11.067	4.1604
8	3.059	0.3269	13.727	4.4873
9	3.518	0.2843	16.786	4.7716
10	4.046	0.2472	20.304	5.0188
11	4.652	0.2150	24.349	5.2337
12	5.350	0.1869	29.002	5.4206
13	6.153	0.1625	34.352	5.5832
14	7.076	0.1413	40.505	5.7245
15	8.137	0.1229	47.580	5.8474
16	9.358	0.1069	55.717	5.9542
17	10.761	0.0929	65.075	6.0472
18	12.375	0.0808	75.836	6.1280
19	14.232	0.0703	88.212	6.1982
20	16.367	0.0611	102.444	6.2593
21	18.822	0.0531	118.810	6.3125
22	21.645	0.0462	137.632	6.3587
23	24.891	0.0402	159.276	6.3988
24	28.625	0.0349	184.168	6.4338
25	32.919	0.0304	212.793	6.4642
26	37.857	0.0264	245.712	6.4906
27	43.535	0.0230	283.569	6.5135
28	50.066	0.0200	327.104	6.5335
29	57.575	0.0174	377.170	6.5509
30	66.212	0.0151	434.745	6.5660
31	76.144	0.0131	500.957	6.5791
32	87.565	0.0114	577.100	6.5905

续表

n	整笔支付		年金	
	复利终值系数	复利现值系数	年金终值系数	年金现值系数
	给定P求F	给定F求P	给定A求F	给定A求P
	F/P, i, n	P/F, i, n	F/A, i, n	P/A, i, n
33	100.700	0.0099	664.666	6.6005
34	115.805	0.0086	765.365	6.6091
35	133.176	0.0075	881.170	6.6166
40	267.864	0.0037	1779.090	6.6418
45	538.769	0.0019	3585.128	6.6543
50	1083.657	0.0009	7217.716	6.6605

附录 D　各章案例索引

附录 E　参考文献

[1] 罗伯特·T. 清崎，莎伦·L. 莱希特．穷爸爸富爸爸［M］．电子工业出版社，2003

[2] 谢怀筑．个人理财［M］．中信出版社，2004

[3]（加拿大）夸克·霍．个人理财策划［M］．机械工业出版社，2003

[4]（美）阿瑟·J. 基文．个人理财：怎样把钱变成财富［M］．经济科学出版社，2002

[5] 赵永秀．个人理财［M］．海天出版社，2005

[6] 陈焕章．理财学［M］．岳麓书社，2005

[7] 宝木．邮品投资实战技巧［M］．汉语大词典出版社，2002

[8] 刘肇宁．中国珍异邮票——上下［M］．百花文艺出版社，2002

[9] 王雁飞．邮票上的新中国［M］．江西教育出版社，1999

[10] 凌德麟．世界著名空战邮票 800 枚［M］．解放军出版社，2006

[11] 徐晓鹰．证券投资心理和行为分析［M］．中国物资出版社，2006

[12] 戴志敏等．证券市场与高校投资理财［M］．中国社会科学出版社，2003

[13] 周黎明．证券与投资［M］．对外经济贸易大学出版社，2006

[14] 宋国良．证券投资基金——运营与管理［M］．人民出版社，2005

[15] 刘涛．黄金．外汇投资超宏观揭秘［M］．人民出版社，2006

[16] 尹成远等．保险学［M］．人民邮电出版社［M］，2005

[17] 许瑾良．保险学［M］．上海财经大学出版社，2003

[18] 张志雄．长线价值——艺术品市场大势［M］．上海财经大学出版社，2006